Intelligence artificielle et Internet

L'impact sur l'économie et la sociologie de l'internet

Volume 1 1956 - 2005

J. R. Wisdom

DÉDICACE

Leslie, Lindley, Eva, Cléo, Alexandre

REMERCIEMENTS

Jean-Marc Labat et Danielle Bahu-Leyser

RÉSUMÉ

Le terme *agent intelligent* désigne dans l'usage spécialisé de la veille un outil de recherche. Il correspond à un logiciel de type métamoteur comportant de multiples fonctionnalités de recherche et de traitement de l'information. Or, depuis quelques années, les moteurs de recherche ont intégré la technologie agent pour devenir de véritables systèmes multi-agents et ont conquis le marché de la recherche informationnelle. Ces derniers permettent de réduire l'entropie du Web et ils commencent à apporter des solutions au problème de la surcharge d'informations sur le disque dur de l'utilisateur. En effet, de nouveaux systèmes capables d'indexer le Net et le disque de l'internaute sont disponibles. Ainsi devraient émerger des outils complets d'indexation et de traitement de l'information. Si cette technologie comporte bien des avantages pour l'utilisateur, elle pose des problèmes de confidentialité et présente des dangers de faire naître une société sous constante surveillance. Malgré ces risques de dérapage, la technologie agent devrait mettre à la portée de tous les hommes et femmes l'énorme documentation de l'humanité, à la fois littéraire et scientifique, sous forme de bibliothèque universelle. Par ailleurs, la convergence des moteurs de recherche et de la téléphonie mobile devrait donner un pouvoir accru aux consommateurs.

Nous avons posé comme hypothèse directrice que les moteurs de recherche ont incorporé les fonctionnalités autrefois associées aux logiciels agents. Ils étendent leurs technologies sur le PC de l'usager. Ainsi les agents intégrés dans les moteurs ou portails contribuent à gérer les évolutions économiques et sociétales d'Internet.

Notre hypothèse a été validée à partir de l'observation des usages et des utilisateurs et de l'analyse des documents scientifiques du domaine. Nous avons proposé un modèle à la fois explicatif du succès du moteur de recherche Google et prédictif des évolutions possibles.

Il nous reste à suivre les développements des interfaces spécialisées et des problèmes relatifs à la présence des moteurs sur le disque de l'usager.

The term *intelligent agent* signifies in the specialized terminology of Internet monitoring a search tool. It corresponds to software of the meta-search engine type comprising of many search and information processing functions. However, for a few years, the search engines have integrated agent technology to become true multi-agent systems and conquered the information search market. The latter make it possible to reduce the entropy on the Web, and they are beginning to manage the problem of data overload on the end-user's hard disk. Indeed, new systems able to indexer both the Net and the PC hard disk are being tested. Thus complete all-round search tools for data-processing should emerge. If this technology comprises many advantages for users, it poses problems of confidentiality and presents dangers to give birth to a global society under constant monitoring. In spite of these risks, agent technology should put at everyone's disposal the whole of mankind's literary and scientific works in the form of a universal library. Moreover, the coming together of search engine technology and mobile telephony should enhance the negotiating power of the consumer.

Our hypothesis stated that search engines had incorporated the functions associated with intelligent agents previously. They are extending their presence onto the user's hard disc. Thus, the agents contribute to the management of the Internet as it develops economically and socially.

Our hypothesis was validated after observing the usage and the users and after analysing scientific documents in the field of study. We have endeavoured to propose a model explaining the success of Google, and predicting possible developments.

We still must follow how specialized interfaces will emerge and the problems relating to the presence of search engine technology on the user's hard disc.

SOMMAIRE

INTRODUCTION

En inventant l'expression « intelligence artificielle » en 1956, lors d'une Conférence pluridisciplinaire au Collège de Dartmouth aux Etats-Unis, quelques chercheurs américains, John McCARTHY, Martin MINSKY, Nathaniel ROCHESTER et Claude Shannon ont inauguré une ère nouvelle associant étroitement la pensée humaine et l'outil informatique. Pour beaucoup, cependant, l'intelligence ne peut être que l'apanage de l'humain. En effet, il est fréquent d'employer l'adjectif « intelligent » pour qualifier les capacités cognitives. Le dictionnaire *Le Petit Robert*[1] propose d'ailleurs les définitions suivantes : « *qui a la faculté de connaître et de comprendre* » ou « *qui est, à un degré variable, doué d'intelligence* ». Les exemples cités par cet ouvrage s'appliquent aussi bien aux êtres humains qu'aux animaux. Richement connotée et valorisée, l'intelligence serait donc exclusivement de l'ordre du vivant. On ne saurait, par conséquent, l'employer pour désigner un programme informatique.

Curieusement, dans sa dernière version, *Le Petit Robert* a ajouté une définition propre à l'intelligence informatique libellée de la manière suivante : « *qui possède des moyens propres de traitement et une certaine autonomie de fonctionnement par rapport au système informatique auquel il est connecté* ». Pourtant, l'idée même d'une machine indépendante capable de traiter des informations et d'agir sans intervention humaine n'est pas anodine sur le plan éthique, économique et social. La littérature et le cinéma ont d'ailleurs exploité ce thème qu'ils ont progressivement introduit dans la conscience collective.

Dans la pratique, sont apparus dans les années 1990, des programmes informatiques présentant ces caractéristiques. L'essor d'Internet à partir de 1995 a, en effet, favorisé la création de programmes capables de récupérer et de filtrer des documents disponibles sur le réseau des réseaux. On leur a donné, à tort ou à raison, le nom d'« agent intelligent ». Mais de même que l'intelligence se rapporte généralement à l'humain, de même le terme agent, selon *Le Petit Robert*, s'applique à une « *personne chargée des affaires et des intérêts d'un individu, d'un groupe ou d'un pays pour le compte desquels elle agit* » ou « *jouant le rôle d'intermédiaire dans les opérations commerciales, industrielles et financières* ». En d'autres termes, les « agents intelligents[2] » résultent de la conjonction de deux attributs humains : agir et penser.

Bien que la recherche sur les agents informatiques au sens le plus large remonte aux années soixante-dix, ce terme a été utilisé pour la première fois en 1997 pour décrire les agents programmes et les agents d'interface intelligente conçus pour Internet. En particulier, l'article de Gilles DERUDET[3], intitulé « La révolution des agents intelligents » dresse un panorama de cette technologie émergente. Quelques ouvrages[4] paraissent à la même époque sur ce sujet.

Concrètement, cette notion recoupe de multiples applications : les métamoteurs de recherche en-ligne et les logiciels du même type, les aspirateurs de sites Web, les comparateurs de prix, les outils de filtrage, les interfaces intelligentes et les programmes de profilage des internautes et de leurs usages. Nous verrons ultérieurement que cette définition devrait s'appliquer également aux moteurs de recherche à bien des égards.

Quoi qu'il en soit, les agents intelligents proposés au public sur Internet sous forme de logiciels n'ont pas connu le succès escompté. Les usagers leur ont préféré les moteurs de recherche jugés plus simples d'utilisation, plus rapides et plus efficaces. Quelles sont donc les causes de l'engouement généré par ces derniers au détriment des premiers ?

Quelles sont les conséquences de ce choix sur le développement de la société de l'information ? Que sont devenus, dans ces circonstances, les agents intelligents ? Autant d'interrogations auxquelles nous tenterons d'apporter des éléments de réponse.

Ainsi, nous avons choisi d'étudier les enjeux économiques et sociétaux des agents intelligents d'Internet en observant les usages des outils de recherche. Notre intérêt pour cette technologie est né des enseignements suivis en 1997 à l'Université de Paris II, et à celle de Paris VII dans le cadre d'un Diplôme d'Etudes Approfondies en nouvelles technologies de l'information et de la communication. A cette époque, la presse spécialisée vantait les mérites de ces programmes censés révolutionner la recherche documentaire sur Internet. Or, en 2004, il n'est plus question d'agents intelligents dans la presse informatique (le terme est remplacé par celui d'agent logiciel ou de programme agent) et l'intérêt des médias de masse s'est déplacé vers la concurrence entre les moteurs de recherche et les portails.

En 1998, nous avons proposé à nos étudiants de l'École Polytechnique un module d'enseignement (en langue anglaise) intitulé « L'homme et la machine ». A cette occasion, une attention toute particulière a été portée sur les représentations induites par cette relation complexe. Les étudiants ont manifesté leur vif intérêt pour la question et ont pris position pour ou contre la possibilité de construire une machine intelligente.

Le cinéma et la littérature nous apportaient de nombreuses illustrations où apparaissaient clairement les craintes mais aussi la dimension utopique liée à cette problématique. A l'évidence, l'imaginaire entre dans la relation entre l'humain et la technique. Et malgré le rationalisme de nos étudiants, la part de rêve et de symbolisme reste présente, s'agissant d'une technologie ou d'une innovation qualifiée d'intelligente. Pour cette raison, nous avons décidé d'analyser les enjeux d'une technologie qui ne laisse personne indifférent tant les implications sur le plan économique et sociétal sont importantes.

L'originalité du sujet réside dans le fait que cette technologie récente est encore mal connue. En effet, Internet tous publics ne date que de 1995. Son essor a été rendu possible par l'invention du *World Wide Web* et par la création du navigateur Netscape. Dès lors, le Web marchand a pu voir le jour. Bien que la notion d'agent en informatique ait d'ores et déjà fait l'objet de nombreuses parutions avant 1995, peu de publications abordaient la question des usages et des attitudes des usagers face aux logiciels dédiés à Internet.

Néanmoins, nous attirons l'attention sur le fait que les pratiques des usagers évoluent rapidement et sont susceptibles de modifier le paysage multimédia. Ainsi, un logiciel aussi populaire soit-il peut être amené à disparaître du jour au lendemain. Le sort de Netscape en est une illustration puisqu'il a été remplacé par Internet Explorer, intégré dans le progiciel Windows de Microsoft. En d'autres termes, une *killer application*, selon l'expression consacrée par les Américains (à savoir une innovation révolutionnaire et rapidement appropriée par les usagers) peut à tout moment bouleverser le marché et rendre obsolète une technologie largement diffusée. En définitive, le rythme des innovations rend l'interprétation des interactions entre le social et la technique d'autant plus délicate que nous ne disposons que de très peu de recul.

Quoi qu'il en soit, il est possible de tracer les grandes lignes des évolutions technologiques en la matière sur la période des quinze dernières années. Aux débuts d'Internet en France, au milieu des années 90, la performance des moteurs de recherche restait très médiocre. Tous les espoirs se portaient alors sur les prouesses escomptées des agents intelligents. Pourtant, avec l'arrivée de Google, à partir de 1998, les moteurs se sont imposés grâce à l'amélioration de leur base d'indexation et de leurs algorithmes de tri et de classement. L'analyse des usages, à ce jour, montre très clairement que les moteurs constituent un enjeu économique majeur.

En l'occurrence, la gratuité des services de recherche documentaire permet aux internautes d'accéder à toutes les sources d'information. Pour ce faire, ils empruntent généralement un moteur de recherche[5]. En contrepartie, celui-ci leur transmet des annonces publicitaires sous la forme de liens personnalisés correspondant aux centres d'intérêt des usagers. Ainsi, ces *dot.com* génèrent un chiffre d'affaires grâce à la publicité et à la vente des licences de leur technologie.

A titre indicatif, en 2003, une partie importante des flux d'informations transite par les moteurs de recherche qui centralisent[6] les stocks de données sur Internet et les rendent accessibles. On estime qu'en 2003 le chiffre d'affaires publicitaire[7] engendré par les moteurs était de 3 milliards de dollars avec un taux de croissance annuelle de l'ordre de 35%.

Cela étant, il subsiste un intérêt pour les logiciels agents spécialisés dans la recherche informationnelle sur Internet. Ces programmes sont développés par de petites sociétés financées par le capital risque et utilisés par des professionnels de la veille. A titre indicatif, les cadres commerciaux, documentalistes ou veilleurs professionnels travaillant pour le compte d'autres sociétés constituent cette catégorie.

Cependant, aucun agent logiciel n'a, à ce jour, produit un impact significatif sur la demande. Malgré cela, les professionnels suivent attentivement l'évolution de cette technologie tout en se servant essentiellement des moteurs et des annuaires. En d'autres termes, l'utilisation des logiciels spécialisés dans la veille sur Internet reste pour l'instant expérimentale.

Parallèlement, une forte concentration économique du secteur des moteurs de recherche a pu être observée, faisant suite à l'effondrement du marché des *dot.com*. A titre d'exemple, la firme Yahoo a racheté, en 2002, la société Inktomi[8], puis Overture[9], qui avait elle-même absorbé auparavant les moteurs Fast[10] et AltaVista[11]. Ces opérations financières lui ont permis de se passer des services de Google et de concurrencer ce dernier. En 2004, seuls trois grands dispositifs équipés de moteurs de recherche, à savoir Google, Yahoo et MSN de Microsoft subsistent. Les autres moteurs et portails représentent une faible part de marché[12].

Pour toutes ces raisons, la presse et la télévision se focalisent sur la concurrence entre les trois portails les plus fréquemment utilisés par les internautes. Ainsi, l'introduction en bourse de Google a été largement médiatisée, tout comme le conflit entre cette firme californienne et Microsoft pour dominer le marché.

Cela étant, une technologie reste virtuelle tant qu'elle n'est pas diffusée et appropriée par des utilisateurs. Si nous nous sommes au préalable attaché à la mise en place de la technologie agent par le truchement des moteurs de recherche, notre seconde démarche concerne l'internaute.

Pour comprendre les raisons de l'adoption des moteurs par la majorité des internautes au détriment des logiciels du type métamoteur, nous avons choisi d'observer deux groupes d'usagers : les étudiants et les universitaires d'une part, et les professionnels de la veille d'autre part.

Le premier groupe est constitué par les étudiants, les enseignants, les chercheurs, et les documentalistes de plusieurs établissements d'enseignement supérieur et de recherche à Paris et en région parisienne[13]. Nous justifions ce choix de la manière suivante. Nous avons accès à une population composée d'universitaires et d'étudiants qui peuvent se connecter facilement à Internet et qui s'en servent quotidiennement. Ils l'utilisent soit comme messagerie, soit comme moyen de recherche documentaire ou informationnelle. Il nous est possible de suivre l'évolution de leurs usages dans le temps.

D'ailleurs, l'échantillon observé est constitué par des premiers groupes à adopter l'usage d'Internet en France, à la fois pour ses loisirs et ses études, car des salles informatiques ont été mises à leur disposition dès 1995. L'observation de ce milieu nous semblait d'autant plus réalisable que nous avons, par nos activités d'enseignant, accès à trois grands campus dispensant des enseignements fort diversifiés. Par conséquent, il ne nous a pas été difficile de distribuer nos questionnaires.

Cependant, nous avons intégré dans notre corpus d'usagers un groupe de contrôle plus particulièrement concerné par l'évolution des agents intelligents de type logiciel. Nous avons pensé que ce groupe nous fournirait des renseignements pertinents sur ces logiciels qui n'ont pas pénétré le marché grand public. D'ailleurs, il est possible que certains produits puissent avoir un impact sur la demande des entreprises.

Toutefois la participation de ce second groupe a posé quelques difficultés. Certains professionnels de la veille économique et stratégique ont, en effet, refusé de répondre à notre enquête pour des raisons de confidentialité. Cependant, une trentaine de questionnaires dûment complétés ont pu être récoltés grâce à deux forums sur Internet : ADBS[14] et veille-concurrence[15].

C'est pourquoi nous avons distribué deux questionnaires, le premier sur support papier auprès des étudiants et des universitaires afin de connaître leurs usages en matière de recherche d'information sur Internet. Quant au second, il a été proposé aux professionnels par le biais du courrier électronique. Dans cette perspective, nous avons posté un message sur l'un ou l'autre des deux forums. Les personnes intéressées nous ont alors adressé une demande de questionnaire qu'ils nous ont ensuite retourné par attachement de courrier électronique.

Pour préparer les enquêtes, nous avons procédé à des entretiens semi-directifs. Nous avons interrogé certains spécialistes en économie et en sciences de l'information, et quelques usagers engagés dans la veille économique. Afin d'approfondir notre problématique, nous avons entrepris quelques interviews auprès d'experts après avoir analysé les réponses des questionnaires.

L'analyse des contributions des forums spécialisés nous a également permis de connaître les préoccupations des professionnels à l'égard de la technologie agent. Notre première démarche consistait à faire un état des lieux d'une technologie qui avait fait l'objet, au moins en apparence, d'un rejet des usagers et nous avons voulu en connaître la raison.

Notre troisième démarche consistait à examiner l'offre technique et le discours des éditeurs de logiciels afin de connaître le type de représentations qu'ils cherchaient à véhiculer pour promouvoir leurs produits (logiciels) ou leurs services. Nous nous sommes penché plus particulièrement sur les pages Web des éditeurs de logiciels et des sites Web des journaux spécialisés dans l'économie d'Internet. Une partie de notre corpus documentaire est constituée d'articles scientifiques sur le sujet d'agents intelligents, essentiellement en langue anglaise. Nous nous attendions à un décalage important entre le discours techniciste et la réception des usagers. Pour analyser nos résultats, nous avons utilisé le logiciel Sphinx. Il s'agit d'une application de création d'enquêtes et d'analyse de données, développée par la société le sphinx, installée à Annecy et à Grenoble[16].

Afin d'intégrer notre recherche dans un contexte plus large, nous avons commencé par poser le problème suivant: en quoi la technologie agent influe-t-elle sur le développement de la société de l'information ? Cette expression est attribuée à Jacques Delors[17], président de la Commission Européenne en 1992. Selon M. Delors, la société de l'information ne serait pas née avec Internet. Elle ne correspond pas uniquement à une simple transformation technique car « *le changement à l'œuvre dans la fusion de l'informatique et de l'audiovisuel comme dans l'avènement des communications numériques implique bien davantage qu'une révolution technologique supplémentaire*[18]. » Il s'agit plutôt d'un phénomène dynamique global, à la fois technologique, économique et sociétal. L'expression décrit un modèle de société dans laquelle l'information s'échange de manière planétaire et instantanée, sous une forme multimedia unique caractérisée par la numérisation de toutes les formes de communication. « *L'économie se dématérialise, des activités productives s'externalisent, les services dominent, la détention comme la circulation de l'information deviennent décisives*[19]. » Les industries de la communication comprenant l'informatique, l'audiovisuel, les télécommunications et le multimédia contribuent ensemble à faire émerger ce secteur dynamique de l'économie. « *L'ouverture du monde multimédia (son-texte-image) constitue une mutation comparable à la première révolution industrielle*[20]. » C'est sur ce secteur que l'ensemble du processus d'innovation, de production et d'échange s'appuie et se développe :

« Il ne s'agit pas d'imposer d'en haut un schéma d'autant plus abstrait qu'on ne sait pas si notre intuition d'un bouleversement de notre vie quotidienne sera vérifiée. L'enjeu est bien plutôt d'animer la rencontre des opérateurs de réseaux, des promoteurs des services électroniques et des concepteurs d'applications, afin que les priorités des uns devenant des hypothèses solides de travail pour les autres, le projet prenne corps. [21]*»*

Il ne s'agit pas, pour nous, de réduire cette question à un quelconque déterminisme technique, mais de chercher à comprendre la complexité d'interactions économiques et sociales mises en œuvre en mettant l'accent sur les usages prévus par les concepteurs et réellement observés chez les utilisateurs. Après avoir analysé les résultats de nos enquêtes et de nos entretiens, nous nous sommes rendu compte de l'échec des logiciels agents auprès du public, et de l'appropriation massive des moteurs de recherche. Nous avons pensé que la technologie agent existait toujours et qu'elle était devenue transparente. Comment une technologie devenue invisible aux yeux des usagers peut-elle transformer le développement d'une société qui se construit autour des transferts et de la mise en réseau des informations, des connaissances et des savoirs ?

Notre corpus se limite aux outils de recherche d'information, que ce soit des agents logiciels ou les moteurs ou métamoteurs. De même que nous n'examinons que les produits destinés au grand public ou aux professionnels appartenant à de petites structures. Nous n'y incluons pas les systèmes de gestion des connaissances, par exemple. En effet, les grands groupes ne font que commencer d'investir dans cette technologie. En plus, il est trop tôt pour connaître la manière dont celle-ci s'est implantée dans les milieux professionnels ou si le KM connaîtra les succès escomptés.

Il est également difficile de comprendre toutes les implications de la technologie agent sur toute la société d'information. Il nous a fallu porter notre attention uniquement sur certains aspects. L'un des problèmes majeurs de cette société émergente est celui de la surcharge d'informations générée par la croissance exponentielle d'Internet, surcharge qui entraîne stress et fatigue[22]. Nous avons constaté que l'internaute est confronté à une quantité excessive d'informations disponibles sur Internet. Le nombre de pages consultables augmente tous les jours en même temps que les moteurs de recherche indexent et stockent sur leurs bases de données de plus en plus de documents. Le problème qui se pose à la société de l'information n'est plus celui du manque d'information mais celui de sa surabondance. Viennent ensuite la fiabilité de l'information et l'intégrité de ses sources. L'ensemble stocké constitue une sorte de mémoire collective, ce qui implique des problèmes sérieux d'accès, de validité et de protection. C'est aux moteurs de recherche et aux annuaires qu'il incombe de veiller à cette tâche.

L'internaute doit gérer un cycle complexe d'opérations qui consistent à rechercher l'information, à la stocker, à la récupérer lorsqu'il en éprouve le besoin. Si Internet représente pour lui un environnement surchargé d'information, le disque dur de son ordinateur devient également très vite saturé de documents récupérés sur le Web ou de signets à organiser. En d'autres termes, l'entropie ou incertitude de trouver ce qu'il cherche se situe à la fois localement et sur le réseau des réseaux. L'objectif de tout outil de recherche consiste à réduire l'incertitude chez l'usager à l'égard de la quantité gigantesque de pages proposées par les moteurs ou autres supports documentaires. Si ces derniers fonctionnent relativement bien, la gestion interne du disque dur de l'usager reste à améliorer. C'est un des défis que les moteurs cherchent à relever.

Trouver l'information dont on a besoin sur un moteur de recherche, cela pose également d'autres problèmes. L'expérience et l'expertise de l'usager entrent en ligne de compte malgré l'amélioration algorithmique des outils de recherche. Une requête réussie est souvent l'affaire d'un choix judicieux de termes et parfois de découvertes inattendues. Lorsque l'usager récupère un document, il n'a jamais la certitude que le site soit authentique, qu'il ne s'agisse pas d'un canular ou d'une désinformation. La labellisation des ressources sur Internet reste très insuffisante. Or ce facteur peut déterminer en partie la confiance que l'usager a en un site Web, surtout commerçant. Les agents à l'avenir devraient apporter des solutions à ce problème. Par ailleurs, le langage xML[23] devrait améliorer la lecture sémantique et par conséquent l'indexation des documents.

Notre question de départ nous amène à nous demander comment les usagers se servent des outils de recherche pour acquérir des documents sur Internet et quels sont les aspects positifs et négatifs de ce processus sur le plan sociétal et économique. Comment expliquer l'adoption des moteurs de recherche plutôt que les logiciels agents ? L'analyse de l'offre technologique et des usages confirmés d'outils de recherche permet-elle de nous éclairer sur les rapports entre la technique, le social et l'économique ? Nous chercherons à apporter quelques réponses à cette question.

Nous proposons, comme hypothèse directrice, que *les moteurs de recherche ont incorporé les fonctionnalités autrefois associées aux logiciels agents. Ils étendent leurs technologies sur le PC de l'usager. Ainsi les agents intégrés dans les moteurs ou portails contribuent à gérer les évolutions économiques et sociétales d'Internet.*

Cette hypothèse se compose de trois sous-hypothèses :

Les moteurs de recherche ont incorporé les fonctionnalités autrefois associées aux logiciels agents. [1]

Il nous faut d'abord expliquer comment la technologie agent s'intègre dans les moteurs et portails. Cette intégration constitue l'un des facteurs qui expliquerait leur appropriation par le plus grand nombre d'usagers. La présence de l'IA, peut-être dérangeante, reste invisible. Il nous semble vraisemblable que cette intégration technologique fait partie du processus de concentration caractéristique du marché des logiciels d'une part, et du processus de globalisation.

Néanmoins, les moteurs de recherche ne suffisent pas à réduire la surcharge d'informations subie par l'usager. Un modèle semble émerger, associant moteurs de recherche en-ligne et logiciels agents intégrés dans le système d'exploitation de l'usager. Les moteurs, portails et éditeurs de systèmes d'exploitation entrent en concurrence pour faire adopter leur dispositif de moteur de recherche interne. L'objectif est d'interconnecter en permanence le moteur (ou portail) et l'ordinateur de l'usager. L'enjeu est de taille puisqu'une partie considérable des flux d'informations vers les sites marchands transitent par les moteurs de recherche[24]. Ce processus qui consiste à faire adopter un programme sur le PC de l'usager permettra de fidéliser ce dernier. Nous examinerons les conséquences de cette stratégie. Nous expliquerons comment les barres d'outils, parmi d'autres dispositifs, peuvent apporter des solutions au problème de surinformation et quelles sont leurs véritables fonctions. Cette affirmation constitue la seconde partie de l'hypothèse directrice :

Les moteurs de recherche étendent leurs technologies sur le PC de l'usager. [2]

Les agents informatiques sont indispensables au développement de l'internet marchand, notamment les moteurs de recherche qui jouent un rôle pivot entre les usagers et les sites commerciaux. Cependant, il existe un certain nombre de problèmes liés à la validité de l'information et à l'intégrité des sites. Les moteurs de recherche peuvent apporter une solution à ce type de problème. Ils peuvent également jouer un rôle central dans le développement de la convergence des médias : Internet et téléphonie mobile.

Ainsi les agents intégrés dans les moteurs ou portails contribuent à gérer les évolutions économiques et sociétales d'Internet. [3]

La gratuité des services de recherche informationnels implique un échange d'informations entre l'usager et le moteur ou portail. Cet échange comporte des avantages (économiques) pour le développement du commerce en-ligne, fournit une source de revenus aux intermédiaires (les moteurs de recherche) et favorise l'innovation technique. Cependant, il comporte également des risques (sociétaux) en ce qui concerne la confidentialité et la protection de la vie privée. Les usagers ne sont peut-être pas conscients de cet échange bien que celui-ci comporte un certain nombre d'inconvénients. Quels dangers les programmes informatiques représentent-ils pour l'usager ? Quelles solutions peut-on envisager pour protéger ce dernier contre les abus de la surveillance informatique ? Nous examinerons les technologies mises en œuvre afin de profiler les demandeurs d'informations à des fins publicitaires et marketing.

Quel rôle l'imaginaire joue-t-il dans la diffusion d'une innovation ? Si le terme « agent intelligent » est très riche en connotations et charges symboliques, le terme « moteur de recherche » resterait peut-être plus neutre, et n'entraînerait pas de réaction de la part de l'utilisateur. L'usager se méfie, à notre avis, des systèmes que les concepteurs affublent de l'adjectif « intelligent ». Certains documents écrits par les chercheurs en intelligence artificielle et des articles de la presse constituent une source d'informations à analyser dans cette perspective, de même que certains propos des usagers interrogés lors de nos enquêtes. Ainsi, nous examinerons la part du mythe et du symbolique qui entre en ligne de compte dans la diffusion et l'appropriation d'une nouvelle technologie.

Afin de répondre aux différentes questions de notre recherche, nous avons examiné plusieurs cadres de référence. Ceux-ci nous ont fourni un ensemble de concepts et de comptes rendus d'expériences susceptibles d'orienter notre investigation. Notre recherche s'inscrit tout d'abord dans le cadre des sciences de l'information, plus précisément dans celui de la sociologie des usages développée en France depuis une quarantaine d'années. Nous faisons appel également aux théories économiques développées récemment afin d'expliquer la nouvelle économie d'Internet et les modèles économiques émergents. Ensuite, nous avons porté notre attention sur la théorisation de l'intelligence artificielle et des agents intelligents.

Le cadre de référence scientifique s'inscrit dans la recherche en Sciences de l'Information et de la Communication. En effet, l'étude des usages et de l'appropriation d'une nouvelle technologie a déjà fait l'objet de recherches approfondies. Dominique WOLTON[25] et Philippe BRETON[26] ont étudié les usages d'Internet ou de toute autre nouvelle technique du point de vue sociologique. Philippe BRETON a mis en évidence l'utopie[27] qui accompagne la mise en place de l'idéologie de communication à partir de 1942.

D'autres auteurs ont proposé une théorisation des usages antérieurs aux débuts d'Internet en France. A titre d'exemple, Victor SCARDIGLI insiste sur l'importance du contexte social. Il oppose une vision techno-logique à une vision socio-logique. La première est « *la logique techniciste par rapport à la logique sociale de mise en place de nouvelles technologies.* »[28] Selon ce directeur de recherches au CNRS, les deux logiques « *s'articulent intimement plus souvent qu'elles ne s'opposent.*[29] » La socio-logique met l'accent sur l'importance du contexte historique et politique propre à chaque pays et le rôle des différents acteurs impliqués dans la définition des usages[30]. Ce sociologue présente quatre caractéristiques de la techno-logique fondée sur le mythe du Progrès scientifique : un discours techniciste qui confirme ce mythe comme bienfaisance sociale , « *chaque innovation technique paraît à point nommé pour résoudre les grands défis des sociétés contemporaines.* »[31]

La technique devient un objet en soi, « *un idéal qui assure le bonheur*[32] » dans tous les domaines, un outil au service de l'économie et de la société. Il s'agit d'une vision utopique de la technologie. Les avantages dépassent les nuisances[33]. La techno-logique peut devenir une logique d'action ou une stratégie de prise de pouvoir, et cherche à imposer le bon usage de l'innovation[34]. Elle définit le mode de diffusion des innovations dans la société (irradiation ou impact)[35].

Anne-Marie LAULAN, quant à elle, étudie les phénomènes de résistance dans le domaine de la communication. Pour ce professeur, l'une des fondatrices des sciences de l'information et de la communication (SIC), la résistance des usages dénote « *la réaction multiple, diverse et créatrice et toujours active que les citoyens, les utilisateurs, les publics apportent aux offres techniques qui leur sont faites.* »[36] L'usage, selon Anne-Marie LAULAN, sort du cadre strictement utilitaire pour inclure le contexte qu'elle décrit en termes d'imaginaire social et de représentations symboliques des utilisateurs. Cet aspect apporte un appui théorique à notre troisième hypothèse.

« *Au niveau de l'imaginaire, les engouements et les peurs se manifestent métaphoriquement, au travers d'amalgames, d'assimilations, d'affabulations où la dimension technique se trouve transmutée au plan symbolique.* »[37]

Notre position consistera à vérifier les dimensions sociales, culturelles et symboliques qui sous-tendent les usages des techniques qui nous intéressent. En effet, chercher des informations implique le transfert à autrui de sa démarche et de son parcours à travers le réseau. En d'autres termes, l'observateur est observé. Le sujet devient l'objet d'étude du système. La quête d'information est aussi productrice de nouvelles données, donc de valeur économique. La recherche d'informations est un acte social comportant de multiples conséquences.

Selon Anne-Marie LAULAN, l'état de la société à un moment donné va favoriser ou au contraire freiner l'usage de telle ou telle technologie. « *On ne répétera jamais assez l'importance du contexte politique, économique, social par rapport aux systèmes d'information.* »[38]

Le contexte que nous examinons évolue dans un cadre de la mondialisation économique et financière et de la distribution planétaire d'une grande partie de l'information en temps réel grâce à Internet. Les applications pressenties par les milieux techniciens sont souvent, voire presque toujours, adaptées, détournées et parfois même rejetées. Par exemple, les logiciels, appelés agents par la presse spécialisée et les éditeurs et concepteurs de logiciels, n'ont pas réussi à pénétrer le marché grand public. Peut-on expliquer cette résistance ? C'est ce que nous cherchons à faire en analysant les résultats de nos enquêtes.

« *La résistance déborde singulièrement le cadre fonctionnel de l'objet technique… les voies de la résistance prennent leur origine dans les désirs, les conflits, les combats des individus et des groupes. Nous avons déjà souligné le profond clivage entre la visée techniciste, productiviste et fonctionnelle des fabricants des appareils et les relations passionnelles et symboliques que les utilisateurs et les usagers établissent avec ces mêmes outils. Les premiers veulent conquérir, capter, les seconds rusent, apprivoisent, abandonnent, s'approprient.* »[39]

La problématique d'Anne-Marie LAULAN nous paraît extrêmement riche en ce qui concerne notre propre problématique, notamment lorsque nous portons un regard sur les stratégies des portails. En effet, les contraintes économiques jouent un rôle important dans leur développement. C'est par le biais du *business model* qu'il est possible de les appréhender.

Comme Anne-Marie LAULAN, Michel de CERTEAU[40] développe la notion de ruse et de détournements des usages. L'usager se sert de tactiques afin de s'approprier les outils de communication. Michel de CERTEAU présente les statistiques sur la consommation culturelle comme « *le répertoire avec lequel les utilisateurs procèdent à des opérations qui leur sont propres*[41]. » Il considère que l'usage en tant que consommation « *a pour caractéristiques ses ruses, son effritement au gré des occasions, ses braconnages, sa clandestinité, son murmure inlassable, en somme une quasi-invisibilité, puisqu'elle ne se signale guère par des produits propres (où en aurait-elle la place ?) mais par un art d'utiliser ceux qui lui sont imposés*[42]. » De surcroît, il convient de tenir compte du contexte d'usage.

Pierre CHAMBAT (1992), quant à lui, met l'accent sur les pratiques de communication et leurs représentations dans la société. Il insiste sur « *les difficultés d'introduire de nouveaux usages dans la société.* » C'est que pour lui l'obstacle essentiel tient à « *une série de confusions, caractéristiques de l'idéologie techniciste : l'assimilation entre innovation technique et innovation sociale, entre applications et usages, l'identification entre la communication fonctionnelle, techniquement efficace et la communication sociale, infiniment complexe.* »[43] Notre position consistera à chercher à identifier les représentations que les utilisateurs ont des systèmes intelligents et des moteurs de recherche.

L'ouvrage de Jacques PERRIAULT a constitué notre introduction à l'étude des usages. C'est pourquoi nous lui consacrons quelques pages. Professeur de sciences de l'information et de la communication de l'Université de Paris X, il étudie les mythes attachés aux innovations concernant l'information et la communication, en mettant l'accent sur leur enracinement dans l'histoire et l'imaginaire. En analysant les pratiques liées à la télévision, Jacques PERRIAULT se donne comme objectif de « *ne plus se focaliser sur la pratique familiale de la télévision, mais de considérer désormais l'ensemble de pratiques de communication au moyen de divers appareils … de comprendre les usages qui en sont faits ainsi que leur rôle dans l'économie des relations familiales.* »[44]

Il emprunte à Pierre SCHAEFFER le terme *machine à communiquer* pour désigner les appareils de communication, et pose comme hypothèse que les utilisateurs possèdent une stratégie d'utilisation. Jacques PERRIAULT est conscient qu'il existe « *de multiples pratiques déviantes par rapport au mode d'emploi, qui étaient autre chose que des erreurs de manipulation.* »[45].

Il observe que l'utilisation d'un appareil est souvent « *impossible à décrire, car il est complexe et en partie machinal.* »[46] C'est l'homme qui est au cœur de l'observation, et il faut selon ce chercheur tenir compte des contextes psychologiques, sociologiques, culturels et économiques afin de comprendre « *comment s'établit et se propage l'usage*»[47].

Il est également nécessaire d'étudier les usages de façon diachronique, de tenir compte du substrat de longue durée. Les usages correspondent-ils à un modèle unique de fonctionnement chez différents usagers ou à une multiplicité d'utilisations ? De «*grandes divergences dans les formes d'usage et de grands regroupements*» impliquent qu'il existe un modèle identique de fonctionnement chez de multiples usagers[48].

Il voit dans les usages « *un composé complexe d'instrumentalité et de symbolique. Les deux sont souvent associés, dans des proportions diverses. La relation est dynamique et s'inscrit dans des durées très variables. Ce sont ici les usagers, les mouvements historiques dans lesquels ils s'inscrivent qui constituent l'aune de la mesure.* »[49]. Aujourd'hui les innovations arrivent très rapidement et la durée qui permettrait de prendre du recul se rétrécit très vite.

L'usage comporte un aspect instrumental et un aspect symbolique, mythique voire magique ou religieux. Jacques PERRIAULT énumère cinq mythes liés à la machine à communiquer : le mythe de Prométhée et du progrès ; le projet de corriger les déséquilibres de la société grâce à la technique ; le mythe de l'ubiquité ; le mythe de l'instantanéité ; le mythe de l'homme artificiel[50]. Ces mythes restent d'actualité. L'usager, par exemple, veut recevoir de l'information en temps réel. Quelques secondes d'attente lui apparaissent très longues. Avec Internet, les rapports entre l'espace et le temps sont bouleversés[51].

Jacques PERRIAULT souligne le rôle symbolique qui sous-tend les usages.

« L'usage n'est que rarement purement instrumental. Il se double souvent d'un rôle symbolique qu'affecte à l'appareil celui qui s'en sert. Là non plus, on ne constate pas des milliers de rituels différents, mais une analogie, sinon une identité de comportements chez un grand nombre d'utilisateurs. »[52] Cet aspect soulève la question de méthode d'interprétation. Comment accéder à la dimension symbolique d'un usage ? »

Il poursuit son analyse en définissant l'usager comme « *un agent de contexte* » avec ses propres mythes, règles et ressources, qui ignore les mythes associés à la conception de la machine[53]. L'utilisateur se situe au nœud d'interactions complexes reliant son projet, son désir profond et son modèle d'utilisation. Il existe une *« sorte de négociation entre l'homme, porteur de son projet, et l'appareil, porteur de sa destinée première. »[54]* De même qu'il met en exergue une « *négociation entre l'usager et la sphère technicienne dont l'enjeu est la place et le rôle à assigner à la machine. »[55]* Cette négociation entre l'usager et l'appareil peut aboutir à la conformité, au détournement de l'usage, au rejet instrumental ou symbolique[56].

La technologie connaît, dans des milieux différents, des utilisations diversifiées puisque les usages entre l'homme et l'appareil sont négociés et varient en fonction de l'époque et du lieu. « *La relation d'usage s'opère d'ailleurs à des niveaux très différents qui vont de la microsituation à la période historique. »[57].* Il est clair pour nous que l'attitude vis-à-vis des agents intelligents et de l'intelligence artificielle pourra différer d'un pays à un autre.

Jacques PERRIAULT analyse ce qu'il appelle la logique des usages. Il constate que le comportement des usages est souvent « *en décalage par rapport au mode d'emploi d'un appareil. »[58]* En d'autres termes, entre les fonctionnalités possibles d'un agent et celles que l'internaute utilise régulièrement, il peut y avoir un décalage important. Celui-ci apparaît clairement dans les réponses que nous avons analysées.

Certains facteurs, liés « *à la société globale, à son imaginaire, à ses normes»[59]* déterminent la décision de se servir d'un appareil, ou d'en abandonner l'usage, ou d'en modifier l'emploi. Jacques PERRIAULT distingue trois états différents de la relation d'usage. D'abord il fait une distinction entre l'instrument et la fonction pour laquelle il est employé, l'évolution de cette relation dans le temps, et enfin, la différence entre l'inventeur et l'usager. Les usagers « *dans leur logique propre ne partagent que rarement les fantasmes de ceux qui leur proposent l'appareil. »[60]* Il faut différencier entre le langage publicitaire des sites Web des offreurs, des articles scientifiques des chercheurs et les réalités d'usage du côté de la demande. Où faut-il situer les membres des communautés qui se construisent autour d'un logiciel ?

Une double décision chez l'usager est à l'origine de l'usage : acheter et se servir de l'appareil[61]. Certains éléments interviennent dans la décision d'achat et le processus d'emploi : le projet ou anticipation d'usage qui peut se modifier ; l'appareil (instrument) ; et la fonction assignée. Certains usages n'ont rien à voir avec la fonctionnalité de l'objet tels ceux qui touchent aux symboles du pouvoir, de la compétence ou de la distinction[62].

Jacques PERRIAULT note que la première forme de l'usage est celui conforme au protocole de l'inventeur[63]. Ensuite viennent les modifications et altérations :

« Une première altération de l'usage consiste donc à moduler la gamme des capacités de l'appareil. Une sorte d'équilibre se constitue progressivement par interactions successives entre projet, instrument et fonction. Lorsqu'on se procure une machine, le projet d'emploi est souvent très vaste. Puis au fil des échecs, de l'expérience, les ambitions se restreignent. »[64]

Mais l'usage conforme peut devenir aussi une fin en soi. *« L'usager réel s'identifie à l'usager rêvé. »[65]* L'usage peut devenir figé, stéréotypé. Il existe plusieurs catégories d'altération d'un usage : la modulation ou sous-usage[66] lorsqu'un projet autre que l'original ou une autre fonction est introduite. Ainsi le Minitel proposait l'accès à des bases de données tandis que les usagers ont introduit une forme de messagerie non prévue par ses concepteurs. Les créations alternatives[67] apparaissent lorsque le projet et l'appareil changent bien que la fonction demeure. La substitution désigne la situation dans laquelle le projet et la fonction de communication sont maintenus, mais il y a changement d'outil. Il existe une incertitude sur l'ajustement après expérience. On change les usages en ajoutant des fonctionnalités nouvelles[68]. Enfin, il peut y avoir un changement d'appareil et de fonction pour un projet, tel le *Citizen Band* remplacé par le Minitel, *chat[69]* (ou bavardage sur Internet).

Enfin, ce chercheur constate qu'il y a stabilisation de l'usage dans un milieu donné après un laps de temps[70]

En définitive, l'analyse de Jacques PERRIAULT nous a permis de saisir la complexité psychologique et sociologique liée aux usages et à l'appropriation d'une technologie. Sa réflexion nous a aidé à enrichir notre grille d'analyse. Nous avons choisi d'observer méticuleusement les aspects symboliques et mythiques liés aux agents et aux moteurs, de confronter les représentations des concepteurs avec celles des usagers et d'y consacrer un chapitre.

Pour le sociologue Dominique WOLTON, la compréhension de la communication, domaine dans lequel s'inscrivent les technologies de l'intelligence artificielle, passe par l'analyse des relations entre trois facteurs, *« le système technique, le modèle culturel dominant, le projet qui sous-tend l'organisation économique, technique, juridique de l'ensemble des techniques de communication…(l'essentiel) est dans la compréhension des liens plus ou moins contradictoires entre système technique, modèle culturel et le projet d'organisation de la communication. »[71]*

Notre position consistera à examiner les relations entre la technique, le social, l'économique, afin d'appréhender les facteurs déterminants de l'appropriation à la fois des usages des agents intelligents et de leurs substituts, les moteurs de recherche. En effet, une nouvelle technique comporte une part de rêve et de frayeur. Une certaine mythologie l'entoure. L'intelligence artificielle n'y fait pas exception.

Pour Alex MUCCHIELLI, l'informatique et les TIC (technologies d'information et de communication) relancent le mythe de Prométhée, mais aussi le mythe de l'apprenti sorcier[72]. C'est que les TIC peuvent nous asservir, porter atteinte à notre vie privée, accroître la prospérité ou augmenter le niveau de chômage, creuser un fossé entre les pays riches et pauvres, entre les citoyens aisés et les plus démunis. Autrement dit, augmenter la fracture numérique.

« L'imaginaire du progrès existe donc. Il est une production symbolique de notre culture. Le phénomène "technologies nouvelles" est une caractéristique de notre époque. Il mobilise toutes les énergies autour d'une nouvelle foi dans le progrès, bien que la réalité apporte chaque jour des raisons de relativiser cette croyance. »[73]

Josiane JOUËT, professeur à l'Institut Français de Presse (Université de Paris II) insiste sur la double médiation des TIC, entre la logique sociale et la logique technique, « *car l'outil utilisé structure la pratique, mais la médiation est aussi sociale car les mobiles, les formes d'usage et le sens accordé à la pratique se ressourcent dans le corps social*[74]. » Elle s'interroge sur « *la part du propre qui revient à l'usager*[75]. » En effet, « *l'usager se construit ses usages selon ses sources d'intérêts*[76]. » Pour ce chercheur, l'appropriation définie comme la manière dont l'usager construit ses usages, « *se fonde sur des processus qui témoignent d'une mise en jeu de l'identité personnelle et de l'identité sociale de l'individu*[77]. » L'appropriation serait donc une construction personnalisée des usages. Josiane JOUËT évoque trois dimensions dans l'appropriation des TIC : l'une subjective et collective, une autre cognitive et empirique et une troisième identitaire.

La première souligne les usages que l'utilisateur invente et sur les significations que la technologie revêt pour lui ainsi que l'autonomie qu'il déploie. Cependant, cette dimension est aussi sociale.

La seconde implique des processus d'acquisition de savoir et de savoir-faire. L'usager doit découvrir la logique et les fonctionnalités de l'objet et apprendre les codes et les modes opératoires. L'auteur observe que dans la plupart des cas, « *l'usager se contente d'une maîtrise partielle des fonctionnalités* » et que « *cette exploitation minimale s'avère souvent suffisante pour satisfaire l'attente que l'acteur investit dans son usage*[78] ».

L'appropriation comporte une mise en jeu de l'identité personnelle et sociale de l'usager. Si les usages apportent des satisfactions d'ordre individuel, ils s'intègrent dans la sphère sociale et professionnelle. La maîtrise de l'outil informatique est un facteur de succès professionnel :

« *Cependant, la réalisation du moi se repère aussi dans certains usages professionnels des TIC, en particulier auprès des professions intellectuelles supérieures, des cadres, pour lesquels l'accomplissement personnel est fortement lié à la réussite professionnelle*[79]. »

Les travaux de Josiane JOUËT nous ont permis de réfléchir à la relation entre l'appropriation d'une technique et les enjeux professionnels des usagers. Si les utilisateurs des logiciels agents (aspirateurs de site ou métamoteurs) font partie des professionnels de la veille, il est fort possible que cette catégorie d'usagers s'intéresse *ostensiblement* à cette technologie en le faisant savoir à sa clientèle potentielle. En effet, les sites professionnels font état de l'usage des agents intelligents comme étant un élément incontournable de toute stratégie de veille sur Internet[80].

Patrice FLICHY[81] analyse l'imaginaire lié à Internet en termes de mythes, d'idéologies et d'utopies. Pour lui, le mythe « *transforme une histoire en une représentation naturelle … Il se distingue du symbole par le fait qu'il s'appuie sur un fait réel.* »[82] L'idéologie et l'utopie constituent les deux pôles de l'imaginaire social, l'un cherchant à « *conserver l'ordre social, l'autre à le bouleverser.* »[83] L'intelligence artificielle ne peut pas être séparée de son contexte historique, voire idéologique que constituent Internet et la globalisation de l'économie mondiale, ni de sa dimension mythique et utopique.

Patrice FLICHY met en garde contre le déterminisme technique et le déterminisme social et considère le rapport entre l'offre technologique et la demande sociale comme un ensemble de relations complexes motivant l'innovation :

« *Pour tenir l'objectif que je me suis fixé – étudier l'innovation dans ses deux composantes technique et sociale -, il me faut abandonner le modèle déterministe, rigide ou lâche, et choisir d'étudier les interactions permanentes entre technique et société*[84]. »

Six ans après la publication d'*Innovation Technique*, Patrice FLICHY publie un ouvrage sur le thème de l'imaginaire d'Internet, œuvre dans laquelle il met en pratique les outils d'analyse exposés auparavant. Il développe un historique des communautés qui se sont créées autour de l'informatique en réseau : communautés de scientifiques et communautés de hackers sorties des mouvements de la contre-culture américaine des années soixante. Patrice FLICHY met l'accent sur les projets utopistes des fondateurs. L'étude des écrits de ces derniers permet de comprendre comment les représentations[85] et les pratiques se sont construites. Nous avons constaté que ce même phénomène se trouve autour des moteurs de recherche et d'autres types d'agents aujourd'hui.

Philippe BRETON examine trois attitudes envers les TIC, et notamment Internet : celle des partisans du tout-Internet, les « *thuriféraires*[86] », qui font d'Internet l'objet d'un véritable culte, d'une nouvelle frontière. Ces derniers comprennent des écrivains comme Nicolas NEGROPONTE[87], directeur du Medialab au MIT, l'entrepreneur Bill GATES[88], président de Microsoft parmi bien d'autres et le philosophe Pierre LÉVY en France. Par contre, les technophobes voient dans les TIC un péché sinon un danger pour le lien social. Parmi les chercheurs hostiles à Internet Jacques ELLUL et Paul VIRILIO qui mettent en garde contre une « *Tchernobyl informatique.* »[89]. Partisans d'un usage raisonné, ils considèrent les TIC comme des outils mais non pas comme les instruments d'une révolution sociale.

Danielle BAHU-LEYSER a étudié les conséquences de l'installation des TIC sur le plan sociétal, gouvernemental et professionnel dans le cadre d'un cycle d'ouvrages[90] sur les finalités des nouvelles technologies et leurs conséquences sur l'organisation de l'État. Elle s'interroge sur les effets d'Internet, notamment sur les médias traditionnels, sur nos futurs modes de consommation et d'interaction, et sur les problèmes d'éthique liés à la mise en réseau des informations de toute nature. En amont, elle soulève la question de la prise de décision et du pouvoir.

La problématique de l'éthique développée par Danielle BAHU-LEYSER et Pascal FAURE nous a permis d'entrevoir certains enjeux sociétaux. Pour reprendre l'expression d'Edgar Morin, les TIC portent en elles « *autant de virtualités émancipatrices que de virtualités asservissantes*[91]. » Les auteurs d'*Éthique et société de l'information* évoquent le risque « (d') *un monde policier et de surveillance permanente*[92]. » Ce monde, à notre avis, est rendu possible par certaines applications de l'intelligence artificielle intégrées dans les moteurs de recherche. C'est un point que nous développerons dans notre chapitre consacré à l'échange d'informations entre usagers et systèmes.

Les points évoqués dans cette introduction concernent l'éventualité d'une société, voire d'un monde, à deux vitesses, « *entre ceux qui ont et ceux qui n'ont pas accès aux services de la société de l'information.*[93] » L'enjeu, ici, est l'accentuation ou non des fractures sociales. Selon les deux auteurs, il est nécessaire de réguler les services marchands « *sous peine de porter atteinte à la concurrence loyale entre fournisseurs et prestataires de ces biens et services ou de nuire aux utilisateurs de ces biens et services*[94]. » Il est également indispensable de protéger la libre expression de chacun sans « *porter préjudice à l'ensemble des utilisateurs ou à des utilisateurs sectoriels*[95]. »

Danielle BAHU-LEYSER et Pascal FAURE préconisent une régulation partagée des différents acteurs afin « *d'en limiter les dérives* » et « *de protéger les acteurs et les utilisateurs*[96]. » Cependant, Internet pose des problèmes d'ordre juridique international. La conception de la liberté n'est ni unique ni uniforme. Les Américains ont une culture et des valeurs vis-à-vis de la liberté d'expression différentes des Européens. Les premiers font peu de cas de l'abus de liberté. Les modalités de celle-ci s'inscrivent dans le Premier Amendement de la Constitution (1791). Par conséquent, les Américains sont partisans de l'auto-réglementation des acteurs et des secteurs concernés.

La technologie de l'intelligence artificielle et celle des agents intelligents font partie de celle d'Internet. Il est difficile d'examiner les usages de la première sans réfléchir sur les finalités du dernier, car l'intelligence artificielle constitue la partie invisible du réseau.

Nous ferons appel en second lieu à la théorisation de la nouvelle économie d'Internet, théories qui ont émergé à la fin des années 90. Ces théories nous aident à mesurer les enjeux économiques qui sont présents implicitement dans les modèles économiques caractéristiques d'Internet. Force est de constater que nous avons très peu de recul par rapport aux phénomènes qui se sont produits dans les quatre dernières années et qui ont modifié profondément l'interprétation qu'on peut avoir de cette nouvelle économie mise en échec par un crack boursier.

Michel VOLLE présente la nouvelle économie comme une économie de l'information et de l'immatériel, laquelle se définit par une fonction de production à coût fixe, certains critères de dimensionnement, l'importance des systèmes techniques, et une concurrence monopoliste[97]. Les rendements croissants sont caractéristiques des technologies de l'information et de la communication (TIC), ce qui implique une fonction de production à coût fixe avec un coût marginal quasi nul. Pour Michel VOLLE, la fonction de production à coût fixe entraîne pour chaque bien un monopole naturel et, par conséquent, la survie d'une seule entreprise. Il est donc nécessaire de différencier l'offre en fonction de la demande[98].

Michel VOLLE définit la concurrence monopoliste de la manière suivante :

« Les entreprises construisent pour chaque variété du bien un petit monopole particulier aux frontières duquel elles sont en concurrence avec les fournisseurs de variétés voisines. Ainsi la concurrence monopoliste est endogène au modèle : à l'équilibre, le nombre de variétés produites est déterminé, ainsi que la quantité vendue et le prix de chaque variété. »[99]

Nous démontrerons que la diversification de l'offre en matière d'agents logiciels passe par l'innovation et la capacité à inventer de nouvelles fonctionnalités à valeur ajoutée ; et que la concurrence se fait entre les activités des moteurs de recherche et, à un moindre degré, celles des agents logiciels métamoteurs. Les uns et les autres tantôt ciblent le même public, tantôt se réservent une clientèle différenciée. En 2004, la presse américaine évoque l'éventualité d'une guerre entre moteurs de recherche car les enjeux économiques de ce secteur deviennent de plus en plus importants, de l'ordre de 3 milliards de dollars[100] par an aux États-Unis.

Michel VOLLE poursuit son analyse en mettant l'accent sur l'importance de la médiation dans la formation de la demande (identification des besoins et connaissance de l'offre) qui est difficile. Le médiateur est celui qui est capable de trouver l'offre correspondant aux besoins des clients, ce qui implique une personnalisation de la transaction et une minimisation du coût. Or, ce sont les agents du *one-to-one* et du profilage qui trouvent leur raison d'être en automatisant les processus de transaction et de personnalisation de la clientèle. Le développement des agents comparateurs de prix est motivé par les gains à tirer de cette fonction d'infomédiation. Les entreprises de conseil, également, peuvent se constituer médiateurs entre leurs clients et les éditeurs d'agents. De même que les portails et les moteurs constituent un intermédiaire entre les sites commerciaux et les usagers finals.

Nous entrons dans une économie de risques entraînée par la fonction de production à coût fixe[101]. En effet, la totalité du coût de production est dépensée avant même qu'il y ait vente du bien sur le marché, ce qui nécessite un partenariat et qui implique une concurrence soit par les prix soit par l'innovation. Ce facteur va s'avérer déterminant en ce qui concerne la survie des entreprises d'Internet, notamment les portails intégrant un moteur de recherche, un annuaire et d'autres services à valeur ajoutée.

Pour l'entreprise, la nouvelle économie exige des changements dans l'organisation caractérisés par des procédures de contrôle *a posteriori*, la limitation des niveaux hiérarchiques, la personnalisation des relations avec les clients, l'intégration du client dans le système de l'information de l'entreprise. Là encore, le développement de la technologie *one-to-one* aura un rôle important à jouer dans la mise en place de ce type de relation.

La mondialisation est responsable de la réduction des barrières liées à la distance et de l'augmentation des risques pour l'entreprise[102]. Il y a d'abord des dangers liés à la désinformation et à la surveillance des activités de chacun, sans mentionner les attaques virales et le piratage de diverses natures.

Les logiciels agents correspondent au schéma économique de la nouvelle économie. En effet, le coût de développement initial est élevé, mais une fois le logiciel testé et mis sur le marché, il devient minime car l'utilisateur ne fait que télécharger une copie du produit dont le seul support physique est la mémoire du serveur de l'éditeur de logiciel et le disque dur du PC du client. Le coût de la reproduction en est d'autant plus faible que celui du développement et de la mise à jour est élevé. L'innovation permanente est d'autant plus nécessaire que la concurrence reste acharnée. Tout laisse à penser que les marchés tendent vers une concentration qui élimine les firmes les moins innovantes et les moins performantes.

Comprendre les enjeux d'Internet équivaut à explorer la manière dont la valeur se crée sur ce média à facettes multiples.

Pour Eric BROUSSEAU et Nicolas CURIEN[103], la nouvelle économie serait considérée par certains commentateurs comme un nouveau régime de croissance, ce qui a contribué à la création puis l'amplification d'une bulle spéculative autour des entreprises en-ligne. Ils en concluent d'après les travaux d'autres chercheurs américains ou français que les TIC ne conduisent pas forcément à une amélioration des performances économiques, que les biens et services informationnels n'échappent pas aux règles fondamentales de la science économique, et que la croissance américaine ne se fondait pas seulement sur les innovations en matière de TIC au cours des années quatre-vingt-dix[104]. Cette thèse a été étudiée en détail par Patrick ARTHUS[105].

L'usager d'Internet a l'impression que l'accès à l'information est gratuit[106]. Cette notion de gratuité provient de l'idéologie fondatrice d'Internet. Les universitaires américains utilisaient les réseaux pour communiquer et partager le savoir. Pour ces pionniers d'Internet, il fallait s'échanger librement les fruits de leurs recherches en matière de programmation. Se développait alors le logiciel libre (*freeware*[107]). Dans un texte posté sur un forum d'Usenet, *Free Unix*, le 27 septembre 1983, Richard STALLMAN[108] annonce son intention de créer un système d'exploitation et des applications, tous fondés sur Unix. Le Projet GNU (*GNU is not Unix*) est né. Le même auteur propose un protocole de licence appelé *Copyleft*, qui donne un certain nombre de droits à l'utilisateur. Il s'agissait de pouvoir utiliser le logiciel, le copier, le diffuser, le modifier sans pour autant protéger les modifications proposées. Il est même possible d'en vendre des copies sur CD. Le *Free Software Foundation* voit le jour en 1984 pour financer le développement des applications. C'est toutefois Linus TORVALDS qui apporte le noyau du système d'exploitation, Linux, en 1990.

Le modèle commercial du *freeware* s'oppose au modèle propriétaire pratiqué par les entreprises comme Microsoft, sociétés qui ne divulguent pas le code source de leurs logiciels. Le modèle du *freeware* et du *open source* permet aux informaticiens d'étudier, d'améliorer et surtout de déboguer les programmes. Dans le modèle du *shareware*, les usagers doivent contribuer au développement en versant une somme modique aux éditeurs de ce type de logiciel. Selon Richard STALLMAN, *free* ne signifie pas gratuit mais libre. Un programmeur peut demander une contribution sous forme d'honoraires (*fees*) pour son travail. On autorise l'internaute à se servir d'un logiciel pendant un temps d'essai ; ensuite on lui demande de payer pour outrepasser cette même période d'essai. Cependant, beaucoup de logiciels sont offerts gratuitement. Il existe des versions payantes destinées aux entreprises et des versions simples à l'intention des internautes[109].

Dans ce contexte de gratuité attendue, comment faut-il s'y prendre pour gagner de l'argent et financer le développement économique d'une entreprise ? La firme Netscape, par exemple, donnait au public, sans obligation de paiement, son logiciel de navigation mais développait par la même occasion ses services et ses serveurs auprès des entreprises. Quant à la firme Adobe, elle a distribué gratuitement son logiciel de lecture du format PDF (*Acrobat PDF Reader*) tout en faisant payer celui qui permet de créer des documents sous ce même format (*Acrobat PDF Writer*). Elle combine ainsi la gratuité et la rémunération du produit.

Ce qui compte, c'est acquérir la position de *leader* dans le secteur, se rendre indispensable, proposer le standard incontournable car le coût d'une migration technologique (ou coût de sortie) serait trop élevé en argent ou en temps de formation. Quant à Microsoft, la firme de Seattle s'est tout simplement abstenue d'attaquer en justice les particuliers qui pirataient sa suite de logiciels Office. Puisque tout le monde savait l'utiliser, Office devenait *de facto* incontournable pour les entreprises, qui, elles, devaient en acquérir les licences. En quelque sorte, Microsoft a exploité d'une manière ambiguë le modèle de la gratuité.

John Perry BARLOW[110], co-fondateur du *Electronic Frontier Foundation*, propose un modèle de rémunération des produits immatériels. Pour John Perry BARLOW, si un bien matériel prend sa valeur à cause de sa rareté, cela n'est nullement le cas quand il s'agit d'une information. Car parfois la valeur de celle-ci augmente avec sa diffusion. C'est pourquoi certaines formes d'information devraient être diffusées gratuitement. Or certains types d'information n'ont de valeur que si peu de personnes les possèdent, et cette valeur diminue ou disparaît en fonction du temps qui passe. Dans ce cas précis, John Perry BARLOW préconise l'utilisation de la cryptographie plutôt que l'outil juridique, difficile à faire fonctionner au sein d'un marché mondial. Il propose, en outre, que les entreprises mettent à la disposition des usagers des logiciels gratuits et leurs offres de services supplémentaires payants. Le but de la gratuité, en définitive, consiste à créer un marché captif où les usagers s'habitueront à se servir d'une interface et seront prêts à payer pour la continuité du logiciel, des fonctionnalités supplémentaires et des services de mise en place ou de maintenance. Le coût de transfert vers un autre produit serait trop élevé en temps de formation. Voilà en quelques mots l'enjeu actuel des moteurs de recherche et des portails. La gratuité, à l'évidence, joue un rôle essentiel dans la problématique des modèles économiques d'Internet.

La notion de *business model* est très récente. L'ouvrage[111] de Bernard MAITRE et de Grégoire ALADJIDI nous a permis de prendre connaissance des enjeux des modèles économique d'Internet en 2000. Depuis lors, des chercheurs français se sont intéressés à cette problématique, notamment Noémie BEHR, qui a réalisé une étude pour la Direction Générale de l'Industrie, des Technologies de l'Information et des Postes en 2001[112].

Nous avons consulté des ouvrages et des articles sur l'intelligence artificielle (IA) et la notion d'agent intelligent. Nous avons commencé notre lecture par l'ouvrage de l'un des pionniers de la discipline, Patrick H. WINSTON[113] pour comprendre la modélisation de l'IA. Pour approfondir les méthodes de programmation, nous avons consulté le livre de Stuart J. RUSSEL et Peter NORVIG[114], qui met en perspective l'approche agent. Le livre de Jeffrey M ; BRADSHAW[115], *An introduction to software agents,* nous fournit un panorama de la recherche en technologie agent (*agenthood*). La théorisation des systèmes multi-agents est présentée par Jacques FERBER. L'ouvrage de Alper CAGLAYAN et Colin HARRISON[116], *Agent Sourcebook, A Complete Guide to Desktop, Internet, and Intranet agents*, nous a aidé à définir une typologie d'agents adaptés à Internet. Pour connaître les enjeux des agents de l'e-commerce, nous avons utilisé le livre de Corina PARASCHIV[117].

Nous avons choisi de diviser notre thèse en trois parties. L'interaction entre la technique, le social, l'économique et l'imaginaire constitue l'aboutissement de notre réflexion à partir de notre hypothèse directrice.

La première partie de cette thèse présente la technologie. Le premier chapitre introduit l'objet de notre recherche, les agents intelligents. Nous retracerons l'histoire de la recherche en intelligence artificielle pour démontrer l'enjeu anthropologique de cette discipline. Dans notre deuxième chapitre, nous proposerons quelques définitions du terme agent intelligent et une typologie d'agents destinés aux usagers d'Internet.

Le troisième chapitre a pour objectif de démontrer dans quelle mesure la technologie agent s'est intégrée progressivement dans les moteurs de recherche. Nous ferons la comparaison entre Google, le moteur le plus utilisé en 2003, et Copernic, agent du type métamoteur, le plus cité par les personnes interrogées. Nous proposerons une explication du succès de Google, relevant de la technique, du social et peut-être de l'imaginaire.

Le quatrième chapitre aborde le problème des limites des moteurs à satisfaire pleinement les besoins des utilisateurs. Internet présente trois points importants pour ce qui est de la collecte d'information d'un point de vue stratégique : le site Web, le moteur de recherche par lequel passe l'internaute et le disque dur de l'usager. Un modèle technique devrait émerger pour connecter le second au troisième. La surcharge d'information doit être gérée aussi bien localement (sur les PC des internautes) que sur les moteurs. Un enjeu économique majeur consiste à faire adopter par les usagers une interface gérant l'information en local et l'interaction entre le moteur, le site Web ciblé et l'utilisateur. Nous répondrons ainsi à la question motivant la seconde partie de notre hypothèse.

La seconde partie met l'accent sur l'observation des usages et des usagers. Le premier chapitre dresse le bilan de notre analyse des pratiques de recherche informationnelle dans le milieu universitaire et celui de la veille.

Le second chapitre, qui découle du précédent, est consacré aux représentations des agents et moteurs et s'appuie sur les méthodologies développées par la sociologie des usages. Nous confrontons le discours techniciste des scientifiques et des éditeurs de logiciels avec les propos des usagers. Sur le plan de l'imaginaire, le terme moteur de recherche reste peut-être plus neutre que celui d'agent intelligent et n'inspire ni les craintes ni les attentes inspirées par cette dernière expression. L'intelligence artificielle et les programmes dérivés entrent dans un cadre mythique et symbolique.

La troisième partie analyse les enjeux économiques et sociétaux liés à l'intégration des agents intelligents dans les moteurs de recherche et les conséquences de ce processus pour l'usager.

Le premier chapitre traite du rôle de la gratuité dans le système d'échange d'informations entre l'usager et le moteur. Nous examinerons les implications de cet échange pour le commerce électronique mais également les dangers qu'il représente pour l'individu. Si les aspects positifs existent, surtout la possibilité de financer le développement des moteurs et des portails, le piratage, le manque de confidentialité et l'exploitation de la vie privée des internautes représentent sans doute l'enjeu négatif de tout ce dispositif. Ce chapitre, par la nature des thèmes abordés, ne sépare pas les enjeux économiques d'avec le social car les uns s'imbriquent dans les autres. La surveillance des activités de chacun est-elle le prix à payer pour un immense service gratuit, l'accès à une énorme banque de données planétaire ? On peut se demander, d'ailleurs, si les usagers ont bien pris conscience de cet échange d'informations.

Le deuxième chapitre est prospectif. La convergence du téléphone avec Internet et avec les moteurs de recherche ouvre de nouvelles perspectives. En effet, l'internaute peut se connecter à Internet n'importe où, ce qui de nécessité entraînerait de nouveaux usages accompagnés par leurs conséquences économiques et sociétales inéluctables. Les moteurs de recherche favorisent-ils la convergence des technologies de communication ? Ainsi compléterons-nous notre réponse aux trois aspects de notre hypothèse directrice.

Le dernier chapitre étudie la mission des moteurs concernant la création d'une mémoire collective. S'agit-il d'une utopie ou d'un projet réalisable. La construction progressive de la nouvelle *Bibliothèque d'Alexandrie*, ne constitue-t-elle pas le plus important enjeu de ce début de millénaire ?

La conclusion permettra de synthétiser les résultats de notre recherche et de présenter une interprétation des interactions entre le social, la technique, l'économique.

PREMIÈRE PARTIE

DE NOUVELLES MACHINES À COMMUNIQUER

Introduction

La recherche dans le domaine des agents intelligents d'Internet marque l'aboutissement d'une longue histoire associant un projet utopique[118], une mythologie qui remonte à la Haute Antiquité, et des progrès technologiques rendus possibles par la naissance de l'informatique au lendemain de la Seconde Guerre mondiale. L'entreprise qui consiste à construire un « cerveau électronique » ou une « machine pensante » n'est pas dépourvue d'intérêt pour les sciences de l'information et de la communication. Si l'on étudie l'histoire de cet ambitieux domaine de recherche, il est possible de dégager les éléments liés à l'imaginaire collectif. D'ailleurs, cet aspect, étudié par Patrick FLICHY et d'autres chercheurs, présente d'intéressantes pistes d'investigation scientifique. Cependant, il faudrait d'abord définir sommairement le terme « agent intelligent ».

La dénomination recouvre divers objets informatiques. Ceux-ci ont un point en commun : ils se réfèrent implicitement à la recherche en intelligence artificielle (IA). L'objectif de cette partie est de tenter de définir cette expression, ce qui n'est pas une tâche facile. Ensuite il nous incombe de démontrer comment les moteurs de recherche ont intégré la technologie agent à l'insu de l'usager. Cette intégration technologique fait l'objet de notre première hypothèse, alors que jusqu'à présent, le terme moteur de recherche et celui d'agent intelligent restaient strictement séparés ; le dernier dénotant le plus souvent un métamoteur de recherche.

Le premier chapitre introduit ces nouvelles techniques en les insérant dans leur contexte historique et sociétal. C'est pourquoi nous présenterons d'abord l'histoire de l'intelligence artificielle en mettant en relief la dimension imaginaire et utopique de cette jeune discipline. Ensuite, nous proposerons un corpus de définitions du terme « agent intelligent » avant de dresser une typologie des principaux logiciels utilisés sur Internet.

Toutefois, il nous faut délimiter le champ de recherche. Ainsi mettrons-nous l'accent sur les agents intelligents dont la fonction principale est de collecter des informations sur Internet et de les traiter : celles publiées sur les pages Web et d'autres concernant la navigation des internautes.

La comparaison des deux outils de recherche, Copernic (agent logiciel métamoteur) et Google (moteur de recherche) nous permet de démontrer comment ce dernier est devenu un véritable agent intelligent sans que ni ses propriétaires ni les usagers ne l'identifient en tant que tel. Le premier est le logiciel agent le plus connu alors que le second fait l'objet d'un intérêt médiatique important et semble être le moteur le plus populaire en 2003 d'après nos enquêtes. D'autres sources l'ont confirmé en 2004. C'est le modèle économique conçu par cette firme de la Silicon Valley qui, à notre avis, pourrait déterminer l'évolution de l'innovation en recherche informationnelle sur Internet dans les années à venir.

Nous ne séparerons pas arbitrairement l'étude des aspects sociaux, économiques et techniques. Ce sont, en effet, les interactions entre ces trois facteurs qui nous permettent de fournir une interprétation. Par conséquent, nous restons dans le cadre socio-technique défini dans notre introduction générale.

Histoire d'un projet utopique : l'intelligence artificielle

Les logiciels et progiciels dits « agents intelligents » correspondent aux applications qui, d'une manière ou d'une autre, sont les fruits de la recherche en intelligence artificielle (IA). Cette nouvelle discipline débute officiellement en 1956. C'est l'association du programme informatique et de l'intelligence artificielle que les éditeurs de logiciels cherchent à mettre en valeur et à communiquer aux usagers potentiels, implicitement ou explicitement, en qualifiant leur produit d'intelligent.

L'intelligence artificielle a été progressivement incorporée dans les applications comme Windows et Office de Microsoft, avec la création des programmes appelés assistants. En d'autres termes, cette technologie informatique est devenue transparente au sens informatique du mot, donc invisible pour l'utilisateur final. Nous pensons que les moteurs de recherche et les portails l'ont intégrée aussi.

Avant de présenter l'historique de l'intelligence artificielle, établir le bilan de la recherche sur l'intelligence humaine s'impose.

Recherche en intelligence humaine

Il est difficile d'imaginer le développement de l'intelligence artificielle sans évoquer sommairement les premières recherches sur l'intelligence humaine. Depuis l'Antiquité, toute réflexion sur ce problème était caractérisée par l'introspection. En effet, la psychologie faisait partie de la philosophie jusqu'au début du vingtième siècle. Ce n'est que vers 1900 que commence l'étude expérimentale et objective de l'intelligence. Ainsi la psychologie en tant que discipline à part entière voit le jour.

En 1904 Charles SPEARMAN, par le biais de l'analyse factorielle met l'accent sur la notion d'intelligence générale. L'échelle de développement intellectuel d'Alfred BINET et de Théodore SIMON remonte à 1905. La notion de QI (quotient de l'âge mental sur l'âge naturel) a été introduite par STERN en 1911. Les tests élaborés depuis cette date avaient pour objectif de faciliter l'orientation scolaire. Il s'ensuit que les définitions de l'intelligence sont fortement influencées par les tests d'évaluation.

Les débats sur la définition de l'intelligence humaine ont soulevé deux problèmes essentiels. Cette faculté de l'homme est-elle essentiellement innée ou acquise, et est-elle caractérisée par l'unicité ou la multiplicité ? En effet, s'agit-il d'une intelligence générale ou d'une pluralité d'intelligences spécialisées et spécifiques ?

Charles SPEARMAN (1863-1945) préconisait l'existence d'une seule intelligence générale, le facteur G, pour expliquer toutes les manifestations d'intelligence. Il recherchait, grâce à l'analyse factorielle, les facteurs communs, la performance relative aux différentes tâches proposées. Au contraire, Louis THURSTONE (1887-1955) élabore un modèle multifactoriel de l'intelligence. Après des années de débat sur le sujet, John B. CARROLL conçoit en 1993 une synthèse des deux points de vue extrêmes consistant en une représentation pyramidale à trois niveaux de l'intelligence.

« L'avantage du modèle hiérarchique à trois strates de CARROLL est de réaliser une véritable synthèse entre les conceptions unitaires et multifactorielles de l'intelligence. D'une part, il distingue des formes d'intelligence variées relativement indépendantes : il est donc possible d'être très performant dans l'une d'entre elles sans l'être nécessairement tout à fait dans les autres. D'autre part, il affirme l'existence d'un facteur général, puisqu'il y a une tendance à ce que les sujets les plus performants dans l'une de ces formes d'intelligence le soient aussi dans les autres. »[119]

Jean PIAGET (1896-1980), quant à lui, s'intéresse aux étapes du développement de l'intelligence chez l'enfant. Ses travaux concernent la formation du nombre, de la causalité, des notions de l'espace et du temps, et de la fonction symbolique. Il propose une définition à partir de la notion de complexité:

« Il reste cependant possible de définir l'intelligence par la direction dans laquelle est orienté son développement…. on peut dire qu'une conduite est d'autant plus intelligente que les trajectoires entre le sujet et les objets de son action cessent d'être simples et nécessitent une composition progressive[20] *»*

Dans les années 60, les sciences cognitives, comprenant les neurosciences, la psychologie cognitive, la linguistique, l'informatique et l'intelligence artificielle, proposaient des modèles destinés à expliquer les processus sous-jacents aux conduites intelligentes. Leur approche, fondée sur les théories du traitement de l'information, met en lumière l'importance de la mémoire[121], de son organisation, et surtout de la résolution des problèmes, point de départ de l'intelligence artificielle. La psychologie cognitive différentielle se développe à la fin des années 60. L'objectif en était *« d'identifier les processus sous-jacents aux grands facteurs de l'intelligence »* comme *« l'intelligence fluide, conçue comme une capacité d'adaptation à de nouvelles situations, mettant en œuvre les aptitudes au raisonnement (induction, déduction, etc.) et faisant très peu appel aux connaissances acquises. »*[122]

Les études conduites par les chercheurs tels que CARPENTER, JUST et SHELL en 1990, mettent l'accent sur l'importance de la mémoire de travail, qui permet de stocker les résultats intermédiaires d'un problème (l'intelligence fluide). L'autre mémoire, produit de la recherche en sciences cognitives, la mémoire déclarative, stocke ses connaissances explicites, selon une organisation très structurée, sous forme de réseaux. Celle-ci pourrait expliquer l'intelligence cristallisée (ou verbale).

L'intelligence artificielle est redevable de cette recherche sur l'intelligence humaine. Dès ses débuts, cette jeune discipline s'est efforcée de comprendre les conduites humaines considérées comme manifestations de l'intelligence pour les modéliser et les mettre en œuvre sur des ordinateurs. Des problèmes tels que le stockage des connaissances explicites, la gestion de la mémoire de travail, le stockage des résultats intermédiaires, et le raisonnement, ont fourni à l'intelligence artificielle ses premiers défis et champs de recherche. Les progrès obtenus dans le domaine de l'intelligence humaine ont sans aucun doute contribué au développement de l'intelligence artificielle. Il y a eu, par conséquent, une interaction entre la recherche en intelligence artificielle et en psychologie, ce qui a permis aux deux disciplines de progresser.

« Un des problèmes importants à résoudre concerne la modélisation des différentes formes de connaissances, leur stockage et leur utilisation en vue d'un comportement adapté dans un environnement donné. On a donc affaire à deux approches d'un même problème, qui vont donner des modélisations de nature différente et pourtant complémentaires : le développement de modèles formels et celui de modèles dérivés de l'étude expérimentale. Cette différence s'articule autour de la nécessité ou non de s'attacher à une modélisation précise du fonctionnement cognitif humain, donc contrainte par les faits expérimentaux - ce qui est le fondement de la psychologie cognitive - ou bien à une modélisation formelle des mécanismes de la connaissance, donc théorique et sans autres contraintes que celles du modèle lui-même et de la machine utilisée comme support - ce qui est le fondement de l'intelligence artificielle. Des modèles généraux des connaissances peuvent être communs aux deux disciplines, puis différent ensuite dans leur application. »[123]

Ainsi la recherche en psychologie a-t-elle favorisé les premières simulations des conduites intelligentes sur ordinateur. Cependant, l'histoire de la machine intelligente commence bien avant l'ère informatique et joue un rôle dans la construction de l'imaginaire collectif.

Histoire de l'intelligence artificielle

Le désir chez l'homme de reproduire les processus de la pensée, de créer une machine intelligente et même de concevoir un robot est très ancien. Il existe une longue tradition, remontant à la Haute Antiquité, de mythes concernant la vie artificielle et le développement d'automates[124] conçus pour simuler la vie. Aujourd'hui, la littérature, notamment la science-fiction, met en garde l'humanité contre d'éventuels dérapages d'une telle technologie, et fait ressortir l'enjeu du pouvoir en termes de liberté ou d'esclavage. Il est possible de voir dans les disciplines telles que les mathématiques, la philosophie, la médecine, la cybernétique et dans les travaux du mathématicien Alan TURING les signes avant-coureurs de cette nouvelle discipline. Cependant, à partir de 1956, la recherche en intelligence artificielle prend son essor, notamment avec deux approches bien distinctes, l'approche numérique et l'approche symbolique. En effet, cette nouvelle discipline ne devient une possibilité technologique que grâce à l'invention et à l'évolution de l'ordinateur à partir de 1946.

En quête d'une machine intelligente

Les automates qui ressemblent soit à des hommes, soit à des animaux, étaient conçus déjà dans la civilisation égyptienne. On attribuait, selon Jasia REICHARDT,[125] à ces objets certaines capacités quasi miraculeuses. Au XVe siècle avant J.-C., on attribuait à la statue de Memnon le pouvoir de reproduire le son mélodieux d'une harpe au lever du soleil, et à émettre un son lugubre au couchant. La tradition antique veut que les dieux communiquent par l'intermédiaire des statues qui les représentaient. D'autres automates mettent en scène des animaux. Leur existence est également attestée en Chine et au Japon. Pour fabriquer ces automates, on utilisait des systèmes de rouages et des engins hydrauliques.

Dans la mythologie grecque, Prométhée aurait créé l'homme et la femme à partir d'argile. HOMÈRE est le premier à évoquer les automates doués de raison. En effet, dans *L'Iliade*, Héphaïstos, dieu forgeron, est accompagné de deux statues en or pur dotées d'esprit et de sagesse. On peut observer que les êtres artificiels sont construits en or, minerai précieux lié au pouvoir et à la richesse. Ce sont des esclaves domestiques. Cependant, il faut noter qu'HOMÈRE insiste sur leur capacité à comprendre, à parler et à travailler. L'idée du robot en tant que travailleur doué de raison ou intelligent est déjà imaginé au VIIIe siècle avant notre ère. Il est aussi significatif que ces automates soient féminins.

« Les servantes s'empressèrent de soutenir leur maître, servantes en or, mais ressemblant à des vierges vivantes ; elles avaient en leur âme l'intelligence en partage, possédant aussi la voix et la vigueur, et tenant des dieux immortels eux-mêmes leur science du travail. »[126]

Ces légendes révèlent chez l'homme sa volonté d'être un démiurge à l'égal des dieux, encourant, ainsi, le châtiment qui frappe toute manifestation d'*hubris*. Il commence par fabriquer un modèle de lui-même, physique, ensuite doué de pensée.

Dans la poésie latine, apparaît le thème de la femme artificielle. OVIDE[127] met en vers la légende de Pygmalion, roi de Chypre, qui tombe amoureux d'une statue, à qui Aphrodite va donner la vie, afin d'exaucer les prières du monarque. Le poète insiste sur l'illusion produite par le réalisme de la statue et sur l'origine divine du don de la vie.

En dehors des automates mécaniques, d'autres légendes se sont tissées autour des êtres artificiels. Tout d'abord, examinons le Golem. Selon la tradition juive, Elijah de Chelm (1550) puis Rabbi Löw (1580) auraient créé des golems pour protéger la communauté juive[128]. Gustav MEYRINK[129] s'en est inspiré pour écrire un roman. Patrice FLICHY, d'ailleurs, évoque le mythe du Golem[130] et le projet de Norbert Wiener de créer un cerveau artificiel. Ne participent-ils pas du même rêve ?

Les alchimistes aussi cherchaient à créer des êtres artificiels vivants, les *homonculi*[131]. Selon la légende, PARACELSE (1493-1541) en aurait produit un. Il expliquait lors d'une conférence à l'université de Bâle comment il fallait « *l'entretenir et l'élever avec soin de sorte qu'il puisse se développer et prouver son intelligence.* »[132] Sans doute PARACELSE avait-il anticipé avec quelques siècles d'avance les *tamagotchi* ! Ce qui est significatif, c'est ce désir de créer des êtres capables de développer leurs capacités cognitives. On peut se demander si certains de ces mythes sont largement répandus, s'ils sont bien instaurés dans l'imaginaire collectif ou s'ils ne sont connus que des spécialistes de l'histoire des techniques ou de la littérature.

Au XVIIe siècle, René DESCARTES (1596-1650) aurait construit un automate nommé « Ma fille Francine[133] » (1649). Au cours d'un voyage en mer, le capitaine du navire l'aurait découvert, et le croyant œuvre du diable, l'aurait envoyé par-dessus bord. Cette histoire met en évidence l'aspect transgressif de ce type d'innovation vis-à-vis de la religion.

Tout au long du XVIIIe siècle, les automates se multiplient. L'invention du Baron Wolfgang von KEMPELEN (1734-1804) annonce les prouesses de l'ordinateur *Deep Blue* d'IBM. Mais son joueur d'échecs cachait un nain à l'intérieur.

Au XXe siècle le terme robot remplace celui d'automate. Si ce dernier est essentiellement un jouet, le premier désigne une machine qui remplace l'homme dans les travaux pénibles. Le terme robot qui veut dire servitude en tchèque paraît pour la première fois en 1917 dans une nouvelle, *Opilec*[134], écrite par le dramaturge tchèque Karel CAPEC (1880-1938). Il figure ensuite dans le titre de la pièce *R.U.R (Rossum's Universal Robots)*, publiée en 1920, et représentée en 1921 au Théâtre national de Prague. On découvre clairement dans cette œuvre qu'un cerveau artificiel peut échapper au contrôle de l'inventeur. Nous voici donc confronté au mythe de l'apprenti sorcier qui, selon FLICHY[135] s'oppose au mythe de Prométhée. Le jour où l'homme inventera un être plus intelligent que lui, ce sera sa dernière invention selon Kenneth WARWICK[136], spécialiste en cybernétique et robotique à l'Université de Norwich en Angleterre.

La littérature soulève des interrogations certes, mais comporte également beaucoup d'exagérations. Elle a joué un rôle non négligeable dans le développement de l'intelligence artificielle selon Jacques PITRAT, professeur en intelligence artificielle.

«Mais s'il est un groupe qui a joué un rôle important pour le développement du concept de l'intelligence artificielle, c'est bien celui des écrivains de science-fiction. Ils y ont toujours cru, parfois même un peu trop, à tel point que leurs lecteurs trouvent aujourd'hui toutes nos réalisations naturelles. »[137]

La peur du robot, par exemple, est introduite par la pièce HCH et développée par Arthur CLARKE dans *2001 Odyssée de l'espace*. Elle évoque dans l'imaginaire collectif les dangers posés par la technologie. Ce thème s'intègre dans le cadre du mythe de l'apprenti sorcier : l'homme crée les moyens de sa propre destruction. En outre, Arthur CLARKE met en lumière deux enjeux de l'intelligence artificielle, le pouvoir caractérisé dans l'absolu par la dichotomie liberté/esclavage, et la problématique de la mort posée en termes d'immortalité et d'insécurité.

Isaac ASIMOV[138], quant à lui, pour résoudre le problème de l'asservissement de l'homme par la machine, formule trois lois de la robotique[139] : *« Un robot ne peut faire du tort à un être humain. Un robot doit obéir à un être humain, tant que cela ne contredit pas la loi précédente. Un robot doit se maintenir en vie, tant que cela ne contredit pas les deux lois précédentes ».* Cependant, selon PITRAT[140] *« malgré cela (les lois), les nouvelles d'Asimov montrent combien elles peuvent amener des contradictions. »*

Pour conclure, nous avons pu constater que le rôle de l'imaginaire consiste à suggérer tout ce qui reste possible grâce aux progrès scientifiques et technologiques (mythe de Prométhée), mais aussi à nous mettre en garde contre des éventuels dérapages (mythe de l'apprenti sorcier.) Jean-Gabriel GANASCIA pose ainsi le problème :

« Des servantes d'Héphaïstos aux robots des romans de la science-fiction contemporaine en passant par le Golem de Prague... toute une mythologie relate l'existence de substituts à l'activité de l'intellect humain. Qu'est-ce donc qui scelle l'originalité de l'intelligence artificielle au point de rendre vigueur et actualité à ces vieux rêves ? »[141]

Il est difficile d'affirmer que le facteur imaginaire joue un rôle très important dans le processus d'appropriation d'un logiciel. L'usager, à la recherche d'une information, ne pense pas forcément aux implications que représente l'intelligence dans un système informatique et ne ferait pas obligatoirement de rapprochement entre le programme qu'il a téléchargé et les enjeux de la machine intelligente. Néanmoins, nous avons intégré ce facteur dans notre grille d'analyse en lui accordant la place qu'il mérite.

Si la littérature, les légendes et la mythologie ont contribué à créer un monde imaginaire autour du thème de la machine pensante, les sciences et les mathématiques ont également joué un rôle déterminant dans la conception et la réalisation partielle de ce projet.

Origines scientifiques de l'IA

Interrogeons brièvement les origines philosophiques et scientifiques de l'intelligence artificielle pour faire ressortir l'importance épistémologique de cette discipline. L'intelligence artificielle prend ses sources dans la philosophie grecque du 5e siècle avant Jésus-Christ[142]. L'idée a progressivement émergé que l'esprit est constitué par l'opération d'un système physique. Hubert DREYFUS, qui soutient la thèse selon laquelle une machine ne peut pas accéder à l'intelligence, fait remonter l'origine de l'IA au dialogue de PLATON, *l'Euthyphron*[143] (399 av. J-C) où Socrate demande à Euthyphron de lui définir la piété :

« Ce que Socrate demande ici à Euthyphron, c'est ce que nos modernes théoriciens de l'informatique appelleraient une procédure opératoire, un ensemble de règles qui nous disent avec précision, étape par étape, comment agir. »[144]

Pour PLATON, l'homme, grâce aux mathématiques, peut comprendre l'univers. Entre le monde des Idées, des réalités intelligibles, et le monde sensible, celui des apparences, les entités mathématiques constituent des intermédiaires. On attribue à ARISTOTE (384-322 avant *J.-C.*) la mécanisation de la pensée par le biais des syllogismes. En effet, le syllogisme permet de générer mécaniquement une conclusion vraie si les prémisses sont vraies. Sa méthode est exposée dans un ouvrage intitulé *Organon*[145].

Plus proche de notre ère, René DESCARTES[146] (1596-1650) étudie l'esprit en tant que système physique. Cependant, le philosophe français établit une distinction entre esprit et matière. Devant le problème du libre arbitre, DESCARTES opte pour un compromis. Une partie de l'esprit serait en dehors de la matière, libérée des lois de la physique. Le point de convergence de l'esprit et de l'âme, la partie immatérielle, serait la glande pinéale. Ainsi DESCARTES venait-il de fonder la doctrine du dualisme. Celle du matérialisme, par contre, développe la thèse selon laquelle seule la matière existerait. L'esprit et le cerveau seraient soumis aux lois de la nature, c'est-à-dire du monde physique.

Dans cette même approche, Wilhelm LEIBNIZ (1646-1716) a cherché à construire une machine capable de raisonner. Selon ce philosophe et mathématicien, le monde est issu des calculs de Dieu. Cette idée apparaît déjà d'une manière embryonnaire chez les Grecs, plus particulièrement chez les Pythagoriciens pour qui l'univers est un ouvrage mathématique. DESCARTES lui-même avait suggéré que « *la pensée était déterminée par les règles du raisonnement et avait postulé que l'esprit posséderait un système de codage ou de notation simple et universel, comme les mathématiques.* »[147] L'idée que l'on puisse modéliser la pensée comme les mécanismes de la nature, émerge progressivement. Cependant les progrès de la médecine vont ouvrir la voie à d'autres manières numériques de reproduire la pensée artificiellement.

Ceux-ci ont également joué un rôle dans la réflexion sur l'esprit. Les progrès concernant la compréhension anatomique du cerveau ont orienté une approche de l'intelligence artificielle, le numérique ou neuronal. En 1795 Pierre CABANIS (1757-1808), professeur d'hygiène et de médecine clinique, déclare que le cerveau est l'organe de la pensée. En 1861, Paul BROCA travaille sur le cas d'un patient souffrant d'aphasie, Leborgne. Pour ce médecin, les grandes facultés de l'esprit (parole, vision) correspondent aux grandes régions du cerveau.

RAMON Y CAJAL, en 1911, affirme que le neurone est le composant structurel du cerveau. Par la suite, la recherche en neurosciences et ses découvertes ont donné naissance au connexionnisme, c'est-à-dire à la possibilité de créer un modèle informatique, numérique et non symbolique, du fonctionnement du cerveau humain. La fin des années quarante a vu le développement de ce modèle. C'est en 1947 que McCULLOCH et PITTS, deux chercheurs de l'Université de Chicago, proposent un modèle de neurone formel. Cette recherche a engendré le développement d'une approche particulière de l'intelligence artificielle à partir de 1960, l'approche numérique.

Les progrès dans le domaine des mathématiques ont également contribué à la naissance de l'Intelligence artificielle en tant que discipline. La logique d'ARISTOTE était essentiellement d'ordre philosophique. C'est George BOOLE[148] (1815-1864) qui a formulé les règles et les notations de la logique mathématique dans son livre : *The Mathematical Analysis of Logic : Being an Essay towards a Calculus of Deductive Reasoning* (1847). Gottlob FREGE (1848-1925) est responsable à quelques détails près du calcul de premier ordre (*first-order logic*) utilisé en Intelligence artificielle.

An niveau conceptuel, la cybernétique a joué un rôle dans la genèse de ce domaine scientifique [149]. Pendant la Seconde Guerre mondiale, on développe aux États-Unis des dispositifs d'asservissement (radars, aéronautique, etc.) C'est en 1948 que Norbert WIENER reprend le terme pour encadrer le processus de rétroaction (feed-back) dans son livre intitulé *Cybernetics: on Control and Communication in the Animal and the Machine*. Il pose alors le problème de la personnalité de l'homme en termes d'information[150] : « *Quel est le cœur de l'individualité humaine, quelle barrière sépare une personnalité d'une autre?* » [151]

Ainsi, Norbert WIENER propose un modèle informationnel de l'homme à partir d'un constat : les informations au niveau cellulaire permettent le processus du renouveau permanent du corps. C'est le propre de l'individualité biologique. Or ce même modèle permet la comparaison avec les autres machines informationnelles.

Jacques PITRAT explique l'origine de la cybernétique en termes de projet multidisciplinaire. L'accent est mis sur le rôle des mathématiques.

« *L'étude de ces mécanismes de commande qui permettent de réguler le fonctionnement d'un appareil selon les variations de paramètres prédéterminés amena des mathématiciens, des électriciens et des mécaniciens à travailler ensemble et intéressa, par analogie avec certains mécanismes de régulation du corps humain, des neurophysiologistes et des psychologues. Le rassemblement de ces disciplines permit de créer la cybernétique dont le but était d'expliquer, à l'aide des mathématiques, les phénomènes qui mettent en jeu les mécanismes du traitement de l'information. L'approche de la cybernétique s'est donc traduite par une vue très mathématique du comportement humain ou animal; la plupart des pionniers de l'intelligence artificielle viendront de cette discipline[152].* »

Naissance de l'intelligence artificielle moderne : Dartmouth 1956

La philosophie, l'informatique, la médecine et les mathématiques ont engendré la réflexion sur ce qui est devenu en 1956 l'intelligence artificielle. Certains spécialistes en mathématiques, théories de l'information, économie et cybernétique se sont rencontrés au collège de Dartmouth[153] en 1956 et ont inauguré la recherche en IA. C'est à l'occasion de cette conférence que John McCARTHY invente le terme *artificial intelligence* pour remplacer *complex information processing* et *heuristic programming*. Dans cette conférence de 1956, John McCARTHY (professeur de mathématiques, Dartmouth College), Martin MINSKY (mathématicien, Harvard), Claude SHANNON (théoricien de l'information, Bell Labs), Allan NEWELL (Rand Corporation) et Herbert SIMON (économiste, Carnegie Mellon University, Pittsburgh et prix Nobel en 1978) se donnent comme objectif d'étudier la faisabilité de programmes informatiques intelligents. Nous soulignons l'aspect multidisciplinaire de cette nouvelle science.

On y a présenté les premiers programmes, notamment le *Logical Theorist*, (NEWELL et SIMON), capable de démontrer un des théorèmes du livre de RUSSELL et de WHITEHEAD, *Principa Mathematica*, d'une manière originale. Herbert SIMON affirme avoir inventé un programme capable de penser d'une manière non numérique, c'est-à-dire symbolique[154]. Durant la conférence, certaines idées maîtresses de ce qui allait devenir l'intelligence artificielle ont été énoncées.

«Postulat 1 : chaque aspect de l'apprentissage ou de l'intelligence peut être décrit avec une telle précision qu'une machine pourrait le simuler

Postulat 2 : l'esprit humain n'a pas accès direct au monde extérieur, mais ne peut qu'agir grâce à une représentation interne du monde, correspondant à une série de structures symboliques (hypothèse des systèmes de symboles physiques)

Postulat 3 : la pensée consisterait à étendre les structures de symboles, à les briser, à les détruire, à les réorganiser et à en créer de nouvelles.

Postulat 4 : l'intelligence est la capacité de manipuler des symboles. Divers supports matériels peuvent donner naissance à de l'intelligence[155]. »

A la suite de la conférence, deux écoles distinctes émergent, celle du numérique et celle du symbolique. Le premier groupe (du MIT) se rassemble autour de Martin MINSKY, préoccupé au départ par les processus d'apprentissage et la simulation numérique, héritière de la cybernétique. La seconde école (Carnegie-Mellon), constituée autour de NEWELL et de SIMON, travaille sur le traitement symbolique. Elle construit en 1957 le *General Problem Solver*. Son objectif principal concerne la résolution des problèmes et la nature du raisonnement[156].

Les cybernéticiens du MIT (connexionnistes) s'intéressent, au contraire, aux réseaux de neurones artificiels utilisés dans la reconnaissance de formes « *patterns* », c'est-à-dire des structures comme la voix, l'écriture manuscrite, la vision artificielle, l'analyse et la classification de données (*data mining*).

Difficultés rencontrées par la discipline

Si, au cours de son histoire, l'intelligence artificielle a connu certains succès, cette discipline a également subi des échecs, comme celui de la traduction automatique. Les machines à traduire, en effet, n'ont pas fait leurs preuves. Pour traduire un texte, il faut que « *la machine comprenne le sens des mots, qu'elle ait accès à la signification interne du message.* »[157] En 1966, l'ALPAC (*Automatic Language Processing Advisory Committee*) publie un rapport critiquant la recherche en traduction automatique, provoquant ainsi la suppression des subventions. On s'est également rendu compte que les ordinateurs, malgré la croissance de leur espace mémoire, avaient de grandes difficultés à apprendre, « à *tirer des leçons de l'expérience, et à généraliser à partir de cas particuliers.* »[158] La traduction automatique et l'analyse sémantique constituent un défi pour l'intelligence artificielle et Internet[159]. Comment éviter une nouvelle Tour de Babel sans des outils appropriés ?

Intelligence artificielle et enjeux pour l'État

L'intelligence artificielle représente un enjeu essentiel pour des raisons militaires et sécuritaires, car il est important dans un contexte de conflits et de concurrence planétaires d'intercepter des messages provenant des groupes terroristes, d'espionner des activités économiques et militaires d'autres pays et de prévenir éventuellement une attaque[160]. L'État fédéral américain a tout d'abord financé la recherche en intelligence artificielle pendant la période de la guerre froide. Il a mis également en place le système de surveillance et de contrôle ECHELON pour observer, et se renseigner sur, les activités économiques et commerciales des pays concurrents. La technologie développée a été mise à la disposition des entreprises américaines, qui ont pu ainsi concevoir d'autres applications à moindre coût.

Nous ne savons pas exactement comment l'homme réagit face à la création de systèmes intelligents. La littérature et le cinéma de science-fiction cherchent à stimuler la réflexion sur les menaces d'une technologie dont la finalité consiste à construire des machines et des programmes intelligents. Des films comme *Terminator, Intelligence Artificielle, La guerre des étoiles*, mettent en garde contre la montée en puissance des robots. D'autres comme *Minority Report* soulignent les dangers d'une société sous haute surveillance. Il est intéressant de savoir si cette production cinématographique détermine la manière dont les usagers de l'ordinateur et d'Internet perçoivent l'intelligence des machines[161].

Définition de l'intelligence artificielle

Que signifie le terme « intelligence artificielle » ? Des définitions existent dans les ouvrages scientifiques et dans les dictionnaires spécialisés ou non. En quoi un programme IA diffère-t-il des autres ? Nous tenterons de répondre à ces deux questions.

Examinons d'abord les définitions fournies par les dictionnaires[162]. Le dictionnaire *le Petit Robert* en propose une :

« *I.A., partie de l'informatique qui a pour but la simulation de facultés cognitives afin de suppléer l'être humain pour assurer des fonctions dont on convient, dans un contexte donné, qu'elles requièrent de l'intelligence.* »[163]

Ainsi, le système ne produit pas une action intelligente mais se contente de la simuler. Si la machine peut exécuter une opération qui requière de l'intelligence chez l'humain, on peut la considérer comme intelligente.

Le dictionnaire encyclopédique de Bernard LAMIZET et Amhed SILEM poursuit la comparaison en ajoutant la notion de concurrence entre l'homme et la machine. Ces auteurs voient dans l'intelligence artificielle l'avenir de l'informatique.

«Discipline dont le but est l'étude et la conception de systèmes dont le comportement se rapproche de ce que nous qualifions d'intelligence chez l'homme. De par l'ambition de ce domaine et le nombre de domaines en lesquels elle s'est, au fil des années, scindée, il s'agit d'une composante majeure de l'informatique. De plus, il s'agit sans aucun doute de celle qui dispose des plus vastes perspectives puisqu'elle se pose en concurrente de l'esprit humain dont nous sommes bien loin d'avoir percé les insondables secrets. »[164]

Raoul SMITH[165] introduit la notion d'apprentissage à partir de l'environnement et de l'expérience et présente le concept de la représentation symbolique des connaissances. Celle-ci permet de faire des inférences, c'est-à-dire de raisonner à partir des connaissances formalisées produites. De surcroît, il souligne l'épineux problème de la compréhension du langage naturel ou humain, l'un des enjeux de l'intelligence artificielle du futur. On peut facilement constater que le terme couvre un vaste champ de recherche.

Les articles et ouvrages de vulgarisation présentent aussi des définitions. Jean-François DORTIER introduit des notions d'analyse, de résolution de problèmes, de prise de décisions, d'apprentissage et de perception. L'intelligence artificielle a développé ces techniques au cours des cinquante dernières années.

« Domaine de l'informatique qui s'attache à construire des programmes intelligents, c'est-à-dire capables d'analyser un environnement, de résoudre des problèmes, de prendre des décisions, d'apprendre, de percevoir. »[166]

Alain BONNET souligne deux objectifs de l'IA : comprendre la nature de l'intelligence (but partagé par les sciences cognitives) et simuler l'intelligence :

« L'intelligence artificielle est une discipline visant à comprendre la nature de l'intelligence en construisant des programmes d'ordinateur imitant l'intelligence humaine. »[167]

« L'intelligence artificielle s'intéresse aux processus cognitifs mis en œuvre par l'être humain lors de l'accomplissement de tâches intelligentes. »[168]

Cela ne signifie pas pour autant que l'ordinateur produit réellement une conduite intelligente. C'est l'observation des comportements humains exigeant un degré d'intelligence qui permet la modélisation et l'exécution sur la machine.

Hervé CHAUDET et Liliane PELLEGRIN ajoutent la notion de traitement, non pas de l'information mais des connaissances : *« Discipline dont l'objectif est l'étude et la construction de systèmes artificiels de traitement des connaissances. »[169]*

Jean-Paul HATON et Marie-Christine HATON présentent les points les plus souvent évoqués dans un ouvrage destiné au grand public. Ces auteurs soulignent deux axes, la simulation et la reproduction des capacités de l'intelligence humaine par la machine[170].

« L'IA peut être envisagée selon deux points de vie complémentaires :

L'un concerne l'étude des mécanismes de l'intelligence, l'ordinateur étant utilisé comme moyen de simulation pour tester un modèle ou une théorie ; ce point de vue relève d'une démarche cognitive ;

L'autre, plus pragmatique, concerne les efforts faits pour doter un ordinateur de capacités habituellement attribuées à l'intelligence humaine: acquisition de connaissances, perception (vision, audition), raisonnement, prise de décision, etc.

C'est ce second point de vue qui est le plus couramment rencontré. Il consiste à émuler par un programme d'ordinateur des comportements intelligents sans pour autant reproduire le fonctionnement correspondant de l'être humain.

Les deux approches précédentes sont en fait largement complémentaires dans la mesure où une meilleure connaissance des mécanismes humains permet d'améliorer les performances des systèmes informatiques. »

Jacques FERBER, professeur d'informatique et spécialiste en intelligence artificielle distribuée, souligne la comparaison entre la performance de l'intelligence humaine et celle de la machine. Il ne s'agit pas d'une forme d'intelligence générale mais d'une forme multifactorielle.

« *Le terme "intelligence artificielle" a été utilisé pour désigner un projet de recherche consistant à concevoir une machine intelligente, c'est-à-dire capable de réussir aussi bien qu'un être humain dans des tâches jugées complexes.* »[171]

La méthode de l'IA consiste à élucider certaines activités du cerveau pour les reproduire sur ordinateur. Comprendre, communiquer, résoudre un problème, élaborer une stratégie et prendre une décision font partie de cet ensemble. L'intelligence artificielle s'inspire de l'étude de ces conduites chez l'homme et propose une modélisation informatique. Elle va de pair avec le développement des sciences cognitives.

Quelle est la spécificité de l'intelligence artificielle par rapport à la programmation classique? Son but est de comprendre la nature de l'intelligence et de construire des programmes simulant les conduites associées à cette qualité.

Au départ l'informaticien cherche à résoudre un problème. Le programme doit donc se servir d'un ensemble de mécanismes afin de trouver une méthode susceptible d'apporter une solution. L'intelligence artificielle diffère alors essentiellement de la programmation classique. Pour celle-ci, c'est l'humain qui construit le raisonnement à appliquer et le programme s'exécute jusqu'aux résultats prévisibles. Autrement dit, la programmation est déterministe. Au contraire, dans une application en IA, « *c'est le programme qui choisit le chemin à suivre.* »[172] Celui-ci n'est pas déterminé au préalable.

Ainsi, la méthode de recherche en intelligence artificielle consiste à partir d'une activité humaine jugée intelligente (ou tâche intelligente), à émettre des hypothèses sur les processus mis en œuvre lors de l'accomplissement de la tâche considérée, à les incorporer dans un programme, à observer le comportement et les résultats produits par celui-ci, à affiner la théorie du départ et à modifier le programme.[173]

Tout d'abord la caractéristique principale d'un programme est l'emploi d'une représentation symbolique de l'aspect du monde concerné. L'intelligence artificielle utilise des langages de programmation de haut niveau ou langages déclaratifs, qui permettent de manipuler des symboles structurant nos connaissances. Cette représentation établit une relation entre le monde réel dans lequel s'inscrit le problème à traiter et le système symbolique que l'on utilise pour le résoudre, et qui n'est pas forcément numérique. L'intelligence artificielle sépare les connaissances à traiter par le programme et les modes de raisonnement ou d'inférence (déductive ou inductive) susceptibles de manipuler ces connaissances et d'apporter une solution au problème posé.

En second lieu, l'utilisation d'heuristiques est une autre caractéristique fondamentale. On peut définir celles-ci comme « *une méthode informelle sans garantie de succès* ». « *Une démarche heuristique consiste, face à un problème, à essayer un chemin en gardant la possibilité d'en essayer d'autres si celui qui paraissait prometteur n'a pas conduit rapidement à une solution.* »[174]

Le programme est confronté à un certain nombre de difficultés. Il doit être capable de fournir une solution au problème posé malgré l'absence de l'ensemble de données relatives au problème. Il doit également pouvoir faire face à des entrées contradictoires ou conflictuelles. Il doit être capable d'apprendre. Alain BONNET définit cet apprentissage en informatique par « *la capacité d'améliorer ses performances en tenant comptes des erreurs passées.* »[175] Ce processus implique la capacité de généraliser, de découvrir des analogies, de choisir des omissions, c'est-à-dire d'oublier des détails inutiles.

Les principales caractéristiques présentées ci-dessus montrent la différence entre la programmation classique, procédurale et déterministe, et les méthodes utilisées en intelligence artificielle. Mais à quoi sert l'IA ? Examinons les domaines d'application de la recherche en intelligence artificielle.

Domaines de l'intelligence artificielle.

La recherche en IA recouvre un nombre important de domaines. On peut énumérer les domaines suivants : les jeux (échecs, bridge), la démonstration de théorèmes, la résolution de problèmes généraux, la perception (vision, parole), la compréhension du langage naturel, la résolution de problèmes exigeant une forme d'expertise, la conception de problèmes en ingénierie. L'e-learning ou enseignement assisté par ordinateur se développe également.

Examinons quelques exemples particulièrement utiles pour le développement d'agents intelligents. Il s'agit des systèmes d'apprentissage, de la compréhension du langage naturel et des systèmes experts. L'étude de l'apprentissage d'un système s'intéresse à toute technique qui permet l'amélioration de ses performances en cours de fonctionnement. Pour y parvenir, le système fait appel à quatre catégories de connaissances dont celles du domaine, les connaissances stratégiques, causales et enfin celles construites par cas ou exemples. Chaque catégorie possède un module qui l'engendre. L'apprentissage du système émerge de l'interaction entre ces divers modules.

Ce type de recherche permet de concevoir des agents intelligents capables d'apprendre à partir des actions de l'usager, de connaître ses pratiques, de lui proposer des solutions à des problèmes qu'il rencontre ou d'automatiser des routines que celui-ci adopte régulièrement. Ce genre d'apprentissage s'intègre dans les interfaces des systèmes d'exploitation ou dans les interfaces des services Internet. A titre d'exemple, un agent du type *wizard* ou assistant propose à l'internaute de programmer « par défaut[176] » une routine fréquemment observée.

La compréhension du langage naturel désigne la capacité d'un système informatique à comprendre le langage humain. Cette activité nécessite des bases de connaissances, un analyseur syntaxique et un analyseur pragmatique.

L'un des enjeux des agents intelligents et plus généralement des outils de recherche consiste à pouvoir répondre à une requête en langage naturel. Cependant, beaucoup d'obstacles restent à surmonter. Les systèmes informatiques de compréhension de langage naturel sont confrontés au *frame problem* ou problème du cadre de référence[177]. Un second obstacle concerne notre connaissance du monde quotidien, c'est-à-dire le bon sens (*common sense knowledge*). En effet, notre expérience du monde reste complexe et n'est pas facile à représenter.

La compréhension du langage naturel par la machine semble être la condition *sine qua non* de la traduction automatique. Pour réussir cet enjeu important sur le plan économique et stratégique, le programme devrait pouvoir surmonter les facteurs sémantiques, pragmatiques et contextuels qui posent tant de problèmes aujourd'hui encore.

Les systèmes experts ont aussi joué un rôle important dans l'évolution de l'intelligence artificielle. En effet, cette branche a connu un certain succès à partir des années quatre-vingts. Ces systèmes ont pour but de modéliser l'expertise humaine dans un domaine spécifique. Ils comportent deux modules dont une base de connaissances et un moteur d'inférence. Ce sont, selon FERBER, « *des programmes informatiques capables de remplacer l'être humain dans ses tâches réputées les plus complexes et qui réclament de l'expérience, du savoir-faire et une certaine forme de raisonnement.* »[178]

Application pratique de l'intelligence artificielle

Les techniques et méthodes de l'intelligence artificielle s'emploient dans une multitude de domaines. En voici quelques applications pratiques : systèmes experts en médecine, dans le secteur bancaire et financier ; systèmes de gestion et de contrôle des réseaux informatiques ; systèmes de réservation de billets ; systèmes utilisés dans la gestion du transport aérien ; systèmes de *datamining* et de *datawarehousing* ; agents logiciels, moteurs de recherche, logiciels Internet (pour l'achat en-ligne). Les systèmes de défense, également, ont très vite intégré la technologie IA. Au demeurant, les budgets militaires en ont souvent financé la recherche.

Cette discipline a permis le développement de méthodes et d'algorithmes capables de faciliter des opérations nécessaires à la maintenance des réseaux et à la recherche documentaire parmi beaucoup d'autres activités. Nous passerons en revue les applications qui s'avèrent indispensables pour récupérer des informations sur Internet, gérer les flux vers les sites commerciaux, développer l'e-commerce et mettre en place une bibliothèque universelle.

Agents intelligents d'Internet

La presse informatique s'est intéressée aux agents intelligents en 1997. Le terme désignait alors des programmes d'interface, de recherche documentaire et de profilage des internautes. On distinguait les technologies PUSH et PULL. On y associait des notions de coopération, de collaboration, de mobilité.

Or, on constate en 2004 que les médias portent surtout leur attention sur les moteurs de recherche. Nous avons énoncé l'hypothèse selon laquelle les moteurs auraient intégré la technologie associée aux agents intelligents et cette intégration expliquerait en grande partie leur succès auprès du public. En effet, les agents logiciels n'ont pas connu le succès escompté. D'après nos enquêtes, peu de personnes connaissent le terme. Seuls les moteurs de recherche sont utilisés par le grand public. Pourtant, la technologie agent s'est développée dans de nombreux domaines. Ce chapitre a pour ambition de définir le concept en examinant les diverses définitions et d'en décrire les applications.

Comment définir un agent intelligent ?

Le terme « agent intelligent » désigne un certain nombre d'applications fonctionnant à la fois dans un environnement Internet et sur d'autres environnements comme les systèmes d'exploitation. La définition du terme reste très générale. Elle se réfère à une partie d'un système informatique (programme, code, *crawler, spider*) ou au système complexe lui-même (métamoteur en-ligne, comparateur de prix, logiciel). Si on recherche des définitions aujourd'hui sur Internet, on peut se servir de Google[179]. Le moteur nous présente une liste dont les entrées mettent l'accent sur la récupération de documents[180]. C'est cette fonction qui semble être la plus courante. Cependant le terme couvre un plus grand champ d'applications.

Jeffrey M. BRADSHAW dresse l'historique du terme dans son article, « An Introduction to Software agents[181] ». L'idée de construire un programme « *orienté agent* » vient de John McCARTHY au milieu des années cinquante, mais ce serait Oliver G. SELFRIDGE qui aurait créé le terme[182].

La recherche s'est faite essentiellement aux Etats-Unis et en Grande-Bretagne. Don GILBERT, travaillant pour IBM, décrit l'agent intelligent en fonction d'un espace à trois dimensions : agence, intelligence, mobilité. La première couvre le degré d'autonomie et d'autorité et se mesure par l'interaction entre l'agent et les autres entités du système. La seconde définit le degré de raisonnement et de comportement appris et acquis, la capacité de l'agent à s'adapter à l'usager, et à exécuter les tâches déléguées par ce dernier. La troisième concerne la mobilité de l'agent à travers un ordinateur ou un réseau[183]. Hyacinth C. NWANA[184], de British Telecom, propose en 1996 une typologie permettant de classer les agents en termes de mobilité, de présence d'un modèle de raisonnement symbolique (délibératif ou réactif), d'attributs comme l'autonomie, la coopération et l'apprentissage.

Stan FRANKLIN et Art GRAESSER[185] proposent en 1996 une taxonomie d'agent. Les agents autonomes comportent les agents biologiques, les robots et un troisième groupe consistant en agents logiciels et en agents de la vie artificielle. Les agents logiciels eux-mêmes se subdivisent en agents spécialisés dans une tâche, en agents de divertissement et en virus.

Définition

L'association française de normalisation (AFNOR) définit un agent intelligent ainsi:
« Objet utilisant les techniques de l'intelligence artificielle : il adapte son comportement à son environnement et en mémorisant ses expériences, se comporte comme un sous-système capable d'apprentissage : il enrichit le système qui l'utilise en ajoutant, au cours du temps, des fonctions automatiques de traitement, de contrôle, de mémorisation ou de transfert d'informations. »[186]
Selon cette définition, souvent citée dans la littérature spécialisée, la dénomination « agent intelligent » correspond à la présence de l'intelligence artificielle dans un programme. Le terme désigne souvent un logiciel[187]. Cependant, certains agents prétendument intelligents font preuve de très peu d'intelligence dans leurs programmes. Le choix de l'adjectif « intelligent » comporte souvent des considérations liées au marketing plutôt qu'à une authentique capacité.
En réalité, le terme agent est une métaphore. Ce mot vient du verbe latin *agere* qui signifie conduire ou agir pour quelqu'un d'autre[188] par délégation. Le programme, donc, agit comme un humain à qui on a confié une tâche ou une mission.
Nous nous trouvons confrontés à la multiplicité de définitions révélant la complexité du domaine. Par exemple, Patrick BALDIT, dans un rapport commandé par le CEA en 1997, parle de l'absence d'une définition univoque : *« Il n'existe pas de définition univoque et reconnue des agents intelligents, dans le monde relativement fermé des chercheurs en intelligence artificielle. »[189]*
Carlo REVELLI, fondateur de la firme de veille Cybion avec Joël de ROSNAY, confirme le problème posé ici : *« La distinction entre agent intelligent et simple logiciel demeure très floue. »[190]*
Béatrice FOENIX-RIOU, consultante et auteur d'un ouvrage destiné aux veilleurs professionnels, assimile les agents à une fonction : *« Les agents intelligents sont des logiciels capables de collecter l'information et de la traiter en fonction de critères de valeur ou de pertinence. »[191]*
Selon cet auteur, les outils disponibles sur Internet sont très éloignés des logiciels promis par les partisans de l'intelligence artificielle, bien que *« certains intègrent des technologies issues de l'intelligence artificielle »[192]*. Le mot « agent intelligent » est souvent employé car le terme est vendeur. Pour le moment, ce type de logiciel semble encore au stade de projet. Béatrice FOENIX-RIOU préfère le terme d'agent *« presque intelligent »* qui lui semble plus proche de la réalité. Examinons, toutefois, à travers les travaux qui lui sont consacrés, les tentatives de définition.
Henry SAMIER, enseignant-chercheur à ISTIA (Université d'Angers) et Victor SANDOVAL, enseignant-chercheur à l'École centrale de Paris, définissent un agent comme *« une entité autorisée à agir à la place d'une personne et en son nom. »[193]* Ils attribuent l'intelligence d'un agent *« à l'intégration des mécanismes d'apprentissage, de raisonnement et de planification dans les algorithmes de programmation. »[194]*
Ils poursuivent leur tentative de définition :
« un système informatique intégré à un environnement complexe et dynamique. Il analyse et agit en fonction de l'environnement et des objets à atteindre. Il modifie son comportement en fonction de l'environnement et est capable d'anticiper, autrement dit est proactif. »[195]

Gil DERUDET a proposé une définition en 1997. Pour ce journaliste, « *un agent est un logiciel ou tout code possédant de façon plus ou moins prononcée les trois attributs suivants : l'autonomie, la collaboration et l'apprentissage*[196] ».

Il n'est donc pas facile de fournir une définition simple comprenant toute la diversité d'objets décrits. Pour les spécialistes de la veille, le terme désigne les logiciels agents du type métamoteur ayant la capacité d'analyser les documents et d'organiser les résultats des requêtes. Si l'on étudie, à un niveau plus abstrait, les caractéristiques des agents à partir de la littérature spécialisée[197], on peut s'approcher d'une définition plus compréhensive.

Caractéristiques d'un agent intelligent

Si on examine les termes qui caractérisent un agent intelligent, on remarque notamment les suivants : autonomie, apprentissage, coopération, délégation, proactivité, raisonnement, réactivité, communication et mobilité[198].

Le degré d'autonomie d'un agent intelligent varie en fonction de sa capacité à agir sans l'intervention humaine une fois qu'il a été paramétré. L'apprentissage désigne le processus de mémorisation et d'adaptation à partir de l'expérience. L'agent enregistre ses expériences et modifie son comportement en fonction de celles-ci. Sa capacité à coopérer lui permet de collaborer avec d'autres agents, notamment les moteurs de recherches et d'autres bases de données. La délégation implique qu'il est autorisé à agir et peut prendre des décisions après une négociation. La proactivité s'inscrit dans un processus de prises d'initiatives : l'agent peut anticiper des actions. Le raisonnement implique qu'il possède un moteur d'inférence. La réactivité lui permet de modifier ses réactions en fonction de son environnement (intranet, réseau local, Internet, extranet, ordinateur). La communication désigne sa possibilité de dialoguer avec l'utilisateur et avec d'autres agents (métamoteurs, serveurs). La mobilité signifie qu'il se déplace dans son environnement.

Cette classification des caractéristiques d'un agent met en évidence l'ambition du projet : construire des programmes capables d'une action autonome et de remplacer les humains dans un certain nombre de tâches. D'autres critères moins abstraits peuvent faciliter une classification plus simple et plus empirique.

Classification des agents intelligents

Il existe d'autres manières de classer les agents. On peut les regrouper en fonction de l'environnement, de la dichotomie PUSH/PULL, ou CLIENT/SERVEUR, ou par rapport à leurs tâches. Celles-ci sont définies par leurs concepteurs.

L'environnement désigne la plate-forme sur laquelle les agents sont installés. On énumère ainsi trois grandes classes d'agents intelligents[199]: ceux du PC, d'Internet et les agents d'intranet. Les agents du PC (*desktop agents*) s'imbriquent dans le système d'exploitation de l'ordinateur (Windows, Mac OS, etc.). Ils sont connus sous le nom d'assistants. Leur fonction est d'aider l'usager dans l'exécution d'une tâche automatisée comme installer un nouveau logiciel ou un nouveau périphérique en *plug and play*. Les agents d'intranet (*Intranet agents*) permettent de récupérer des ressources sur les serveurs de l'entreprise. Les agents d'Internet (*Internet agents*) aident l'utilisateur à rechercher des documents sur Internet. Les moteurs et métamoteurs font partie de cette catégorie.

Une seconde distinction se fait entre les agents du type PULL et ceux du type PUSH. Le verbe anglais *pull* signifie tirer vers soi, tandis que le mot *push* veut dire envoyer vers quelqu'un d'autre. L'utilisateur initie la requête en paramétrant un agent à partir de mots-clés ou d'expressions plus complexes. Il délègue la tâche à un agent PULL comme un moteur ou métamoteur. Cependant, l'usager interagit avec le programme en transformant la requête en fonction des résultats retournés.

Au contraire, avec la technologie PUSH, l'utilisateur est passif. Les logiciels de type PUSH permettent d'accéder à des chaînes d'information thématiques ou d'actualité, comme les chaînes de télévision ou de journaux. Les informations sont envoyées régulièrement aux abonnés en fonction de leur profil ou de leurs centres d'intérêts définis au préalable ou appris grâce à la vigilance du programme informatique. PointCast, Marimba et BlackWeb constituent des exemples de logiciels de PUSH. Le moteur Google (*news alerts*) et certains métamoteurs comme Copernic ont intégré ce type d'activité.

Les agents de diffusion sélective font partie de la technologie PUSH. Leur but est de trouver pour l'utilisateur les informations susceptibles de l'intéresser sans qu'il en ait fait la demande. Le système fonctionne de la manière suivante. L'utilisateur souscrit un contrat avec un fournisseur d'informations qui lui envoie un choix de documents en fonction de ses goûts et intérêts. Un agent intelligent choisit automatiquement les documents et établit une liaison entre l'agent installé sur l'ordinateur de l'utilisateur et celui du serveur du fournisseur. Les journaux américains comme *The New York Times* offrent ce type de service.

Les agents d'alerte et de veille surveillent une source d'information ou un thème pour prévenir l'utilisateur en fonction d'une requête prédéfinie.[200]Ils envoient des messages par courrier électronique lors d'un changement de contenu. Parmi ce type d'agent, nous rencontrons Url-Minder et NetMindHighlighter. Nous avons constaté que les moteurs de recherche intègrent aussi ces fonctions. D'autres agents PULL surveillent les archives des forums de discussion et les listes de diffusion.

La technologie PUSH apparaît comme une solution aux problèmes posés par la croissance exponentielle de documents sur le Web. Il est extrêmement difficile et coûteux (en temps) de trouver des informations recherchées uniquement par le biais du PULL. Le PUSH, par contre, permet à l'internaute de recevoir des documents préparés pour être téléchargés :

« La solution a été imaginée par PointCast. Il s'agit de rassembler l'information que les utilisateurs recherchent, d'y mêler de la publicité et des annonces et de leur envoyer pendant qu'ils dorment !… Avec le push, c'est l'information qui trouve l'utilisateur. »[201]

Cependant, le PUSH connaît des inconvénients : la quantité d'informations envoyées et enregistrées sur le disque dur peut s'avérer considérable et devenir très rapidement difficile à gérer, d'où la nécessité de moteurs de recherche interne performants.

La dichotomie client/serveur permet également une classification. Certains agents peuvent être téléchargés et installés sur le disque dur de l'usager. D'autres, au contraire, opèrent à partir du serveur du propriétaire de l'agent, et fonctionnent en mode client-serveur. L'internaute se connecte et utilise les services de la technologie mise à sa disposition gratuitement. L'avantage des agents du côté client réside dans leur paramétrage plus poussé par rapport aux agents localisés sur un serveur à distance. Notons que si les premiers sont téléchargeables gratuitement dans un premier temps[202], les derniers restent toujours disponibles et gratuits. Le financement du site et du développement se fait par le biais d'autres types de modèles économiques. Nous avons observé que les moteurs de recherche proposent un dispositif du type agent client (sur le disque dur) pour étendre progressivement leur action vers l'usager. Ainsi on combine les avantages des deux types d'interactions : sur le serveur et chez le client.

Le dernier mode de classement décrit les usages prévus par les éditeurs de logiciels : les tâches accomplies par l'agent. Passons en revue ces divers types de programme en précisant que cette liste n'est pas exhaustive.

Un agent de filtrage est conçu pour examiner des courriers reçus et détruire les e-mails non désirés sur la messagerie, éliminer les informations non pertinentes d'une requête, chercher et préparer des informations à partir de diverses sources. (Quelques exemples : NewsHound, ZDNet personal View ou NewsPage Direct.)

Un agent aspirateur (*retrieval agent*) télécharge un site entier sur le disque dur, facilitant ainsi l'analyse de son contenu hors-ligne. Les agents avertisseurs ou d'alerte hors-ligne (*notifiers*) préviennent l'usager lorsqu'un site change, lorsqu'une information importante arrive ou qu'un événement important se produit. Les agents de recherche (*search agents*) identifient des informations pertinentes sur Internet en relation avec un ensemble de moteurs et en fonction des préférences des usagers. Ils peuvent intégrer un module d'apprentissage. Ce que l'on nomme ici agent fait l'objet d'un ensemble de fonctionnalités introduites dans les progiciels d'agents intelligents du type métamoteur. Nous rencontrons également des agents livreurs d'informations hors-ligne (*delivery agents*) qui, comme leur nom l'indique, envoient des informations personnalisées aux usagers sur leur disque dur. La connexion n'est pas établie pendant la lecture ou la consultation des documents reçus, ce qui permettait auparavant de diminuer la consommation de bande passante. Aujourd'hui, en 2004, ce problème est moins important grâce au haut débit et aux abonnements illimités.

Les agents d'achat ou comparateurs de prix (*shopping agents*) facilitent la recherche des meilleurs prix pour un produit donné. Ils ne sont pas forcément appréciés par les propriétaires des sites Web commerçants et leur entrée dans un site peut être interdite. La concurrence pure et parfaite sur Internet ne fait pas l'unanimité. Ce type de technologie intègre progressivement les sites des moteurs de recherche[203] ou des portails.

Les agents de bavardage (*chatterbots*) s'avèrent capables de s'entretenir avec un usager. Le premier de ce type, Eliza[204], se comportait comme une psychanalyste qui posait des questions à son patient pour le faire parler. Depuis, on conçoit les *chatterbots* pour introduire une forme de dialogue et d'interactivité sur certains sites Web commerciaux. Le bot peut répondre à des questions posées par l'internaute sur un produit ou un service ou envoyer des fiches techniques en fonction des mots-clés repérés dans l'énoncé du visiteur.

Les agents de petites annonces (*classified agents*) examinent les offres de produit dans des bases de données en fonction du sujet ou du domaine spécifié par l'internaute. Ils envoient les résultats par e-mail. L'agent pense-bête (*announcement agent*) a pour mission de rappeler à l'usager les événements ou les rendez-vous importants. Ce type d'agent peut s'installer en-ligne ou sur le disque dur d'un PC.

D'autres types existent, certains spécialisés dans les livres (*book agents*) et qui cherchent les nouveautés dans le monde de la publication en fonction des préférences des usagers. Les agents de suivi du monde des affaires (*business information monitoring agents*) filtrent l'actualité économique, les publications et rapports mis sur Internet par les entreprises. Les agents de services financiers personnalisés (*financial service agents*)[205] apportent des informations financières en fonction du portefeuille personnel de l'usager. Enfin, les agents de recrutement (*job agents*) cherchent les profils d'éventuels candidats pour un emploi en fonction des CV mis en-ligne.[206]

Un schéma d'usage émerge à partir de toutes ces descriptions : l'usager délègue une tâche spécifique et reçoit les résultats de l'opération automatiquement sans être obligé d'en renouveler la demande. Avec le développement de l'internet marchand et la croissance du nombre d'usagers[207], d'autres types d'agents ont été développé, notamment dans le domaine de la sécurité. Il s'agit de programmes conçus pour protéger l'ordinateur ou le serveur contre des attaques et des intrusions.

On constate que la plupart de ces agents ont été inventés en fonction d'une demande d'ordre économique. Ils correspondent aux besoins des consommateurs ou des entreprises anticipés par les développeurs et les éditeurs de logiciels. Certains sont offerts, et le coût du développement est supporté par des modes de financement tels que le partenariat avec des sites commerciaux, la publicité, mais rarement par abonnement pour l'instant. Ces agents peuvent facilement s'intégrer dans des systèmes globaux de recherche d'information comme les portails. D'ailleurs les usagers informaticiens ont la possibilité de construire leurs propres agents grâce aux api[208] (*application programming interface*) offerts par ces derniers.

Comment donc définir simplement un agent intelligent ? C'est un programme qui exécute une tâche à l'initiative de l'usager. Il est autonome et il peut automatiser ses missions. Il agit par délégation[209].

Le terme désigne le plus souvent un programme de recherche d'information, si on examine les définitions des dictionnaires en-ligne. Voici les quatre premières données par Google (*code define :intelligent agent*) confirmant notre propos :

« *Also called an Internet agent. Most commonly found on Web sites, this mini-program is designed to retrieve specific information automatically. Agents rely on cookies to keep track of the user's preferences, store bookmarks and deliver news through push technology. Intelligent agents can't perform their duties if the user's browser rejects cookies, and some Web pages (especially online ordering sites) will not function properly without the agent's information.*[210] »

« *Software tools that help you find web sites. The idea is that you provide it information about what you are interested in and the agent finds the information more "intelligently" that a search engine would.*[211] »

« *A program that automates the task of finding information on the internet, perhaps delivering a list of news stories on a particular topic on the desktop every morning*[212]. »

« *An automated network information gathering tool, which cruises the Internet, searching indexes and databases for the names of documents on subjects specified by the user. Sometimes referred to as a Knowbot.*[213] »

Le rôle d'un agent, selon ces définitions, consiste soit à chercher des informations pour un internaute soit à enregistrer ses pratiques de navigation. Nous examinerons dans notre troisième partie les conséquences de ce constat.

Applications des agents intelligents au profiling

Si notre objet d'étude demeure principalement les agents de recherche informationnelle, il est important de regarder de près d'autres types destinés à la mesure d'audience, au marketing en-ligne et au fonctionnement et à l'amélioration des moteurs. Sans ces outils d'analyse des flux informationnels, il serait très difficile aux moteurs et aux portails de continuer de fournir leurs services gratuitement.

Il est maintenant nécessaire de passer en revue les agents permettant d'acquérir des renseignements sur les goûts et comportements des internautes et d'en construire des bases de données dont la valeur est inestimable. La recherche dans ce domaine s'est effectuée à la fin des années 90 au MIT, notamment sous la direction de Patty MAES, fondatrice du Software Agent Group[214]. Nous présenterons tout d'abord le filtrage collaboratif, le datamining et le *datawarehousing*.

Le filtrage collaboratif joue un rôle essentiel dans le domaine du marketing sur Internet. Ce type d'agent est présenté par Gil DERUDET[215] comme un programme qui « *trace le profil psychologique (comportements, goûts, habitudes des utilisateurs des sites Web.* » Cette technique, appelée ACF (*Automated Collaborative Filtering*), permet de proposer à un client potentiel des produits ou des services déjà choisis par d'autres clients ayant les mêmes goûts. Lorsqu'un internaute choisit un livre à Amazon.com, par exemple, il se voit proposer un choix de livres commandés par d'autres clients qui ont acheté l'œuvre en question ou, plus précisément, font partie du même groupe que lui. Ainsi, lorsque le consommateur achète un produit, il reçoit une liste d'autres biens correspondant aux goûts de son groupe de profil.

Le filtrage collaboratif, en effet, en gérant le profil de chaque client, a pour ambition de dresser le profil de groupe partageant les mêmes goûts et centres d'intérêts. On ne peut que constater la puissance de tels outils d'analyse et de vente qui se développent sur le Web. Néanmoins, on s'aperçoit facilement des dangers que ces outils de marketing représenteraient pour l'internaute, pour la vie privée et la confidentialité.

Ainsi, les stratégies de marketing tendraient vers une relation personnalisée avec le client plutôt que vers la mise en relief du produit. Le but est de mieux servir en termes de satisfaction et de fidéliser. Ces outils constituent le côté caché du site Web. Ils permettent aux portails de peaufiner leur offre auprès des annonceurs et de générer ainsi des revenus publicitaires.

Historiquement, c'est Patty MAES du MIT qui la première a développé un agent appelé Firefly. Celui-ci a servi de modèle à d'autres logiciels couramment utilisés pour analyser les comportements et goûts des internautes. Microsoft[216] a fait l'acquisition de la firme Firefly.com pour 40 millions de dollars en 1998. En France, Patrick PERNY, professeur d'informatique au laboratoire lip6, a développé un *film-conseil movie recommender system*. Il s'agit de conseiller des films à partir des informations librement fournies par les internautes.

Firefly s'employait à l'origine dans le domaine de la vente de CD de musique. L'agent collaboratif invite l'utilisateur à évaluer d'une manière explicite un produit spécifique. Il lui envoie un formulaire d'évaluation à remplir. Puis, le dispositif cherche dans sa base de profils des internautes présentant des goûts semblables. Ensuite l'agent conseille d'autres produits à l'internaute à partir des recommandations des membres de son groupe. Plus le nombre de disques sélectionnés est élevé, plus les conclusions tirées par Firefly sont pertinentes et significatives[217].

L'évaluation est mise en œuvre par un menu à la gauche du nom de l'artiste. La note attribuée s'échelonne de 1 à 6. L'internaute doit cliquer sur la case (*submit and send more*) pour enregistrer sa note. A partir d'une vingtaine de musiciens évalués de cette manière, l'utilisateur reçoit une liste d'artistes ou de titres recommandés par le programme en fonction de son groupe de profil. Force est de constater dans ce dispositif que la participation active de l'usager est indispensable.

Le logiciel utilise la technique de raisonnement à base de mémoire (*memory based reasoning*) afin de repérer des amas d'informations concernant les groupes d'usagers. Cette technique est appelée analyse des similitudes (*user pattern clusters*). Ce genre de raisonnement s'appuie sur des couples situation-action. En l'occurrence, la situation est définie par le nom de l'artiste, le disque, le genre de musique. L'action correspond au jugement de valeur (évaluation) porté par l'internaute.

D'autres agents utilisent également la technique appelée analyse d'affinités (*clustering*). La collecte d'information est traitée par une technologie issue de la recherche en IA. Celle-ci permet d'analyser des résultats et d'en chercher des corrélations insoupçonnées. Il s'agit du *datamining* (fouille de données).

Cette technique a pour objectif d'extraire des informations pertinentes d'une masse importante de données[218]. Elle joue un rôle essentiel pour les entreprises qui cherchent à établir une relation « un à un » (*one-to-one*) avec leurs clients. Si l'on veut développer le commerce sur Internet, le *datamining* sera indispensable d'autant plus qu'il permet de mieux connaître le client en fonction de ses choix de pages visitées, des produits qu'il commande, ou de sa navigation sur Internet. L'usage des cookies[219] facilite l'identification et la suivie des visiteurs.

Les entreprises, lors des transactions enregistrées, possèdent déjà des renseignements sur leurs clients. Il leur suffit d'archiver ces données pour créer la mémoire (clientèle) de l'entreprise et d'ajouter de l'intelligence pour en améliorer l'utilisation. Qui plus est, cette mémoire structurée permettrait de faire des prédictions sur la consommation future de sa clientèle.

Historiquement, le *datamining* est apparu au début des années 90, rendu possible par la capacité de l'informatique à gérer des masses de données considérables. Il s'inscrit dans un contexte extrêmement concurrentiel lié à la croissance du commerce international et au phénomène de mondialisation. L'informatique a permis l'archivage des données et l'intelligence artificielle l'exploitation de celles-ci.

Les outils du *datamining* proviennent de diverses disciplines : la statistique, l'informatique et l'intelligence artificielle. Dans ce dernier domaine, on utilise des techniques de classification automatique, de réseaux de neurones, d'arbres de décision, d'algorithmes génétiques pour améliorer les résultats des réseaux de neurones, et enfin le raisonnement à base de cas. Sur Internet, les informations concernant les internautes sont enregistrées par les cookies et envoyées par *clickstreams* (chemin de navigation d'un internaute) vers les systèmes d'analyse et de traitement et conservées dans les *datawarehouses* (entrepôts de données). Ces banques de données permettent de retrouver les coordonnées d'un client, de retracer ses commandes et son comportement précédent.

En conclusion, on constate que ces outils favorisent le développement de la personnalisation de la relation entre l'entreprise et le client, et ils permettent aux firmes spécialisées dans cette collecte de devenir des courtiers en informations. Ces agents semblent nécessaires pour garantir la pérennité des portails et des moteurs de recherche dont le modèle économique s'appuie sur la gratuité des services et la publicité.

Les agents sont-ils indispensables ?

On peut se demander pourquoi l'utilisateur a besoin d'agents intelligents. La croissance phénoménale d'Internet en nombre de sites et de documents nécessite le développement de programmes pour gérer le flux des informations et la recherche documentaire. Au début d'Internet, le moyen le plus utilisé pour trouver un document était le *surfing*[220], c'est-à-dire une forme de navigation qui consiste à explorer Internet par le biais d'hyperliens. Or cette méthode s'avère de plus en plus inadéquate étant donné la quantité d'informations disponibles sur le Web. D'où la nécessité d'utiliser des agents d'Internet. Or, après avoir observé les usagers, on constate que très peu parmi eux se servent d'agents logiciels téléchargés. La majorité préfère passer par un moteur de recherche ou un portail.

Cependant, les fonctionnalités intégrées dans certains agents logiciels réduisent le bruit[221] en filtrant les résultats proposés, ce qui allège en partie la surcharge informationnelle que l'usager doit gérer. Si en amont, les moteurs de recherche semblent avoir réussi à réduire le bruit et à présenter une liste de résultats satisfaisants après quelques itérations, la gestion de l'information sur le PC de l'utilisateur n'est pas au point pour l'instant. A notre avis l'un des enjeux économiques consiste à faire installer sur l'ordinateur de l'usager un logiciel qui fonctionne en étroite liaison avec un moteur de recherche[222]. Ainsi deux des trois points stratégiques (PC, Moteur, site ciblé) seront liés en permanence.

L'usager dispose de quatre grandes classes d'outils de recherche documentaire sur Internet. Il peut les choisir librement pour l'instant car la plupart sont gratuits. D'après nos enquêtes en 2003, le premier choix des internautes est de loin le moteur de recherche. L'annuaire paraît moins utilisé en tant que tel, mais il peut contenir un moteur de recherche fourni par un partenaire, comme l'atteste l'exemple de Yahoo[223]. Le métamoteur en-ligne (considéré par certains comme un agent intelligent en-ligne) peut être consulté. Les agents logiciels téléchargés sur le disque dur de l'internaute demeurent moins connus par le grand public et constituent des outils destinés essentiellement aux professionnels de la veille. L'agent est soit un logiciel, soit un métamoteur en-ligne, soit un programme intégré dans un système de recherche. L'usage a donné à ce terme une polysémie regrettable.

On peut constater que les agents se connectent à l'ensemble des ressources qui structurent l'organisation de l'information, de la connaissance et du savoir sur Internet. Plus ils sont perfectionnés, plus ils comportent des langages permettant d'interroger avec précision les autres outils et sources d'information. Cependant, utiliser un agent, le paramétrer et en exploiter les fonctionnalités représente un coût en termes de temps et d'efforts d'apprentissage.

Les moteurs de recherche indexent des pages Web et permettent à l'internaute de trouver des documents. Néanmoins, aucun moteur ne couvre l'ensemble des ressources du Web. Par conséquent, on désigne par le Web invisible cette partie d'Internet non indexée par les moteurs. Quant aux métamoteurs, ils interrogent simultanément plusieurs moteurs de recherche, des annuaires spécialisés et même des annuaires contenant des liens vers le Web invisible. Leur utilité dépendrait en partie du nombre de sources accessibles. Cependant, un grand nombre de sources n'implique pas forcément de meilleurs résultats. Qui plus est, le temps de requête est beaucoup plus long. Pour l'instant, les agents logiciels semblent avoir perdu la bataille. Ont-ils pour autant perdu la guerre ? Nous comparerons les agents métamoteurs et les moteurs de recherche afin de comprendre pourquoi la plupart des usagers préfèrent ces derniers aux premiers.

Agent logiciel ou moteur de recherche ?

Nous présentons et comparons Copernic, un agent logiciel, avec le moteur de recherche le plus utilisé et apprécié par les internautes, Google[224], afin de poser les questions suivantes : dans quelle mesure ce dernier a-t-il intégré les fonctions attribuées aux agents intelligents ? Cette intégration explique-t-elle son succès auprès du grand public comme auprès des professionnels ? Est-elle suffisante pour améliorer les résultats d'une requête et pour aider l'usager à analyser le contenu d'un document, c'est-à-dire réduire le bruit et diminuer la surcharge d'information? Ainsi nous répondrons à notre première hypothèse.

Notre choix se justifie de la manière suivante. Copernic comme Google sont, à notre avis, à la pointe de l'innovation. Les autres moteurs, en règle générale, suivent les nouveautés proposées par Google, qui représente, comme nous l'avons affirmé déjà 73% environ du trafic. Toutefois, nous ferons référence aux autres moteurs et agents de recherche à titre de comparaison. Les tableaux descriptifs de ces derniers sont présentés en annexes[225].

Il nous semble nécessaire d'établir une grille d'analyse pour comparer les fonctionnalités de ces deux produits. Ensuite nous présenterons la technologie de Copernic, puis celle de Google. Enfin, nous essaierons d'expliquer le modèle socio-technique qui a permis à Google de devenir, pour l'instant, leader de ce marché en plein développement.

Critères de comparaison des outils de recherche

Nous avons choisi neuf critères permettant de comparer la performance d'un outil de recherche : sources, paramétrage, interface, analyse des résultats, filtrage, classement, veille, archivage et communication. Le choix du terme outil est opératoire ; il désigne à la fois les moteurs de recherche, les logiciels et les métamoteurs en-ligne. Les trois ont le même but : faciliter la recherche d'informations et l'organisation des résultats des requêtes.

Un tableau, donné en annexe[226], permet d'évaluer et de comparer les agents divers. Si une fonction existe dans un logiciel, on indique sa présence par une croix. Ainsi, il est possible de connaître les fonctions offertes par un outil. Nous utiliserons plus loin ce tableau pour comparer Google et Copernic.

Par source, on dénote l'ensemble de sites qu'un métamoteur peut interroger simultanément lors d'une requête. A titre d'exemple, WebCrawler[227] se connecte à huit moteurs de recherche et interroge leurs bases d'indexation, notamment Google[228], Yahoo, About, Ask Jeeves, LookSmart, Teoma, Overture et FindWhat.

Certains ont accès à des bases de données spécialisées, à des annuaires ou à des moteurs de recherche sectoriels, aux sites fédérateurs donnant accès au Web invisible. Le nombre de sources est souvent publié par l'éditeur de logiciel dans les pages descriptives du produit. L'usager peut également choisir ses propres sources et ainsi personnaliser ses requêtes. Les chaînes d'information (journaux, fils[229] (*threads*) des agents de presse, dépêches.) font partie de l'offre de même que les sites du commerce en-ligne. Les catégories de la recherche désignent les thèmes, classés par rubrique, figurant dans les annuaires.

L'usager peut choisir un domaine comme les groupes de discussion (Deja, Cent, espions.com ou Topica), les annuaires d'adresses du courrier électronique InfoSpace, (Internet Address Finder, Mirabilis, Snap, WhoWhere et Yahoo People Search), le commerce en-ligne (livres ou matériel informatique). Il peut également rajouter un nouveau domaine en option. Certains modules additionnels font l'objet d'une vente[230].

Quelques commentaires s'imposent ici. Un moteur de recherche, en général, ne se connecte pas à d'autres moteurs ; il fournit des résultats à partir de ses propres bases d'indexation. Cependant, il peut intégrer des moteurs spécialisés, affiliés ou achetés par lui. Google, par exemple, propose les services de son comparateur des prix. Les métamoteurs, par contre, ne peuvent que faire appel aux moteurs et aux annuaires, n'ayant pas leur propre base d'indexation.

Le paramétrage est une fonction essentielle : il permet à l'usager de raffiner sa requête. Il est possible de sélectionner le nombre de résultats que l'outil doit présenter (10 par source[231] ou 100 maximum par requête.) D'autres fonctions telles que la vérification de l'orthographe de la requête, le choix des opérateurs booléens ou de proximité (*near*) améliorent le dispositif. La troncature existe en fonction des moteurs de recherche interrogés. La prise en charge de l'ordre des mots, la manière d'insérer une expression exacte ou une phrase entière entrent dans cette caractéristique. La page avancée d'AltaVista, par exemple, offre quatre boîtes de dialogue : tous les mots, l'expression exacte, un des mots suivants, aucun des mots suivants. Une autre boîte autorise l'usage des opérateurs booléens (AND, OR, NOT).

Le choix d'un format joue un rôle important dans la recherche documentaire. Par exemple, si l'on veut un article scientifique, en paramétrant le format pdf uniquement, il est possible d'éliminer une quantité de pages (commerciales).

Le paramétrage implique un fort degré d'implication et de maîtrise du processus de requête de la part de l'usager. C'est pourquoi les agents logiciels sont souvent proposés aux professionnels de la veille plutôt qu'au grand public.

La catégorie « interface » caractérise la manière dont les écrans se présentent à l'usager. Les types et les qualités des barres d'outils, les fonctionnalités proposées grâce à celles-ci augmentent ou diminuent, si elles sont trop compliquées, l'efficacité et l'appropriation de l'outil informatique. Certains agents proposent plusieurs barres. L'organisation de l'écran en secteurs, la simplicité ou complexité de la visualisation, le type de présentation (cartographique) entrent dans cette catégorie.

Google possède une première page d'accueil très simple et très dépouillée. Teoma et alltheweb font de même. Ask Jeeves, par contre est plus chargé en information. Yahoo est beaucoup plus complexe, proposant les rubriques de son annuaire et des liens vers des sites commerciaux.

L'analyse des résultats paraît le point le plus problématique pour l'instant[232]. Il est probable que ce facteur détermine en partie le prix d'un logiciel de veille. Certains, en effet, proposent des fonctions d'analyse. Il s'agit de résumer le contenu de la page et de surligner les mots-clés (introduits par l'usager lors de sa requête) en plusieurs couleurs. Identifier et extraire les concepts- clés dans un document reste l'apanage des logiciels de veille proposés aux entreprises (Autonomy, Verity, Semiomap). La traduction automatique s'améliore tout en restant insuffisante. Dans la catégorie analyse, nous avons aussi classé l'origine du document ou source (moteur, annuaire, base de données, vortail[233]) fournie par l'outil, car elle apporte des informations significatives supplémentaires sur le document trouvé.

La fonction « filtrage des résultats » peut réduire considérablement le bruit généré par une requête. Il s'agit notamment de pouvoir éliminer les doublons (même document présenté par plusieurs sources), les liens morts (la page n'existe plus) et les bannières publicitaires et pop-ups (boîte publicitaire qui apparaît sur l'écran et gêne la lecture de la page). Certains logiciels permettent d'inclure ou d'exclure des domaines de recherche, des langues, des pays ou des régions géographiques, la date de modification de la page Web.

A titre d'exemple, webcrawler permet de filtrer les sites pour adultes (pornographiques), ou de filtrer un document en fonction de la date (avant ou après la modification de la page). Il est possible d'inclure ou d'exclure les domaines génériques (.com, .edu, .org. etc.) ou de choisir la langue des pages à présenter. Google, par exemple, possède une fonction « recherchez dans ces résultats » qui permet d'introduire un ou plusieurs mots-clés pour raffiner une requête à l'intérieur d'une liste présentée par le moteur. L'interface de Kartoo renforce la valeur d'un terme ou permet d'en diminuer l'importance dans une reprise de requête.

Le classement des résultats facilite leur gestion et organisation. L'usager peut les grouper par score de pertinence (présentée en pourcentage et attribuée par les algorithmes du moteur), date de la dernière visite, par domaine ou thème, ou en fonction des annotations que l'usager peut faire et conserver à propos d'une page. On peut les trier également par ordre alphabétique, sources ou dates de modification.

Le métamoteur Vivissimo présente à droite de la liste des résultats une colonne de concepts (Clustered Results[234]) extraits des documents proposés. Si l'usager clique sur l'un d'entre eux, il a accès à une nouvelle liste où prédomine le concept choisi.

La catégorie « veille » facilite le suivi des requêtes et la surveillance des pages ou des thèmes. On y trouve l'alerte par e-mail, la création d'un calendrier de veille spécifiant la fréquence à laquelle l'usager recevra une liste d'adresses. Celle-ci dépend des thèmes choisis au préalable. Le dispositif permet également de suivre les changements observés dans un document et de les signaler par courrier électronique. Cependant, toute modification ne présente pas un très grand intérêt et le paramétrage de cette fonction est nécessaire pour réduire la quantité d'alertes envoyées. Par exemple, il est possible d'indiquer un nombre minimum de mots modifiés. Certains logiciels surlignent automatiquement les modifications apparues sur la page surveillée.

La fonction d'aspirateur permet de récupérer un site en entier et de l'analyser. Cependant, cette pratique, qui semblait nécessaire lorsque le débit de connexion était très faible, nous paraît de moins en moins utile avec l'arrivée du haut débit. Ces programmes font partie de la technologie PUSH. Autrefois commercialisés séparément, ils s'intègrent dans certains outils de recherche.

La fonction « archivage de la recherche » a pour objectif de classer les documents ou les liens récupérés, de conserver une trace de la formulation de chaque requête (pour en faire de nouvelles recherches avec les mêmes termes) et de conserver un historique des recherches effectuées. Ce dispositif est d'autant plus important que l'un des problèmes majeurs posés à l'usager est la gestion de toute l'immense quantité de documentation facilement récupérable.

Par communication, on désigne la possibilité de partager les adresses Web et les documents récupérés avec autrui. Certains sites Web et les moteurs de recherche ont intégré cette fonction avec le lien « *e-mail a colleague* ». Lorsque l'internaute consulte un document, il perçoit en haut de la page un lien qui facilite l'impression et un autre qui envoie la page vers la personne désignée par lui. Cette fonction entre dans le cadre du travail collaboratif (*groupware*).

Si le terme agent désigne souvent chez les usagers avertis un logiciel agent du type métamoteur, l'expression recouvre également des programmes contenus dans le progiciel (aspirateur, alertes). Nous considérons comme agents les fonctionnalités présentes dans un outil de recherche. Ainsi à partir des critères définis ci-dessus, il nous est possible de vérifier la présence de programmes du type agent intelligent intégrés dans les moteurs de recherche et d'autres logiciels. Passons maintenant à la validation de notre première hypothèse : les moteurs de recherche ont intégré la technologie agent pour devenir de véritables agents intelligents. Notons par ailleurs que ce terme désigne un ensemble et des éléments d'un ensemble à la fois. Par conséquent, il pose des problèmes ontologiques.

Copernic : agent métamoteur

L'exemple de Copernic devrait nous permettre d'examiner les fonctionnalités d'un logiciel agent et de déterminer dans quelle mesure celui-ci correspond aux critères d'autonomie, de coopération et de communication définis plus haut. Il peut servir de point de comparaison avec un moteur de recherche ou tout autre logiciel agent.

Présentation de la firme Copernic

Copernic reste l'un des meilleurs exemples d'agent du type métamoteur[235] hors ligne. Il a souvent été cité par les personnes interrogées lors de nos entretiens et enquêtes. Conçu par la société canadienne Copernic.com., fondée en 1996 par Martin BOUCHARD, alors âgé de 23 ans[236], ses produits sont destinés au grand public et aux PME. Selon le communiqué de presse[237] de la firme québécoise, trente millions de logiciels auraient été installés, répartis dans le monde entier, depuis le lancement du produit en automne 1997. Il existe trois versions de Copernic Agent : Copernic Basic (gratuit), Copernic Personal, Copernic Pro. L'emploi du terme « agent » l'associe d'emblée à la notion d'agent intelligent dans la mesure où le logiciel agit pour le compte de l'utilisateur et est supposé exploiter les ressources de la recherche en IA. L'entreprise ne publie pas pour l'instant ses résultats.

On peut constater que les différences entre les divers logiciels proposés par la société canadienne découlent du nombre supérieur de sources, de chaînes et de fonctionnalités proposées. La version BASIC comporte des bannières publicitaires pour financer[238] en partie la gratuité du produit. La fonction de veille est réservée à la version Pro. A titre d'exemple, cette dernière propose une vingtaine de fonctionnalités que la version Basic ne possède pas. Il s'agit, en l'occurrence, de pouvoir faire des recherches dans les groupes de discussion, d'ajouter des domaines ou sources en option à partir du site de Copernic.

Il est également possible de faire appel à un service de traduction, de personnaliser les sources, de paramétrer les résultats par moteur. Cependant ces fonctions exigent une forte interactivité entre le système informatique et l'usager. Ces outils supplémentaires constituent la proposition de valeur que Copernic fait à sa clientèle. Nous avons constaté l'intégration de certaines fonctionnalités que l'on associait aux agents intelligents à la fin des années 1990, notamment le filtrage et le PUSH.

Le modèle économique de Copernic consiste à donner une version gratuite du logiciel et à rappeler le client potentiel pour qu'il achète une des versions plus élaborées. Ainsi l'internaute, lorsqu'il clique sur une fonctionnalité, absente de la version de base, reçoit un *pop-up* spécifiant la version nécessaire pour accomplir l'opération demandée. L'usager peut donc se rendre compte de ses besoins non encore identifiés lors d'une requête. La version Basic a pour objectif de laisser l'usager tester le produit avant de passer à l'achat.

Les concepteurs du produit ont une certaine représentation de l'usager[239] : une personne qui fait de la veille ou de la recherche sur Internet, ayant certains besoins en matière de sources d'information. Cet usager idéal est considéré comme actif et capable d'interagir avec le logiciel. Par conséquent, les versions évoluent en ce sens car de nouveaux besoins entraînent l'ajout de fonctions innovantes. Si les cookies, installés sur les disques durs, renseignent l'éditeur sur les difficultés rencontrées par les usagers, il peut adapter ces produits très rapidement.

Copernic et les entreprises

La firme Copernic s'oriente vers le *Knowledge Management* et propose une solution de gestion de l'information, Copernic Empower. Il s'agit d'une application serveur[240] qui doit permettre aux firmes d'optimiser leur capital informationnel par le biais de technologies de recherche, de veille et de résumé de texte. Les technologies déjà expérimentées sont ainsi présentées sous une nouvelle forme en fonction des besoins d'une société. C'est le cas de Copernic Enterprise Search, un progiciel de recherche et d'indexation des documents inclus dans les bases de données et des intranets des entreprises. Google et d'autres moteurs s'intéressent également à ce marché, suivant l'exemple de la firme Autonomy, considérée comme le leader dans le secteur des moteurs de recherche internes pour intranets.

Copernic 2001 Server est une solution Web de recherche distribuée, conçue pour les entreprises. Ce produit interroge des centaines de sources d'information spécialisées et multilingues - dont des bases de données d'affaires. On constate que ce logiciel tient compte des exigences de la globalisation en intégrant des fonctions de compréhension des langues étrangères. C'est l'un des enjeux des agents intelligents : gérer les informations en provenance de sources écrites en différentes langues.

Il nous semble que cette entreprise canadienne a développé tout d'abord une technologie de pointe destinée au grand public avant de sortir des solutions adaptées aux besoins de veille et de gestion du savoir des entreprises. Le modèle de la gratuité ou de la démonstration pendant un temps limité permet aux entreprises de prendre connaissance des produits Copernic, de les tester, avant de décider de les acheter.

Pour mieux comprendre la nature d'un agent logiciel du type métamoteur hors ligne, nous examinerons les diverses fonctions de Copernic Pro[241]. Il nous a paru judicieux de les regrouper selon la catégorisation présentée plus haut : sources, paramétrage, interface, analyse, filtrage, classement, veille, archivage et communication. Il comprend certaines phases du cycle de la veille[242]. Toutefois il faut préciser que les informations ci-dessous proviennent du site[243] de la firme canadienne.

Présentation du logiciel agent

L'agent se connecte à plus de mille sources d'information, notamment les moteurs de recherche généralistes ou spécialisés et certaines bases de données. La version Pro peut, en effet, se connecter simultanément à trente-deux sources d'informations différentes. Il faut toutefois noter que ce type d'agent consulte des moteurs et des bases de données qui autorisent la méta-recherche[244]. Copernic permet d'élargir l'horizon des requêtes vers le Web invisible dans toute la mesure du possible. Les catégories de recherche sont groupées en fonction des domaines d'intérêt de l'usager. Il est aussi possible d'en installer des supplémentaires.

Quant au paramétrage, l'usager a un large choix d'options personnalisables. Il peut choisir le nombre de transferts simultanés (maximum 32) pour les opérations de recherche, de vérification, d'analyse, d'extraction et de téléchargement ; personnaliser les barres d'outils et les menus par l'ajout, la suppression et la réorganisation des boutons et des items, par la création de barres d'outils; activer et désactiver les moteurs par défaut disponibles dans les catégories grâce au gestionnaire des catégories. Il a également la possibilité de personnaliser les nombres maxima de résultats à repérer par moteur de recherche et par chaque catégorie et chacune des recherches. Il peut modifier un certain nombre d'options de configuration comme les options d'affichage, résumés, rapports e-mail, avertissements et délais d'attente.

L'interface présente un certain nombre de fonctionnalités. L'ergonomie du système est améliorée par une barre d'outils facilitant l'interaction entre l'usager et le système informatique. Le logiciel possède également une barre de recherche rapide destinée à la création de recherches courantes. L'internaute peut suivre de près l'évolution de la requête : les résultats s'affichent progressivement pendant le déroulement.

La barre d'aperçu des documents s'insère dans la fenêtre principale. L'usager peut déterminer la pertinence des documents sélectionnés avant de les consulter par le truchement du navigateur. Pour accélérer le processus, les documents chargés sont conservés dans la mémoire-cache d'Internet Explorer. Il existe aussi une barre de filtres comprenant plusieurs options pour filtrer les listes de résultats.

Une dernière barre de recherche dans les résultats inclut plusieurs fonctions avancées pour rechercher des mots dans les listes des résultats et dans les pages Web trouvées. Le filtrage est d'autant plus important qu'il permet de réduire le bruit et de diminuer la surcharge d'informations qui constitue l'un des problèmes majeurs d'Internet, que les agents intelligents devaient résoudre.

L'analyse des documents permet d'extraire des données à partir des pages Web trouvées ou de les sauvegarder pour passer à l'analyse hors connexion[245]. Il est également possible d'en extraire les concepts-clés.

Le logiciel permet de résumer le contenu d'une page de résultats. L'usager peut déterminer si un document mérite son attention, en visualisant les concepts-clés et les mots-clés, en lisant rapidement le résumé.

L'utilisation de la couleur pour signaler l'occurrence de mots-clés (utilisés dans la formulation de la requête) aide également à déterminer l'intérêt pour le document. Toutefois, les solutions proposées par Copernic se trouvent aussi dans les moteurs de recherche. L'analyse automatisée de documents relève un défi important pour les concepteurs de logiciels, et pour l'instant, seul l'homme est vraiment capable de réaliser cette phase du cycle de la veille. Au mieux, l'agent intelligent n'est qu'un outil paramétrable. Il peut toutefois faciliter la lecture rapide.

La version Pro intègre le logiciel de synthèse de texte de Copernic. Ayant recours à des algorithmes basés sur des calculs statistiques et des données linguistiques, Copernic Summarizer identifie les concepts-clés d'un texte et en extrait les phrases les plus marquantes, produisant ainsi un résumé du document.

Cet agent produit un résumé (ou synthèse) de la dimension désirée (10%, 25 %, etc.) à partir d'un texte rédigé dans l'une des quatre langues retenues. Il résume des documents Word ou PDF, des pages Web, des courriers électroniques et le contenu du Presse-papiers. En plus, il s'intègre aux applications les plus répandues (Internet Explorer, Netscape Navigator, Acrobat, Acrobat Reader, Outlook Express, Eudora, Word et Outlook). La documentation du site insiste sur la gamme des logiciels compatibles avec Copernic, car l'usager idéal se voit confronter à cet ensemble de formats.

Il est possible d'obtenir des résumés tout en navigant. Copernic LiveSummarizer génère en temps réel un résumé concis de la page affichée tout en poursuivant son périple sur le Web. L'internaute peut donc déterminer, sur la base de celui-ci, s'il lui est utile de lire la page Web en entier ou non. La technologie WebEssence élimine le contenu non pertinent des pages Web comme les publicités. Il contribue à réduire le bruit et la surcharge d'informations. Nous n'avons pas encore constaté sur pièce ce type de fonction offerte par les moteurs de recherche.

La fonction de filtrage consiste à diminuer le nombre de résultats à partir d'un ensemble de critères. Pour ce faire, il est possible de vérifier l'orthographe des mots-clés, de supprimer automatiquement les liens invalides (liens morts), de détecter la langue des pages Web et d'identifier les pages identiques ayant des adresses différentes. Il s'agit, en effet, d'éliminer les doublons qui faussent le nombre réel de résultats obtenus et constituent une perte de temps pour l'usager. Ce dernier est l'un des facteurs qui différencie, pour le moment, ce type d'agent et le moteur généraliste. On peut le considérer comme l'un des composants de la valeur ajoutée de Copernic.

Le classement et la présentation des résultats facilite le tri et le choix des documents à retenir, même si seul le sujet humain peut savoir quel document présente un quelconque intérêt pour lui. L'attribution d'un score à chaque document trouvé et l'affichage des résultats à l'écran par ordre de pertinence aident l'usager dans son choix.

La liste détaillée des résultats par requête fournit les données suivantes: titre du résultat, extrait, score de pertinence, liens et langues des pages Web, annotation, date, moteurs de recherche et concepts-clés. L'utilisation d'éléments visuels dans les listes de résultats (icônes, soulignement, caractères gras et couleurs) améliore l'ergonomie du système, de même que le surlignage des mots-clés dans les résultats et les pages Web affichées dans Internet Explorer.

Il est possible de trier et de classer les listes de résultats selon divers champs: titre, extrait, adresse, score, date de repérage, date de visite, date de modification, moteur de recherche. L'usager peut aussi grouper les listes de résultats selon les mêmes champs ou en ajouter quelques nouveaux : état - nouveau, état - visité, état - sauvegardé, état - annoté, état - coché, domaine, contenu des annotations, langue, contenu identique. L'annotation des résultats apporte un avantage non négligeable.

L'intégration du menu Favoris d'Internet Explorer facilite l'ajout des liens de résultats. Le logiciel permet de consulter des pages Web trouvées au cours de l'exécution d'une requête, fonctionnalité que les moteurs ne possèdent pas encore. Cette fonctionnalité nous semble intéressante dans la mesure où elle compense la lenteur du métamoteur par rapport aux moteurs généralistes.

Toutefois, on constate qu'une requête par Copernic prend plus de temps que celle effectuée par un moteur de recherche. En effet, l'agent doit charger et traiter en aval des résultats provenant de multiples sources.

La fonction de veille repose sur l'automatisation et la définition d'une stratégie. Le logiciel peut aider à mettre en œuvre ce type de dispositif. Les catégories ou thèmes de veille peuvent être formulés et conservés en mémoire. Un calendrier[246] facilite l'organisation de ce processus dans le temps. Il est possible de surveiller les changements dans le contenu des pages ou de faire une recherche périodique à partir de mots-clés ou de thèmes prédéterminés. Puis un e-mail livre les résultats à l'usager ou à plusieurs destinataires (si on le demande).

Copernic Pro permet de mettre en veille une page Web pour détecter automatiquement des changements. Cela peut se faire de façon périodique et selon le nombre minimal de mots fixé en rapportant ces modifications en les surlignant dans les pages. Il est inutile de savoir si un document change, s'il ne s'agit que de quelques changements minimes et sans importance significative. Le système fait preuve de plus d'intelligence que par le passé en autorisant plus de précision sur le type de modification surveillée.

Il est possible de combiner la veille des recherches thématiques et celle des pages Web ; et de garder disponible un rapport de progression du processus durant l'exécution des tâches automatisées. De surcroît, une icône apparaît dans la barre de tâches de *WINDOWS* au cours de l'activité pour signaler que l'opération s'effectue.

L'automatisation des tâches constitue l'un des avantages des systèmes informatiques le plus courant et le plus important. Elle peut faciliter la veille sur Internet et repose sur la capacité d'un système à mémoriser et à conserver des instructions. Cette automatisation chez Copernic se traduit par la validation des liens, l'analyse des contenus et l'extraction de données des pages Web, le téléchargement des pages trouvées (fonction aspirateur) qui sera suivi par une phase d'analyse hors ligne.

Le logiciel propose une mise à jour des recherches afin de trouver de nouveaux résultats avec marquage de ceux-ci. Ainsi, l'usager peut consulter d'anciennes requêtes et les comparer avec une nouvelle. Rien ne l'empêche de modifier les critères de recherche pour obtenir des résultats plus précis et plus probants. Il reste la possibilité de dupliquer les formulations de requête avec tous leurs paramètres et résultats afin d'accélérer la création de recherches identiques.

Ces fonctionnalités exigent des stratégies et de l'expertise. Elles impliquent une forte interactivité entre l'homme et la machine. Il n'est nullement question d'autonomie totale de l'agent. On peut parler plutôt d'automatisation programmable.

L'efficacité du système de veille repose sur l'archivage. Cette fonction implique la mémoire, la conservation, l'organisation rationnelle et l'accès rapide aux données stockées. Le logiciel fournit un historique de recherches détaillé et illimité permettant un suivi des recherches par un ou plusieurs usagers. Il est possible de créer des dossiers et des sous-dossiers, de les copier et de les déplacer dans d'autres dossiers. Cet aspect augmente considérablement la valeur du système en réduisant l'entropie du disque dur.

Par communication, on entend le fait de pouvoir échanger des données avec d'autres agents, les usagers, les divers formats de document et d'autres logiciels. Copernic permet d'exporter ou d'importer un rapport de recherche sous différents formats de fichiers: HTML, Word (.doc), texte (.txt), XML. Sa communication avec l'usager se fait par le biais de l'interface (barres d'outils) et par sa capacité à renvoyer des résultats et des rapports vers d'autres personnes.

Nous avons constaté que Copernic Pro manifeste un grand nombre des caractéristiques d'un agent intelligent, défini en termes abstraits comme la capacité à communiquer avec l'usager par son interface (barres d'outils), ou avec d'autres agents, notamment les moteurs de recherche et les bases de données ou la possibilité d'envoyer des résultats à d'autres personnes. Il possède un certain degré d'autonomie une fois le système paramétré par l'utilisateur et une mémoire de ses activités.

La fonction de veille, en effet, permet une activité asynchrone de surveillance thématique ou documentaire. Cependant, le raisonnement au niveau de l'analyse des documents fait défaut. Le programme ne peut que constituer un outil en interaction avec l'usager. Le rôle de ce dernier demeure primordial en ce qui concerne le paramétrage des requêtes, la définition des stratégies de la veille et le choix et l'analyse des documents récupérés. En outre, le programme n'apprend pas à partir des actions de l'utilisateur. Ainsi, l'apprentissage lui fait défaut.

Nous présentons, en annexe[247], à partir des données fournies par le site de Copernic, un tableau comparatif des trois agents commercialisés par cette firme en 2003.

Ce tableau montre clairement les diverses fonctionnalités utiles, voire nécessaires, pour la veille sur Internet. On peut considérer chaque module comme un agent intelligent autonome intégré dans le progiciel. D'autres fonctions pourraient voir le jour si l'éditeur estime qu'elles correspondent aux besoins des usagers. L'exemple de Copernic nous permet de comparer un moteur de recherche avec un logiciel agent et de répondre à notre première question de recherche. Passons à présent de Copernic à Google.

Google est-il devenu un superagent intelligent ?

Ayant examiné les fonctionnalités d'un logiciel agent, il faut le comparer avec un moteur de recherche. Le choix de Google s'impose par rapport à d'autres moteurs de recherche car il nous semble être le plus utilisé et le plus efficace pour le moment. Par ailleurs, les autres moteurs ont tendance à le suivre dans ses innovations. Nous avons étudié les fonctionnalités qui à notre avis présentent certaines des caractéristiques d'un agent intelligent bien que toutes les possibilités de ce moteur ne soient pas encore exploitées. En effet le système informatique n'est pas figé et les usagers aussi peuvent contribuer à son développement.

Faisons d'abord un bref historique de cette entreprise. Ce moteur de recherche a débuté comme projet de doctorat. Deux étudiants de l'Université de Stanford, Sergei Brin et Larry Page, ont construit un prototype de moteur de recherche afin de tester leur algorithme PageRank. Ils sont depuis entrés dans la légende (et la classification du magazine *Fortune*). La firme Google inc. a débuté le 7 septembre 1998 à Menlo Park, en Californie. Elle est entrée en Bourse le 19 août 2004. Cet événement a été largement couvert par la presse écrite et la télévision.

Nous suivrons le schéma proposé pour Copernic : sources, paramétrage, interface, analyse des résultats, filtrage des résultats, classement des résultats, veille, archivage et communication.

Les sources de Google correspondent aux contenus de sa base d'indexation et aux documents conservés et analysés dans les *repositories* (bases de données des pages récupérées.) Google fait appel au Open Directory pour son annuaire et indexe aussi bien des images que des groupes de discussion. Son service GoogleNews propose un méga-journal régulièrement mis à jour. L'ambition de la firme de la Silicon Valley : organiser l'information planétaire et la rendre universellement utile (« *Google's mission is to organize the world's information and make it universally useful and accessible.* »)

Le moteur autorise un paramétrage relativement riche. Pour les internautes expérimentés, Google propose une fonction recherche avancée, préférences, et outils linguistiques. Si beaucoup d'usagers se contentent de requêtes simples à partir de quelques mots-clés, certains dispositifs existent pour les professionnels de la veille.

La fonction recherche avancée permet un paramétrage semblable à celui autorisé par la plupart des agents logiciels. La boîte de saisie nous offre le choix entre « tous les mots suivants », « cette expression exacte », « au moins un des mots suivants », « aucun des mots suivants ». Il est donc possible d'exclure des termes, d'utiliser les opérateurs booléens (AND, OR) sans entrer ces mots-outils, et d'insérer une phrase entière ou une citation, ce qui peut réduire considérablement le bruit. Plus la requête est précise et bien structurée chez l'usager, plus elle contient d'informations pertinentes et plus le moteur est efficace et les résultats probants et peu encombrés. L'opérateur de proximité NEAR fonctionne par défaut.

Il est possible de choisir entre 10, 20, 30, 50 ou 100 résultats affichés par requête. Une fonctionnalité caractéristique des agents intelligents concerne le paramétrage des mots-clés dans les diverses parties du document HTML : « n'importe où dans la page », « dans le titre », « dans le corps de la page », « dans l'adresse de la page », et « dans les liens de la page ». La possibilité existe de choisir une langue particulière ou toutes les langues par défaut. Le choix de format (.pdf, .ps,.doc, .xls ou .ppt) permet d'affiner la recherche et de gagner du temps.

Paramétrer la date (trois derniers mois, six derniers mois, l'année dernière) constitue une fonction supplémentaire diminuant considérablement le nombre de documents proposés. Deux boîtes de dialogue, en bas de la page Google, peuvent s'avérer utiles à favoriser une recherche heuristique : similaires ou pages similaires à cette page et liens ou pages liés à cette page. Il est possible de limiter une recherche à l'intérieur d'un site en précisant l'url de celui-ci.

Nous présentons en annexe[248] la matrice qui montre les multiples possibilités de paramétrages de la page « recherche avancée » de Google d'une manière synoptique.

L'usager a le choix entre 16 types de paramétrages avec un très grand nombre de combinaisons possibles. Pour optimiser sa recherche, ce dernier doit faire appel à son expérience, à son intuition et à sa capacité d'anticiper le type de document qu'il recherche, le corpus de termes qu'il contient, le type de domaine Internet, la place des mots-clés dans la page HTML. C'est en réduisant l'incertitude du côté de l'internaute que la recherche s'améliore en qualité. La formulation de la requête constitue la première source de valeur dans le processus de veille ou de recherche documentaire. Elle dépend de l'expertise de l'usager.

Les préférences linguistiques de Google permettent de paramétrer le choix des langues pour l'interface, celui de langue des pages recherchées (35 en tout). En limitant le nombre de langues dans une requête, on peut diminuer considérablement le bruit. Le moteur propose également un dispositif de traduction automatique. Il est possible de traduire du texte de l'anglais[249] en français, et *vice versa*, avec un choix d'autres langues ou d'introduire l'adresse Web ou l'url d'une page et de faire appel à la traduction automatique. Cependant, celle-ci, en phase d'expérimentation[250], est lisible mais très proche du mot à mot pour le moment. Cette fonction reste encore très rudimentaire.

Google permet à l'usager expérimenté de coder sa requête afin de la peaufiner. Toutefois certaines de ces fonctionnalités se trouvent déjà dans la page d'accueil de la recherche avancée du moteur. L'utilisateur averti peut coder sa requête grâce aux mots réservés suivis du deux-points « : ». Le mot-clé vient aussitôt après le signe de ponctuation sans laisser un espace. Par exemple, l'expression « site :www.enst.fr » fournit des pages appartenant au site de cette Grande École. La fonction define :word génère une liste de définitions associées à des dictionnaires en-ligne.

Nous présentons en annexe[251] la liste complète des mots réservés dont l'usager averti peut se servir. Il faut préciser que ce type d'usage reste exceptionnel et plutôt réservé aux « mordus » de Google. Nous verrons dans notre analyse des usages que l'utilisateur moyen se contente d'une requête assez rudimentaire. Si tant de fonctionnalités existent, c'est que le moteur s'adresse à une communauté d'usagers qui s'intéresse aux innovations.

L'interface de sa page d'accueil (ci-dessus) est très simple, affichant en haut de cette page [252] une barre pour naviguer vers six fonctionnalités spécialisées : Web, Image, Groupes, Répertoire, Actualités et Desktop[253]. La page Web permet d'entreprendre une requête générale sur Internet. Le bouton Recherche Google active la requête et produit une liste de résultats tandis que « j'ai de la chance » présente le résultat considéré comme le plus pertinent. La page Image exclut les textes. Cependant par le biais d'une image, il est possible d'explorer des sites contenant l'image recherchée et d'accéder à des sources d'information inattendue. La page Groupes renvoie à des forums. Le Répertoire correspond à un annuaire thématique du type Yahoo. Il est fourni par le Open Directory Project.

Un moteur (Actualités) spécialisé dans les articles d'actualités est disponible. L'usager se voit présenter un journal sur Internet dont la ligne éditoriale est totalement automatisée. La mise à jour se fait toutes les quatre heures environ[254]. L'annuaire présente sept rubriques : A la une, International, France, Economie, Science/Tech, Sports, Culture et Santé. Une boîte de dialogue permet d'interroger le moteur sur un thème choisi.

Nous étudierons dans le chapitre le fonctionnement de la barre d'outils, qui fait partie de l'interface prolongée.

L'analyse des résultats, en effet, se fait en partie par le biais de la barre d'outils. L'usager peut surligner les mots-clés de sa requête ou choisir un mot-clé et descendre la page d'occurrence en occurrence. Pour ce faire, il suffit de cliquer sur le mot dans la boîte de la barre. Néanmoins la fonction « Rechercher dans cette page » (CRLT + F), qui peut s'activer lors de la consultation des résultats, permet de trouver une expression ou un mot dans un document. Cependant, il s'agit d'une fonction intégrée dans Windows, donc indépendante de Google. Toutefois, il est également possible de retrouver cette fonction en bas de la page de résultats.

A la différence de Copernic, il n'y a pas de logiciel de synthèse de documents. La traduction d'une page, par contre, peut s'effectuer en consultant la rubrique « outils linguistiques ». Il suffit d'introduire l'adresse url du document dans la boîte de dialogue et d'activer le processus (qui se fait en quelques secondes).

Le filtrage des résultats s'effectue dans la page Recherche avancée. Il est possible de filtrer la requête déjà lancée, en introduisant une expression exacte, en excluant un mot, en limitant les langues, les formats, la date (de la dernière mise à jour), l'emplacement des mots dans le document (titre, corps, adresse), les domaines Internet (.com, edu.fr, etc.) Une fois cette opération faite, on relance la requête. L'ensemble de ces paramètres facilite la réduction du bruit, mais le processus exige efforts et expertise de la part de l'internaute. Il est également possible de filtrer les résultats à caractère sexuel ou obscène (*SafeSearch*) dans la page Préférences de la version américaine du moteur. On a le choix entre *use strict filtering (Filter both explicit text and explicit images)*, *use moderate filtering (Filter explicit images only – default behaviour) et do not filter my search results*. Cette fonction est absente de la version française du moteur.

Le classement des résultats pose un problème puisqu'il n'existe pas dans l'interface proposée par le moteur. Cependant, il est possible de créer des programmes (*hacks*) pour organiser la liste des résultats.

Comme chez Copernic, Google offre certains services utiles pour la veille. Le dispositif se situe au niveau thématique et au niveau actualités. Cependant, les deux services sont en phase d'expérimentation. Pour y participer, l'usager s'engage à respecter certaines règles[255]. Qui plus est, ce dernier est encouragé à participer activement sans recevoir aucune compensation. Cela fait partie de la relation usager - service fondée, sur la gratuité. Google s'autorise le traitement statistique et le partage des informations ainsi analysées avec ses partenaires commerciaux. Toutefois, aucune information nominale ne sera transmise, sauf en cas d'actes criminels. Un dispositif de feedback se trouve associé à ce service.

Le dispositif d'alerte[256] laisse l'internaute choisir un nombre limité de thèmes à surveiller. Il est possible de paramétrer la fréquence de la recherche (chaque jour, tous les deux jours, deux fois par semaine, chaque semaine) ou de la déclencher automatiquement en temps réel (*run it*). Dans le premier cas, GoogleAlert envoie par e-mail une liste de résultats à intervalles réguliers lorsqu'un nouveau document sur le sujet est indexé. L'usager doit s'abonner à ce service, posséder un nom d'utilisateur et un mot de passe.

La page d'accueil demande de faire connaître ce site[257] et ce service à d'autres personnes[258]. Cette forme de marketing viral s'accompagne d'une notice sur le fonctionnement de GoogleAlert et est envoyée à la personne désignée. Google a pour objectif d'intéresser le plus grand nombre d'utilisateurs possible selon le principe de l'effet réseau[259]. Au demeurant, la firme conçoit tous ses sites d'expérimentation et de service à valeur ajoutée pour créer un esprit communautaire autour de ses diverses innovations.

Cette fonctionnalité d'alerte représente un service utile pour la veille. Nous l'avons déjà observé avec Copernic Pro. Ce dernier, cependant, offre un dispositif plus élaboré et sophistiqué.

Le suivi de l'actualité est possible grâce à GoogleNewsAlerts[260], qui, pour l'instant, fait partie des projets testés par GoogleLabs. Ce service[261] permet de paramétrer les thèmes à suivre. Si un événement se produit, Google envoie un courrier électronique (Mode PUSH) à l'usager avec des liens vers des sites journalistiques, préparés par GoogleNews. Comme dans d'autres fonctions expérimentées, l'internaute est invité à fournir des commentaires et à participer à un forum sur le produit. C'est la méthode développée autour des GoogleLabs.

L'archivage se fait au niveau de la barre d'outils. Le troisième menu conserve les quarante dernières formulations de requête. On peut soit consulter une liste soit réactiver une requête. Il est possible de vider cette mémoire en se servant de l'option « effacer l'historique » située dans le premier menu. Nous avons observé ce dispositif également chez Copernic.

La fonction « communication » permet d'envoyer une liste ou un document à une autre personne via le courrier électronique. Cette possibilité existe dans le navigateur (Windows). Il suffit de choisir le menu fichier, puis d'envoyer le document en activant la commande page par courrier ou lien par courrier. Google n'a donc pas besoin d'intégrer ce dispositif.

Ce moteur fournit d'autres services à valeur ajoutée que Copernic et d'autres logiciels agents n'offrent pas. Par exemple, GoogleZeitgeist[262] propose une page contenant les sujets les plus populaires (hommes, femmes, thèmes, images), à un moment donné, en fonction du nombre de requêtes enregistrées. Dans la version américaine, par contre, deux listes sont visibles : la première affiche les dix thèmes dont le nombre de requêtes est en forte augmentation (*Gaining Queries*) et la seconde ceux (*Declining Queries*) en perte de vitesse. Il suffit de cliquer sur un lien thématique pour recevoir une liste de résultats classés en fonction de la popularité des sites.

La connaissance quasi instantanée des usages, tendances et modes favorise le développement d'interface spécialisée en fonction des goûts observés des internautes. Ainsi, à partir des données collectées, Google peut présenter un ensemble de services aux usagers : articles critiques de films (movie :film). Le *feedback* en temps réel facilite l'innovation.

On met à notre disposition des graphiques et des statistiques concernant le type de navigateurs utilisés, les langues de requête ou les thèmes associés à la recherche sur image. Pour les professionnels du marketing, ce site permet de suivre les tendances des internautes. Google peut analyser les requêtes pour déceler les intérêts des usagers. Les statistiques obtenues font peut-être l'objet de transactions commerciales, devenant ainsi une source de revenus. Si on clique sur un item, on reçoit une liste de résultats présentant les sites les plus populaires du sujet.

Le fait que les usagers sont impuissants à trouver des informations sans aide a suscité une autre innovation. Certaines requêtes exigent l'expertise d'un professionnel. Google Answers est un service payant. Ainsi on peut poser des questions à des chercheurs choisis par Google. L'utilisateur doit ouvrir un compte au préalable. Le moteur précise ses règles déontologiques et décline toute responsabilité concernant la validité des réponses. Avant de poser une question, l'usager peut consulter un annuaire affichant des questions récemment posées. Google prélève une commission de $ 0,50. Pour déterminer le prix Google donne quelques conseils en fonction de la rapidité de la réponse, du temps nécessaire pour la trouver. En effet, Google propose une méthode pour déterminer le prix. L'usager peut proposer son thème de recherche et le prix qu'il accepte de payer pour le service. Si un veilleur est intéressé par le sujet, il peut lui offrir ses services. Google assure l'interface de la transaction et prélève une commission[263].

D'autres services sont disponibles : accès aux dictionnaires en-ligne (define :word) ; correction automatique de l'orthographe des mots de la requête, cotation des valeurs en bourse (stock : code de l'entreprise), information sur une adresse url (info :), consultation de l'annuaire téléphonique {pages blanches} (phonebook :nom), personnel (rphonebook :nom), et professionnel (bphonebook :firm) pour l'Amérique du Nord. Google permet aussi des calculs mathématiques simples. Il suffit d'entrer les données du problème à traiter dans la boîte de dialogue.

Google : superagent intelligent ?

La première partie de notre hypothèse directrice pose que les moteurs de recherche intègrent les fonctionnalités autrefois associées aux agents intelligents décrits plus haut. Autrement dit, nous sommes amené à nous demander dans quelle mesure Google est devenu un agent intelligent. Puisque Google offre aux entreprises un moteur de recherche plus pointu, nous l'avons pris en compte dans le tableau ci-dessous. Notons que Google possède la plupart des fonctions d'un logiciel agent. Cependant, le classement des résultats fait défaut dans la version publique. Par contre, Google Viewer, en phase d'expérimentation, offre un diaporama des résultats d'une requête.

Tableau 1 : Tableau comparatif de Google, Google Entreprise et Copernic Pro[264].

Caractéristiques et fonctions des moteurs et des agents logiciels	Google	Google Entreprise	Copernic Pro
SOURCES			
nombre de sources	Base	Base	1000+
catégories de recherche	Google	Google	120
groupe de discussion	+ (images)	idem	+
ajout des domaines optionnels	+	+	+
personnalisation des catégories	+ (scholat)		+
personnalisation des sources (CRÉER, MODIFIER)			+
PARAMÉTRAGE			
paramétrage du nombre de résultats par moteur ou page	+	+	+
vérification de l'orthographe (des requêtes)	+	+	+
opérateurs (AND, OR AND NOT, NEAR, NEAR/n)	+	+	+
mots composés et phrases entre guillemets	+	+	+
troncature selon moteur de recherche			
prise en compte de l'ordre des mots en fonction des moteurs de recherche interrogés	+	+	+
téléchargement ou choix des résultats (en divers formats)	+	+	+
date	+	+	+
emplacement			
INTERFACE ET ERGONOMIE			
Barre d'outils	+	+	+
Taskbar (visible avec toute application)	+	+	+
Desktop Search	+	+	+
ANALYSE			
analyse de pages Web			+
extraction des dernières dates de modification			+
extraction des concepts-clés dans les pages Web	+	+	+
élimination des résultats non pertinents	+	+	+
détection des langues	+	+	+
traduction automatique de pages (ou service en-ligne)	+	+	+
résumé des documents récupérés			+
indication des sources à l'origine du résultat			
rechercher dans la liste des résultats	+	+	+
surlignage des mots-clés	+	+	+

Suite....

Caractéristiques et fonctions des moteurs et des agents logiciels	Google	Google Entreprise	Copernic Pro
FILTRAGE DES RESULTATS			
élimination des doublons			+
vérification des liens et élimination des liens morts			+
élimination des bannières publicitaires	+	+	+
filtrage par région			+
par domaines à inclure	+	+	+
par domaines à exclure	+	+	+
par langue	+	+	+
par date de modification de la page	(par période)	+	+
sites adultes	+		
CLASSEMENT DES RÉSULTATS			
pertinence	+	+	+
ordre alphabétique			+
source			+
date			+
contenus d'annotation			+
annotation des résultats			+
VEILLE			
mise à jour de la recherche ou veille	+	+	+
calendrier de veille	+	+	+
alerte par mail sur les nouveautés	+	+	+
veille automatisée des changements dans une page			+
surlignage des changements dans une page sauvegardée			+
fonction aspirateur			+
ARCHIVAGE DE LA RECHERCHE			
• historique	(dans toolbar)	+	+
• classement des documents			
• recherche d'un document			
COMMUNICATION			
partage des résultats par e-mail	par navigateur	+	+
édition d'un rapport (reporting)			+

Quels critères faut-il appliquer pour affirmer que Google correspond aux définitions données de l'agent intelligent à la fin des années quatre-vingt-dix ? Pour répondre à cette question, il faut examiner Google en fonction de son environnement, de la dichotomie PUSH/PULL, ou client – serveur. Ensuite il faut le confronter à la typologie des tâches effectuées. Enfin, il faut l'étudier par rapport aux attributs d'un agent : autonomie, apprentissage, coopération, délégation, proactivité, raisonnement, réactivité, communication et mobilité.

L'environnement de Google est la totalité des pages accessibles sur Internet. Cependant le moteur étend sa présence sur les PC des usagers par le truchement de la barre d'outils et des cookies. Sa technologie intègre le PUSH comme le PULL, notamment avec la fonction alerte. Elle fonctionne du côté serveur mais admet une interface permanente sur l'ordinateur de l'internaute et la possibilité pour les programmeurs de développer leurs propres codes et interfaces.

Si l'on examine Google en fonction des tâches, on constate que ce dernier offre un choix important d'agents. Le filtrage se fait par l'interface préférences ou par un langage de codes[265]. Les algorithmes comme PageRank réduisent considérablement le nombre de documents non pertinents. Différentes zones de la base d'indexation sont accessibles facilement comme images, groupes, annuaires ; d'autres par code, bourse (*stock*), annuaire téléphonique (*phonebook*) et livres (print.google.com). Chaque zone comporte une page d'accueil spécialisée. Avec Froogle, le moteur intègre un agent comparateur de prix.

Néanmoins, Google ne fournit pas un aspirateur de sites mais conserve en mémoire la dernière version des documents indexés. Ainsi peut-on consulter une page même retirée du Web. Googlealert ou Googlenewsalert correspondent à la définition d'un agent livreur d'information (*delivery agents*). Cette liste n'est pas exhaustive car de nouveaux types d'agents peuvent apparaître régulièrement.

Examinons Google en fonction des critères abstraits. Le moteur est autonome dans la mesure où l'intervention humaine n'existe qu'au niveau de la programmation et de la recherche. L'indexation se fait automatiquement et le classement des résultats dépend d'un algorithme fondé sur la popularité de la page (liens pointant vers celle-ci) et les comportements des internautes observés et mémorisés. Le système apprend en fonction des interactions entre les usagers et les documents choisis, les mots-clés utilisés. La coopération se situe au niveau du crawl. Les transactions se font par délégation dans le cadre des agents comparateurs de prix. La proactivité comme la réactivité relèvent de la technologie PUSH intégrée dans le dispositif d'alerte. Le raisonnement est présent dans le classement des documents proposés. La communication et la mobilité caractérisent l'ensemble du processus.

Confrontons Google avec la définition de l'AFNOR[266]. Lors d'une requête le moteur adapte son comportement en fonction des termes choisis et mémorise ses expériences pour améliorer les recherches documentaires futures. Ainsi est-il capable d'apprendre. Au cours du temps le moteur ajoute des fonctions supplémentaires de traitement, de contrôle, et de transfert d'informations en proposant de nouvelles interfaces spécialisées et en développant de nouvelles techniques d'analyse.

Il nous semble juste d'affirmer que des fonctions et des caractéristiques de l'agent intelligent s'intègrent dans ce moteur de recherche. Ainsi validons-nous la première hypothèse. A présent, il nous faut déterminer pourquoi Google a connu un tel succès.

Avantage compétitif de Google

Le succès de Google, à notre avis, s'explique par l'excellence de sa technologie, son esprit de pionnier d'Internet et la création d'une communauté épistémique.

La communauté d'usagers, associée au moteur, se construit autour du laboratoire de la firme, GoogleLabs, regroupant l'ensemble des dispositifs testés et mis à la disposition des internautes. On insiste sur l'importance du *feedback* en provenance de l'usager et on avertit contre les erreurs éventuelles de fonctionnement. L'internaute est invité à renvoyer ses commentaires et à participer au forum spécialisé. On y trouve les messages postés par les autres participants et les FAQ. La firme met en avant le côté ludique (*playground*) et la nécessité de participer à l'amélioration du produit.

Le lien « Envoyez-nous vos commentaires » (*Give us feedback*) permet d'envoyer un commentaire à propos du programme testé, tandis que « Foire aux questions » (*Discuss with other*) dirige l'internaute sur le forum approprié relatif à chaque innovation[267]. Les messages postés peuvent être consultés par tout le monde.

Plusieurs innovations sont à l'essai, mais, très rapidement, elles finissent par s'intégrer dans le corps du moteur. GoogleNews (agrégateur de contenu), par exemple n'est plus à l'état expérimental. On peut énumérer également Google Compute, Google Deskbar, Froogle Wireless, Google Sets et Google Voice.

Google Compute, par exemple, est un projet collaboratif. On demande aux usagers de partager leur ordinateur avec Google. Ainsi les chercheurs de la firme peuvent augmenter leur puissance de calcul en se servant d'ordinateurs non utilisés. Google Deskbar est un dispositif qui s'intègre dans la barre des tâches de Windows. L'usager peut, à partir de n'importe quelle application, entreprendre une requête sur Google sans pour autant quitter son document ou démarrer Explorer. Froogle Wireless prépare une interface pour téléphonie mobile connectant directement au comparateur de prix. Google Sets a pour ambition de comprendre les relations sémantiques entre des mots pour améliorer la traduction automatique. Quant à Google Voice, ce projet cherche à rendre possible le déclenchement d'une requête à partir du téléphone (fixe ou mobile).

Les usagers de Google (*googlers* selon l'expression utilisée par le moteur) se divisent en plusieurs groupes. Tout d'abord, la masse d'usagers qui se servent de Google et envoient à leur insu des informations sur leurs goûts et usages au moteur. Ensuite, les usagers qui se servent des fonctionnalités avancées et téléchargent la barre d'outils. Enfin, un petit groupe qui participe aux jeux et à l'expérimentation de GoogleLabs et s'intéresse activement aux divers forums. Le *feedback* permet au moteur d'anticiper les problèmes ou les besoins des usagers. Par ailleurs, le fait de télécharger un logiciel api devrait permettre aux programmateurs expérimentés d'exploiter les ressources du moteur et d'innover à leur tour. Ainsi Google a su créer ce que Nicolas CURIEN appelle l'effet de club de consommateurs.[268]

Nous représentons par un schéma l'avantage compétitif de Google. Nous estimons que les caractéristiques d'innovation, de puissance algorithmique, de mémoire, de communauté d'usagers mises en place à partir d'un modèle économique fondé sur la gratuité et l'échange expliquent en grande partie le succès de Google. Ce schéma permet d'anticiper les évolutions. Par exemple, les interfaces spécialisées verront le jour en fonction de la demande des utilisateurs repérée par le moteur dans les forums et grâce au *feedback* permanent des requêtes.

	INNOVATION	
	(GoogleLabs)	
	Desk Bar	
	Tool Bar	
	Desktop search	
	Interfaces spécialisées	

PERFORMANCE	MODELE ECONOMIQUE	MEMOIRE
PageRank	**gratuité-echange d'informations**	Indexation
Rapidité : Pertinence	**Adwords**	Tous formats
Fonctionnalités	**Adsense**	Images, livres,
Simplicité de l'interface		bibliothèques
		universitaires
		Cache

	ESPRIT	
	COMMUNAUTAIRE	
	(bêta testeurs, développeurs de	
	programme en api, forums)	
	Open source	
	Bouche à oreille	

Figure 1 : Avantage compétitif de Google

Le succès de cette firme peut s'expliquer par cinq facteurs : la performance, la dynamique de l'innovation, la création de communautés épistémiques, la mémoire et le modèle économique.

Examinons la performance du moteur. L'algorithme (*PageRank*) est puissant, proposant à l'usager le classement des documents les plus pertinents en un temps très court (de l'ordre de 0,13 seconde), ainsi le moteur réduit l'entropie de la requête.

L'innovation permanente se fait d'une manière ludique avec la complicité des internautes regroupés en communautés autour de divers services à l'état expérimental, en fournissant des commentaires ou en participant aux forums adéquats. En règle générale, Google devance les moteurs concurrents en introduisant de nouvelles interfaces spécialisées pour la téléphonie, les zones géographiques, le monde scientifique et universitaire.

La mémoire joue probablement un rôle essentiel. En effet, Google indexe plus de trois milliards de pages et en conserve la totalité en mémoire-cache (en plein texte). Le moteur fonctionne comme une vaste mémoire des activités et des connaissances de l'humanité. Si les documents sont dispersés à travers le Web, Google les préserve et les centralise dans ses bases (*repositories*), ce qui donne naissance au mythe de la bibliothèque universelle. Celui-ci, d'ailleurs, fait partie de la stratégie de communication de la société californienne. Sa mission déclarée, en effet, est d'organiser l'information de la planète en la rendant universellement utile et accessible.

Le modèle économique est très significatif. Grâce à la gratuité, les internautes participent au développement technologique dans un esprit d'échange caractéristique des pionniers d'Internet. Google se finance par la publicité, le référencement, les diverses catégories d'*adwords* et la vente de serveurs de portails aux entreprises. Plus le nombre d'usagers croît, plus le système prend de la valeur[269], encourageant ainsi les entreprises à se faire référencer et à acheter des mots aux enchères. Par ailleurs, la vente de ces derniers constitue une innovation économique. Pour la première fois, on confère à un élément sémantique une valeur marchande.

Les dispositifs de portail professionnel de Google possèdent un grand nombre de caractéristiques d'un agent intelligent du type Autonomy, capable de gérer les flux des informations d'une entreprise et de faciliter la veille économique et stratégique sous toutes ses formes.

Des services à valeur ajoutée devraient émerger dans un avenir proche, soit développés par la firme elle-même, ou par partenariat avec d'autres sociétés qui se serviront de son logiciel *api*.

Le succès de Google s'explique en partie par la manière dont le moteur a su communiquer avec le public et avec les internautes. Le bouche à oreille a probablement joué en faveur du moteur dans sa phase de diffusion (quatre ans). Ses communiqués de presse sont relayés par les journaux spécialisés Internet en-ligne. Qui plus est, la firme a joui d'une forte médiatisation lors du Forum économique de Davos en 2004 et lors de sa mise en Bourse en août de la même année.

Ainsi, nous entrevoyons l'émergence d'un modèle interactif entre la technique, l'économique et le social. L'innovation et la performance de la technologie attirent les usagers qui fournissent des renseignements précieux sur le fonctionnement, permettant ainsi de perfectionner le dispositif et d'anticiper la demande de services et d'interfaces. Le succès du moteur attire les annonceurs et augmente les recettes publicitaires. Il attire également les investisseurs. Ainsi le moteur peut financer de nouvelles innovations, acquérir d'autres sociétés *high tech* et devancer ses concurrents. Il jouit d'une image favorable auprès des médias et souvent crée l'événement.

Pour conclure, Google nous semble avoir intégré et développé à son tour la technologie agent. Afin d'améliorer l'interface et d'offrir plus de fonctions aux usagers, la firme a mis en place un dispositif informatique téléchargeable sur le PC de l'internaute. Ainsi le moteur augmente ses capacités par sa présence sur l'ordinateur de l'utilisateur. Nous examinerons les conséquences de cette convergence dans notre troisième partie. Passons à présent au concept de barre d'outil, puis celui de Desktop Search.

Barres d'outils

Nous avons constaté dans le chapitre précédent qu'un moteur de recherche ne permet pas directement l'analyse sémantique des documents ni la gestion des résultats d'une requête. A la différence des logiciels agents, les moteurs n'ont pas prévu de fonctions de classement et de regroupement des documents récupérés sur Internet. Toutefois, la barre d'outils et le *taskbar*[270] pourraient améliorer la gestion de l'information sur le PC de l'utilisateur. Néanmoins, l'installation de ce type de produit implique une présence permanente du système informatique (moteur ou portail) sur le disque dur et sur l'écran de l'internaute. Il est possible que certains dispositifs laissent entrer des programmes espions (*spyware*).

De surcroît, le Desktop Search (ou moteur interne) proposé depuis octobre 2004 par Google indexe et organise le disque dur. Ainsi, la documentation de l'utilisateur devient facilement accessible. Mais la présence du moteur sur l'ordinateur de l'usager se voit renforcée.

La seconde partie de notre hypothèse directrice pose que les moteurs de recherche étendent leur technologie sur le PC de l'usager. Nous nous efforcerons de valider cette hypothèse dans ce chapitre.

Sans détailler davantage pour l'instant les aspects économiques de la relation usager / moteur ou portail, qui seront étudiés dans notre troisième partie, on peut d'ores et déjà préciser que l'objectif de tout portail est, selon l'expression de Josiane JOUËT, d'« *agréger des publics pour les faire passer par leur point de passage obligé, dans le but de maximiser, là aussi, leurs revenus publicitaires*[271]. » Ainsi faut-il que l'usager soit fidélisé et qu'il débute une requête en passant par le même moteur de recherche à chaque fois. S'il achète un produit, s'il clique sur un lien publicitaire, le moteur gagne de l'argent directement ou indirectement. La publicité, en effet, est la principale source de ses revenus[272].

Le chiffre d'affaires publicitaires des moteurs de recherche en 2003 est estimé à 3 milliards de dollars aux Etats-Unis[273] et il va croître dans les années à venir. On peut s'attendre à une forte concurrence entre portails et moteurs car l'enjeu est de taille[274]. Environ un tiers du budget publicitaire d'Internet passe par les moteurs[275], soit deux milliards de dollars en 2003. La valeur ajoutée pour l'usager sera créée par les types de services offerts : systèmes de sécurité intégrés, blocage des *pop-ups*, historique des requêtes, e-mail gratuit, blocage du courrier non désiré (*spam*), fonctions d'aide au processus de requête ou d'analyse des listes et des documents, indexation des fichiers et du courrier.

Pour fidéliser les internautes, pour accélérer le processus de recherche documentaire, l'offre d'une barre d'outils ayant un nombre de fonctionnalités et de services à valeur ajoutée intégrés semble un moyen efficace. Ce dispositif constitue un point stratégique important car à partir de celui-ci d'autres programmes pourraient être envoyés sur l'ordinateur de l'usager. Cet outil va probablement évoluer, notamment avec un dispositif de recherche interne.

Il existe déjà des programmes pour bloquer les *pop-ups* ou avertir l'internaute lorsqu'un programme-espion pénètre sur son disque dur[276]. Il nous semble que la barre d'outils constitue un mini-portail d'information orientant les internautes vers les chaînes d'information (presse, télévision), vers des services de messagerie et de courrier, et surtout vers des sites commerciaux et des comparateurs de prix. L'interface reste en permanence sur le navigateur de l'usager. En général, elle est simple, intuitive, évolutive et surtout modulable. D'autres fonctions peuvent s'ajouter au fur et à mesure que les éditeurs les inventent[277]. Et les internautes peuvent les tester.

L'avantage principal d'une barre d'outils, c'est que l'usager peut à tout moment, au cours de sa navigation, se connecter au moteur et recevoir une présentation des résultats (par liste ou par d'autres moyens de représentation[278]) tout en envoyant des informations au moteur ou portail sur ses propres pratiques. Les agents de profilage utilisent celles-ci à des fins de ciblage publicitaire. La plupart des moteurs[279] et des métamoteurs offrent ce dispositif d'interface, notamment Yahoo, Altavista, Vivisimo, Webcrawler, Teoma et MSN. Copernic propose également depuis 2004 sa version correspondant de très près aux fonctions décrites plus haut.

La barre d'outils engendre un véritable échange d'informations. Examinons les problèmes d'organisation et d'ergonomie subis par l'internaute et les solutions proposées par la barre d'outils.

Problèmes d'organisation et d'ergonomie

Organisation du disque dur

Si les moteurs de recherche améliorent l'organisation du Web grâce à la puissance de leurs algorithmes de l'indexation des pages consultables, il reste cependant un problème de taille pour l'usager. Comment gérer la documentation récupérée ? Comment classer les adresses Web ? Comment trouver rapidement un document ? Comment analyser son contenu ? Comment éliminer les nuisances comme les *spams*, les *pop-ups*, les mouchards ou programmes-espions ?

Ergonomie de la recherche d'information

Le processus de recherche lui-même pose problème. Comment aider l'usager à mieux cibler ses requêtes, à analyser rapidement les contenus des listes ou les pages, à trouver d'un clin d'œil le passage recherché dans le corps d'un document ? L'un des objectifs de la barre d'outils est de faciliter ces processus. Le Desktop Search complète le dispositif en réorganisant le disque dur.

Solutions apportées par les barres d'outils

Si l'on examine tout d'abord les barres d'outils proposées par Google, Yahoo, AltaVista, Webcrawler, Teoma, Vivissimo et MSN, on constatera que ces outils comportent des fonctions de portail, de PUSH, parfois de gestion des liens, d'aide à l'analyse des listes des résultats et des documents, d'élargissement de la requête vers d'autres sources d'information, de réduction de nuisances et de programmes de sécurité.

Barre d'outils de Google

Ce dispositif est une innovation de la firme californienne. La *toolbar* a été lancée le 11 décembre 2000. Elle est gratuite. Elle s'étend du haut à gauche de la page Web ouverte sur Explorer vers la droite. Ainsi elle suit l'orientation de la lecture. Elle permet à tout moment de faire une requête sans aller sur la page d'accueil de Google. C'est l'un des facteurs importants d'ergonomie de ce dispositif. L'internaute ne perd pas de temps et son usage devient rapidement un réflexe. Nous avons constaté par ailleurs[280] que le temps joue un rôle important dans l'appropriation d'un logiciel. La rapidité entraîne son adoption. L'usager, en contrepartie, autorise Google à suivre ses démarches[281]. L'image qui suit présente la barre d'outils telle qu'elle apparaît sur la page de téléchargement.

La barre est composée d'icônes et de menus déroulants. Les rubriques sont structurées en arborescence. Ainsi la barre est-elle omniprésente et prend peu de place dans la fenêtre du navigateur. Le premier menu sous l'icône Google donne accès à la page d'accueil du moteur, aux liens préétablis (Recherche Avancée, Recherche d'Image, Groupes, Répertoire, Actualités, Blogger.com, Zeitgeist, Préférences de recherche et Outils Linguistiques), aux options et à la fonction « effacer historique ». Dans la rubrique Aide s'ouvrent quelques liens vers des informations sur la confidentialité, la possibilité de la désinstaller et d'autres informations à son propos. L'importance réside dans la liberté de pouvoir à tout moment supprimer le dispositif. Et cette démarche est facile.
A droite de l'icône Google, se situent la boîte de dialogue et un menu déroulant contenant l'historique des requêtes. L'usager peut relancer une recherche, fonction déjà signalée chez Copernic. En effet, la boîte « recherche web » permet d'activer ou de réactiver une requête.
Le menu suivant, « Recherche Web » ouvre la possibilité de consulter les pages de Google spécialisées dans l'image, l'annuaire, les groupes (forums) et les actualités. Il s'agit en réalité d'un ensemble de zones du moteur intervenant dans des domaines spécifiques. Ces derniers excluent toute autre forme de document et ainsi réduisent considérablement la surcharge. En effet, une recherche sur Google Images ne renvoie qu'une photographie ou autre image ; sur Actualités, seuls se présentent des articles de presse. La fonction Recherche Site permet de chercher un mot dans la page ouverte.
Il est fort possible que d'autres domaines soient accessibles par ce type de moteur, notamment celui des ouvrages publiés. Google[282] est en pourparlers avec certaines maisons d'éditions pour pouvoir indexer les œuvres entrées dans le domaine public et d'autres dont les droits sont toujours en vigueur. L'usager pourrait consulter ou télécharger certains d'entre eux moyennant paiement.

La version américaine de la barre donne accès au comparateur de prix Froogle. Ce service n'existe pas encore en France. Celui-ci est cependant extrêmement important dans la mesure où il envoie l'internaute vers les sites marchands, et par conséquent, joue un rôle essentiel dans le financement de l'entreprise.

Une icône à droite du menu précédent oriente l'usager vers le site d'actualité de Google. La rubrique « A la une » présente une liste de nouvelles rapidement mise à jour. Un lien à gauche invite l'usager à se servir de la fonction d'alerte du service (agent de PUSH). Il n'y a pas pour l'instant de possibilité de personnaliser l'actualité à la différence d'autres sites tels que ceux de CNN, de la BBC ou de Yahoo.

L'icône « i » qui suit donne à l'internaute l'occasion d'élargir sa recherche vers les pages similaires et les pages liées. Il s'agit de pages qui émettent des liens vers celle consultée ou qui reçoivent des liens en provenance de cette même page. Google part du postulat que les pages hyperliées partagent les mêmes centres d'intérêt ou peuvent apporter des informations complémentaires. Cette fonction favorise la recherche heuristique d'information. La boîte de dialogue permet de faire une recherche à partir de mots-clés.

L'icône « B » nous semble extrêmement importante. Elle bloque les *pop-ups* qui risquent de gêner l'internaute lors de ses recherches. Cette fonction peut être désactivée. Le nombre de publicités non désirées s'affiche à gauche de l'icône.

L'icône « option » s'ouvre sur une boîte de dialogue. L'internaute peut choisir les fonctions présentes sur la barre d'outils. Si on active la fonction PageRank qui indique le score attribué par Google à la pertinence de la page, un message s'affiche : « *vous êtes en train d'activer le bouton qui a une incidence sur la confidentialité des informations.* » L'usager est invité à cliquer sur le bouton Aide. Il est renvoyé vers la page de Google présentant sa politique de protection de la vie privée et de la confidentialité. En d'autres termes, l'usage de cette fonction entraîne un échange d'informations entre le moteur et l'utilisateur[283]. Toutefois ce dernier en est informé.

Les deux icônes suivantes ajoutent des options d'analyse du document consulté. La première, un stylo jaune, surligne les mots-clés de la requête. Il est possible de parcourir le texte rapidement à la recherche de phrases pertinentes. La seconde permet de visualiser un mot d'une manière linéaire. En cliquant sur l'un des mots de la requête, présentés à droite, le terme apparaît sur la page. L'œil parcourt le document du haut en bas en mode de lecture normale (pour un Occidental). Les mots de la requête apparaissent en couleur à droite. Il suffit de cliquer sur l'un ou l'autre et celui-ci est surligné sur la page ou sur la liste. Ainsi, l'usager peut descendre la page lentement et examiner les occurrences du terme choisi. Cette fonction augmente la capacité d'analyse du lecteur.

Les fonctions présentées ci-dessus facilitent le processus de requête et accélèrent le temps de recherche. Depuis octobre 2004, Google propose une solution concernant l'organisation des signets ou la gestion des documents téléchargés. Cependant, pour ce service, il faut télécharger le Desktop Search. Le service d'e-mail, proposé par d'autres comme Yahoo, est à l'étude. Ce dispositif devrait offrir aux usagers un moteur de recherche spécialisé dans la gestion du courrier électronique. Ce service sera financé par la publicité. En effet, après une analyse du contenu des messages, des liens sponsorisés seront intégrés dans le courrier[284] ! Il s'agit d'un service à valeur ajoutée. On peut se demander qui en est le destinataire.

Il est intéressant d'examiner les fonctions de la version américaine de la barre d'outils, pas encore disponibles en France. La fonction « AutoFill » a pour objectif de remplir automatiquement un formulaire. Ce dispositif est d'autant plus inquiétant qu'il enregistre un ensemble de données personnelles considérable : le nom, l'adresse e-mail, le numéro de téléphone, l'adresse complète, l'adresse de réception d'un produit acheté en-ligne. Il est possible de fournir des informations sur sa carte de crédit (add/edit Credit Card button). On constate assez aisément que cette fonction, comme la précédente, est destinée à favoriser les transactions en-ligne. Elle exige un degré certain de confiance ou d'insouciance de la part de l'internaute !

Le « Voting Button » permet aux internautes de porter un jugement (binaire) sur un site ou une page, dispositif utile pour le moteur car l'internaute envoie du feedback concernant la pertinence ou l'intérêt du site. Comme la précédente, la fonction « Blog it » a pour objectif de susciter des commentaires à propos d'un site. Elle implique une inscription et un compte chez Blogger.com au préalable.

Google fournit l'exemple du portail d'information. La firme prépare d'autres services liés à la barre d'outils comme le courrier (Gmail). Mais pour l'instant le moteur se concentre sur la recherche informationnelle en mode PUSH comme en mode PULL.

Pour des fonctions plus sophistiquées, il est nécessaire de visiter la page de recherche avancée. Cette page est accessible par le biais de l'icône Google. Il existe un lexique permettant d'utiliser des termes spécifiques[285] pour peaufiner une requête. A titre d'exemple, le mot réservé « define » suivi du colon (:) donne accès aux définitions des dictionnaires en-ligne. Cependant cet usage fait partie de ceux qui exigent formation et expertise.

Google offre un taskbar qui est lisible quelle que soit l'application ouverte. Si l'usager travaille sur Microsoft Word, le dispositif est présent sur la barre de tâche de cette application, en bas de la page. Ainsi l'internaute peut consulter Google pour chercher une information ou vérifier le sens ou l'orthographe d'un mot sans ouvrir son navigateur. Google fournit un mini-navigateur. Par conséquent, l'usager peut contourner Explorer. Par ailleurs, certains commentateurs soupçonnent Google de concevoir son propre navigateur (gbrowser) et de concurrencer Microsoft dans ce domaine.

Barre d'outils de Yahoo

Le portail américain a très rapidement suivi l'exemple de son concurrent. La barre de Yahoo offre un service de portail en plus d'un dispositif de moteur de recherche. L'usage de certaines fonctions intéressantes implique de la part de l'usager une inscription gratuite auprès de la firme. L'internaute inscrit son nom d'usager, son adresse e-mail et choisit un mot de passe.

Nous présenterons le dispositif de gauche à droite. Le premier bouton, Y !, renvoie l'internaute vers la page d'accueil de Yahoo. Le menu déroulant à droite donne accès aux principaux services de portail de Yahoo : Mail, MyYahoo (la page personnalisée de l'usager), Finance, Actions en Bourses etc.

Une icône (crayon jaune) permet de personnaliser la barre en fonction des intérêts de l'utilisateur (financier, recherche d'information). La boîte de dialogue offre la possibilité de faire une requête par mots-clés. Le menu déroulant permet de choisir le domaine (Image, Groupe, *News*) comme celui de Google. Au demeurant, on remarque des nouveautés comme des Pages Jaunes, Achat (S*hopping*), Dictionnaire, Cartes (*Maps*), Bourse (S*tock Quotes*). Il s'agit de moteurs ou d'annuaires spécialisés dans un domaine.

Dans ce menu, le portail offre la possibilité de créer, sur son serveur, un carnet d'adresses accessible par mot de passe. L'internaute peut ainsi consulter ce répertoire à partir de n'importe quel ordinateur. Il est d'ailleurs compatible avec un Palm Pilot et Microsoft Outlook. Malheureusement pour lui l'internaute fournit des informations confidentielles.

Comme Google, Yahoo offre une icône qui permet de bloquer les *pop-ups* et une autre surligne les mots-clés. Cependant, à la différence de Google, le bouton Y ! *Bookmarks* permet d'enregistrer des signets et de les organiser en-ligne, donc de les rendre consultables en permanence. Ce dispositif, en effet, introduit le concept d'ubiquité.

Le bouton « MyYahoo » présente un menu déroulant permettant d'éditer une page personnalisée. D'autres boutons suivent, donnant accès à des services tels que « Finance, Courrier, Actualités, Achat, Voyage, Divertissement, Agenda, Carnet d'adresse et Quitter ».

Une fonction Notes offre la possibilité d'ouvrir un journal en-ligne et d'entrer des commentaires. Elle correspond en partie à la fonction *Blog* de Google. La différence est qu'un blog est visible et lisible par tous tandis que le journal chez Yahoo reste strictement personnel. Cependant, l'internaute peut partager son journal avec autrui ou l'utiliser dans le cadre d'un projet collaboratif.

Cette barre d'outils va plus loin pour capter des informations sur l'usager tout en lui offrant des services multiples. Si Yahoo exploite les informations données, cela facilite surtout le profilage à des fins publicitaires. Cette barre d'outils, qui intègre un logiciel anti-espion en version bêta, est caractéristique d'un service de portail avec messagerie, informations boursières et pages d'actualités. Elle permet également de conserver sur le serveur des informations personnelles universellement accessibles, d'organiser les signets et d'analyser les documents à partir de mots-clés surlignés. Ce dispositif contribue à la réduction de surcharge informationnelle.

Autres barres d'outils

Les autres barres d'outils examinées offrent certains des services décrits et analysés ci-dessus. Nous nous limiterons à présenter et à commenter les quelques fonctions originales proposées.

Le métamoteur Vivissimo offre très peu de fonctions. AltaVista propose un service de traduction de la page consultée sur le site Babel Fish Translation, nom à résonances bibliques. Comme dans la Tour de Babel, la communication présente quelques difficultés car la traduction est peu élaborée et reste au niveau du mot à mot. Toutefois, ce type de service devrait se développer en s'améliorant et apportera des avantages pour l'usager comme pour le moteur.

Le métamoteur Webcrawler offre des liens vers les pages jaunes et blanches, comme Yahoo, et un *ticker*[286] qui présente les actualités de Fox News et de ABC News. Il existe une option, SearchSpy, qui envoie vers l'usager des titres d'articles liés aux thèmes de la recherche en cours, en mode PUSH.

La barre d'outils de Teoma offre une connexion à un dictionnaire (Merriam Webster). Cependant, elle n'apporte pas non plus d'innovations importantes. De même, la barre de Microsoft, MSN, n'ajoute pas de fonctionnalités intéressantes.

Notons que certains logiciels sont conçus pour éliminer les traces qu'un usager laisse sur son PC, traces induites par la barre d'outils. Le logiciel History Sweeper[287], par exemple, efface les traces d'activités hors ligne et en-ligne. Ce programme fonctionne avec les barres de Google, de Yahoo et de MSN. D'autres programmes pourraient voir le jour en partenariat avec les moteurs et les métamoteurs.

Pour réduire l'entropie du disque dur, la barre d'outils ne suffit pas. Il faut y ajouter un moteur de recherche interne qui indexe et qui permet de faire des requêtes à partir de mots-clés. Ainsi la technologie des moteurs de recherche devient disponible sur l'ordinateur de l'usager, lui permettant de retrouver des documents perdus dans les fichiers de son disque dur.

Moteurs de recherche interne

Google a préparé un moteur de recherche interne pour *Gmail* et a lancé le 14 août 2004 un moteur de recherche interne pour PC, Google Desktop Search. Bien avant cette date, Microsoft Windows XP fait une recherche interne à partir de mots-clés et fournit de fichiers contenant ceux-ci. Le 31 août 2004, Copernic avait lancé un logiciel Desktop Search. Ce programme permet de lancer une requête en local. S'affiche en quelques instants une liste de fichiers contenant les termes spécifiés. Si on clique sur l'un d'eux, la page du document contenant les mots-clés s'ouvre sur un second écran situé en dessous du premier. Ainsi est-il possible de consulter un texte précis. A partir de l'interface de ce logiciel, on peut faire une requête sur Internet par le moteur alltheweb, lancer une recherche dans son courrier électronique, ses fichiers de musique ou d'images et des sites Web enregistrés dans les signets. D'autres systèmes, professionnels, du type Arisem et Autonomy font de même mais leur prix reste très élevé[288].

Desktop Search de Google

A la suite de Copernic, Google a lancé sa version bêta du Desktop Search le 14 octobre 2004. Le dispositif indexe le disque dur de l'utilisateur lui permettant de trouver par mots-clés ses documents, signets, e-mails ou images, organisés et classés par date ou par pertinence comme n'importe quelle autre requête. L'image d'écran ci-dessous montre la nouvelle interface liant documents personnels et ressources du Web.

L'usager peut passer facilement d'une recherche interne à une requête sur le Web (Images, Groupes, Annuaire) sans être obligé de reformuler les termes de celle-ci. Lorsqu'on cherche un document sur Internet, le moteur affiche également le nombre de documents du disque dur contenant les mots-clés et présente une liste de liens les rendant instantanément accessibles.

Ainsi la barrière entre le web public et le privé (documents personnels) devient extrêmement ténue. Cependant, Google affirme[289] que les informations contenues dans le disque dur ne seront pas utilisées ni envoyées à qui que ce soit. Les transferts de renseignement concernent uniquement les usages et problèmes relatifs.

Cette dernière innovation permet au moteur d'être encore plus présent sur le PC et de devenir indispensable. En effet, la quantité de documents enregistrés, les liens mis en signet, le courrier électronique deviennent vite très difficiles à gérer. Le Desktop Search offre une solution aux problèmes d'entropie locale et permet de récupérer certains documents perdus dans des fichiers peu utilisés.

Il est fort probable que d'autres moteurs suivront très rapidement l'exemple de Copernic et de Google pour maintenir leur présence et fidéliser leur clientèle.

Microsoft, par exemple, prépare un dispositif de recherche[290] dans sa version Longhorn de Windows, prévue pour 2006. Cette application devrait comporter un moteur de recherche pour fichier (*file centric*) et un autre pour le Web. Ainsi l'internaute pourrait entreprendre des recherches sur son propre disque dur et sur le Web à partir d'une seule interface. Cependant les concurrents de Microsoft offrent déjà des dispositifs semblables afin de maintenir le contact permanent avec l'usager. Yahoo prépare sa version.

Développement des langages api (Application Program Interface) pour construire ses propres agents

La dernière innovation que nous présentons devrait permettre aux programmeurs de développer leurs propres interfaces et agents compatibles avec les moteurs et les portails. Il s'agit des langages *api*.

Google a lancé son *api* en avril 2002, fondé sur SOAP[291] (*Simple Object Access Protocol*). Ce programme, téléchargeable[292] gratuitement, permet aux développeurs de construire leurs propres interfaces et d'exploiter les ressources de la base de données de Google. L'internaute reçoit une clé qui lui donne l'autorisation d'utiliser ce programme. Le nombre de consultations est limité à 1000 requêtes par jour. Une description assez détaillée des *hacks* ou programmes que l'internaute peut créer est fournie par l'ouvrage de Tara CALISHAIN et Roel DORNFEST[293].

Si les internautes jouissent d'une certaine liberté dans la création d'interfaces Google, certaines restrictions existent[294] : ils ne peuvent pas l'utiliser pour vendre un produit ou un service ni attirer des visiteurs de leur site vers des sites marchands. Il faut noter qu'AltaVista a également conçu un langage *api* appelé *Interface Search Services*. Cependant ce logiciel est beaucoup moins connu.

Comme nous l'avons constaté, les moteurs et les portails offrent aux internautes la possibilité de télécharger leur barre d'outils, intégrant à des degrés différents des fonctions de recherche et d'analyse en même temps que des services de portail d'information ou de commerce en-ligne. Ce dispositif est simple et intuitif, favorisant la rapidité et l'interactivité. La barre est modulable dans la mesure où l'usager peut recevoir et rajouter certaines fonctionnalités. Cependant, un échange d'informations s'instaure entre l'usager et le système d'information. Certaines barres d'outils invitent les usagers à fournir des informations personnelles. Depuis peu, des moteurs de recherche interne sont disponibles pour indexer, organiser et rendre accessibles les fichiers et documents récupérés sur Internet ou produits par l'usager. Ces dispositifs sont téléchargeables gratuitement et séparément. Néanmoins, les langages *api* vont encore plus loin en permettant aux développeurs de créer leurs propres interfaces et d'explorer en profondeur les ressources des moteurs et métamoteurs. En d'autres termes, ces langages facilitent la création d'agents personnalisés.

Grâce au langage *api*, de nouvelles interfaces voient le jour, intégrant des zones[295] très spécialisées du moteur. Par exemple, Google propose aux chercheurs et aux étudiants une interface donnant accès aux documents scientifiques et aux thèses, « *Google Scholar* ». L'option « *University Search* » fournit une liste complète des sites universitaires américains. Cette firme californienne développe par ailleurs des interfaces géographiques spécialisées dans une région spécifique ou un État particulier des États-Unis.

Nous validons notre hypothèse sur l'extension du moteur sur le PC de l'utilisateur en apportant des raisons expliquant les enjeux derrière ce dispositif.

Conclusion

Le projet de simuler ou de reproduire l'intelligence humaine, bien que très ancien, n'est devenu réalisable que depuis l'invention de l'ordinateur. La recherche en IA, en effet, a débuté vers 1956 et n'a abouti dans des programmes appelés agents intelligents qu'au milieu des années quatre-vingt-dix. Ce terme, aujourd'hui, est passé de mode. Néanmoins cette technologie, issue de la recherche en IA, s'est progressivement intégrée dans les systèmes informatiques, notamment dans les moteurs de recherche et les portails, qui ont pris l'avantage sur les logiciels agents dans le domaine de la recherche informationnelle.

Les ouvrages scientifiques qui traitent du sujet font mention de l'histoire et de la mythologie du domaine. L'aspect imaginaire est bel et bien présent dans le discours des spécialistes. Nous en avons cité quelques exemples plus haut.

Le moteur Google, par exemple, présente un certain nombre de caractéristiques d'un agent. Il a étendu son interface sur le PC de l'usager en lui proposant une barre d'outils facilitant l'ergonomie de la recherche sur Internet et de l'analyse des documents récupérés. Son logiciel d'indexation interne devrait réduire considérablement l'entropie du disque dur de l'usager. Ces outils restent ouverts à l'innovation et à l'amélioration. En amont, le moteur collecte en permanence des données sur les usagers à des fins commerciales et pour augmenter sa précision et sa performance. Ainsi est créé un échange permanent entre les internautes et le dispositif informatique, processus aux conséquences multiples sur les plans économique et sociétal.

La barrière entre le domaine privé (le disque dur) et le domaine public d'Internet devient de plus en plus fragile. Il faut de sérieuses garanties et un système efficace d'*anti-spyware* pour s'assurer que la base d'indexation de l'internaute n'est pas visible par des personnes ou des administrations non autorisées.

DEUXIÈME PARTIE

ÉCONOMIE DES AGENTS ET ENJEUX POUR LES USAGERS

Introduction

La première partie de cette thèse avait pour objectif de définir le terme agent intelligent et de montrer dans quelle mesure les moteurs de recherche ont intégré ces programmes à plusieurs niveaux : celui de l'indexation et de la récupération des documents disponibles sur Internet ; celui du traitement des requêtes en amont (dans le moteur) et en aval (sur l'interface de l'usager) grâce au déploiement de la barre d'outils. Aussi jouent-ils un rôle primordial pour la société de l'information émergente en rendant ses ressources accessibles. Qui plus est, les moteurs centralisent les documents du Web et dans une certaine mesure les conservent en mémoire-cache. Ils sont en passe de devenir la mémoire du Web. Ce phénomène, d'ailleurs, est rendu possible par la baisse considérable du coût de stockage.

La deuxième partie avait pour ambition de vérifier nos hypothèses concernant les usagers et leurs pratiques. Nous savons à présent que le public a adopté les moteurs de recherche et n'utilise guère les logiciels agents à part quelques professionnels. De surcroît, la plupart des personnes interrogées pensent que l'efficacité des moteurs augmente. L'analyse des représentations montre une certaine inquiétude vis-à-vis de cette nouvelle technologie.

Si cette technologie facilite la recherche et augmente la productivité du travail intellectuel, des outils de profilage et de datamining s'installent sur les serveurs des moteurs et des portails. L'information fait l'objet d'un échange bi-directionnel entre l'usager et les systèmes d'information. La troisième partie de cette thèse a pour ambition d'examiner les implications économiques et sociétales de cette relation complexe. On peut se demander si cet échange est inéluctable. Pour répondre à cette question, il nous faut analyser les modèles économiques, qui le déterminent, et regarder de près l'enjeu économique des portails, inséparable du commerce en-ligne.

Une seconde question se pose : avons-nous des moyens de protéger l'usager d'éventuels problèmes concernant la confidentialité et la protection de la vie privée? Il nous faut examiner à cet égard la protection offerte par la législation, la déontologie affichée par les moteurs, et les tentatives d'introduire un système de labellisation.

Cependant, la société ne peut pas accorder une liberté absolue sur Internet. On peut se demander dans quelle mesure il ne faudrait pas filtrer certains sites ou suivre de près certaines pratiques contrevenant à la loi. La technologie agent, par exemple, facilite ce filtrage. Des systèmes de surveillance et de contrôle d'accès s'intègrent au niveau des fournisseurs d'accès et des moteurs de recherche. Aussi est-il possible d'interdire tel ou tel site et d'imposer des limites à la liberté d'accès à l'information.

Si la collecte de données sur les comportements et les goûts des usagers vont entraîner des bouleversements considérables concernant la liberté individuelle et la vie privée, les moteurs et portails pourraient apporter des transformations importantes dans nos modes d'achat. En effet, ils innovent et étendent leur présence non seulement sur le disque dur de l'internaute mais sur l'interface de son téléphone portable.

Cependant, si les moteurs ont besoin du commerce en-ligne et de certaines informations sur nos intérêts et pratiques pour financer leur développement, voire leur pérennité, ces outils ont pour mission essentielle de conserver en mémoire l'activité de l'humanité, notamment les connaissances, les savoirs et les diverses formes de communication qui passent par les réseaux. Les moteurs indexent et conservent toute la documentation récupérable. Ils traitent toutes sortes de données provenant des usagers dans leur recherche sur le Web, dans les forums et dans le courrier électronique. Si cette énorme masse d'informations peut être conservée, l'historien futur aura à sa disposition une gigantesque quantité de renseignements sur les goûts, intérêts, comportements et préoccupations de notre époque. Encore faut-il savoir les traiter. Non seulement l'écrit mais aussi l'image (fixe, vidéo) peuvent être stockés. Allons-nous vers une Bibliothèque d'Alexandrie virtuelle, vers une nouvelle Galaxie Gutenberg ?

Il nous semble intéressant d'examiner de près les divers projets de stockage et de mise en réseaux de tous les ouvrages, ceux encore protégés par les droits d'auteurs et ceux déjà entrés dans le domaine public. La puissance d'indexation et de recherche documentaires des moteurs rend possible, à partir de thèmes ou de mots-clés, l'accès à des pages précises dans les livres. Ce projet laisse entrevoir d'énormes possibilités pour le développement de la science et de la connaissance sur le plan planétaire.

Le dictionnaire *Le Petit Robert*[296] définit un enjeu comme « *ce qu'on peut gagner ou perdre dans une compétition, une entreprise* ». La technologie agent peut faciliter l'émergence d'une société de l'information, planétaire, dans laquelle tout être humain jouit d'un libre accès à l'éducation, aux connaissances, au savoir, c'est-à-dire à une bibliothèque universelle, en temps réel (instantanéité) et à partir de n'importe quel pays (ubiquité). Elle peut aussi faire émerger une société surveillée en permanence, favorisant les puissants et augmentant de plus en plus la fracture numérique.

Echange bi-directionnel de l'information

Examinons d'abord les problèmes posés par l'échange entre moteurs et usagers. Si la plupart du temps la recherche informationnelle est gratuite, la réalité économique, la nécessité de financer tout un système informatique complexe et en innovation permanente, implique un échange entre l'usager et le moteur de recherche. Les actions en-ligne de l'internaute sont étudiées pour améliorer le dispositif de recherche, d'une part, et surtout pour mettre en place un système de ciblage de la publicité. L'ensemble des informations provenant des usagers, notamment les sites consultés, la fréquence des visites, le temps passé sur une page, permet aux moteurs de connaître les intérêts du moment, les goûts et les tendances d'un mois et d'une année.

Ces données font l'objet de transactions avec les entreprises. Au fur et à mesure que l'internaute cherche un site ou une page Web, il crée en même temps de l'information sur lui-même en tant qu'individu et sur la population dont il fait partie lorsque les données sont agrégées. Ainsi l'échange se situe à deux niveaux : celui de l'individu et celui du groupe partageant ses intérêts. Les agents de profilage, intégrés dans les moteurs et les portails, traitent tous ces renseignements. Ce dispositif de collecte est-il indispensable ? Ne risque-t-il pas de provoquer la méfiance[297] chez les usagers ? Nous présenterons d'abord les enjeux économiques qui justifient la collecte des données sur les usagers, ensuite les tentatives de protéger l'internaute ou tout au moins de le rassurer, enfin les limites de cette protection.

Enjeux économiques : le marché des moteurs et du commerce en-ligne

Avant de nous pencher sur le marché des moteurs de recherche et des portails, nous ferons un panorama de celui des logiciels et des services informatiques dans le monde et en France.

Dans le monde, on estime à $ 209,2 milliards le chiffre d'affaires des trente premières sociétés de services informatiques[298] en 2003. En France, les services d'ingénierie informatique représentaient 8,52 milliards d'euros[299] pour la même année. Quant aux services informatiques, ils comportent cinq domaines : conseil (1,38 milliard d'euros), ingénierie (8,52 milliards d'euros), infogérance et TMA (5,16 milliards d'euros), logiciels et progiciels (4,2 milliards d'euros), formation et divers (1,41 milliard d'euros), au total 20,67 milliards d'euros[300].

Selon Markess International, le marché français des services informatiques a baissé en 2003, passant de 18 850 millions d'euros en 2002 à 18 200 millions d'euros en 2003. Cependant, on prévoit un chiffre d'affaires de 18 800 millions d'euros pour 2004 et de 19 800 millions d'euros en 2005[301].

En ce qui concerne la *Business Intelligence*, on estime le marché français à 928 millions d'euros en 2003[302] en croissance de 4,3% par rapport à 2002. On constatera facilement que le marché des moteurs de recherche ne représente pour l'instant qu'une faible part du total informatique. Néanmoins, ce secteur est en forte croissance.

Depuis l'annonce faite par Google de son entrée en Bourse, la presse s'est intéressée au marché des moteurs et des portails. Selon le journal français *La Tribune*[303], les recherches des internautes génèrent annuellement un chiffre d'affaires de trois milliards de dollars. De surcroît, le marché pourrait atteindre 8 milliards de dollars en 2007. Google, selon certains analystes, aurait dégagé en 2003 un résultat d'exploitation de 300 millions de dollars pour un milliard de dollars de chiffre d'affaires[304]. Ce chiffre est confirmé par la publication de l'exercice 2003 de la firme californienne[305]. Avec 200 millions de requêtes en moyenne par jour, Google représente 32% des recherches directement et près de 80% indirectement (en vendant sa technologie à AOL, Amazon.com et d'autres sociétés) contre 26% pour Yahoo[306], 19% pour AOL, et 15% pour MSN Search de Microsoft dans le monde. Il faut toutefois noter que les revenus de Yahoo ne viennent pas uniquement de la publicité liée aux requêtes mais de l'hébergement des forums et des sites de particuliers. En général, les internautes américains se connectent à des sites en passant par un moteur de recherche 10% du temps[307] contre l'accès direct, 60% et par liens, 30%.

En France, Google représente 66,8% du trafic, Yahoo 10,5%, Voila 9%, MSN 5,4% et AOL 3,4% selon searchenginewatch.com en décembre 2003, statistiques citées par *La Tribune*. Il faut noter, cependant, que ces chiffres[308] varient légèrement d'un mois à l'autre. Pour comprendre les enjeux que représente la recherche documentaire sur Internet, nous présentons les résultats financiers de Google et de Yahoo. Microsoft reste encore très loin derrière les deux leaders du secteur, pour l'instant.

Résultats de Google et de Yahoo

Le tableau suivant fournit les résultats de Google à partir de 1999. La firme a dû les publier pour préparer son IPO (*Initial Public Offering*). Son entrée en Bourse[309] a eu lieu le 18 août 2004.

Année	1999	2000	2001	2002	2003	2004
Revenu	0,2	19	86	348	962	1559
Dépenses	7	34	75	161	619	937
Bénéfices	-6	-15	7	100	106	256

Tableau 2 : Résultats de Google en millions de dollars (source : searchenginewatch.com[310])

(Chiffres en millions de dollars, projections pour 2004)

On constate aisément que Google a commencé à faire des bénéfices en 2001 et que la projection pour 2004 est de 256 millions de dollars sur un chiffre d'affaires d'un milliard et demi. Ces revenus sont générés essentiellement par la publicité soit 92% en 2002 et 95% en 2003 respectivement, et estimés à 96% pour 2004. Les autres services (notamment la vente de licences des systèmes de moteurs pour entreprises) ne représentent que 5% du chiffre d'affaires en 2003[311].

La publicité constitue ainsi la source principale de ses revenus. Or celle-ci dépend de la popularité du site, qui à son tour, relève de la confiance des usagers et de l'efficacité et de la performance du moteur. La loi de l'effet réseau s'applique : plus il y a de trafic, plus les annonceurs sont prêts à payer pour que leur lien soit présent sur la page des résultats.

Portons notre attention sur Yahoo. Ce portail américain, le premier concurrent de Google, a publié un chiffre d'affaires de 1,6 milliard de dollars en 2003, soit une hausse de 70% sur 2002. Les trois quarts des revenus, soit $ 1,2 milliard proviennent de la publicité classique et des liens sponsorisés, soit une augmentation de 84% sur l'année précédente[312]. Le groupe affiche un excédent brut d'exploitation (Ebitda) de 455 millions de dollars. Yahoo reste le leader en tant que portail offrant aux internautes toute une gamme de services. Mais il ne dépasse pas Google en ce qui concerne la recherche sur Internet.

Concurrence et parts de marché

L'étude de la firme Statmarket Westside Story[313], publiée le 30 mars 2004, à partir d'un panel de 25 millions de recherches effectuées le dernier jeudi du mois de mars aux États-Unis, fournit des chiffres comparatifs des parts de marché de la recherche d'informations sur Internet. Ces chiffres sont exprimés en % de visiteurs orientés sur des sites web à partir d'une requête. On les considère comme assez représentatifs du trafic mensuel. Les internautes américains utilisent trois moteurs de recherche : Google, Yahoo et MSN Search. Le premier connaît la plus forte progression en quatre ans. Le second perd chaque année des parts du trafic. Par contre, MSN bénéficie d'une progression assez faible mais constante.

Le tableau ci-dessous donne le pourcentage de visiteurs orientés vers des sites après une requête.

	27/03/01	26/03/02	25/03/03	23/03/04	Progression 2001-2004
Google	11,83	28,86	35,99	40,9	242,83
Yahoo	36,86	36,65	30,95	27,4	-26
Msn	14,69	14,53	17,83	19,57	32,22
Autres	36,62	19,96	15,23	12,1	-66,96

Tableau 3 : Trafic des moteurs de recherche en pourcentage de voyageurs aiguillés vers un site.

Si les chiffres évoluent et se différencient selon les sources de l'information et dans le temps, ils fournissent toutefois une idée relativement exacte de la situation concurrentielle. On observe un classement[314] en France (avril 2003) avec Google (59,95%) en tête, suivi de Yahoo (13,04%), de Voila (10%) et de Microsoft MSN (7,25%). Cette étude corrobore les résultats de nos propres enquêtes.

Ce qui est très important de constater, c'est l'origine du trafic sur Internet. Les internautes se servent de plus en plus des moteurs pour accéder à l'information comme montre l'étude de Mediametrie eStat. En effet, 39% des visites passent par un moteur. Ainsi les moteurs de recherche représentent un point stratégique essentiel pour le développement de la société de l'information et surtout pour celui du commerce sur Internet.

Tableau 4 : Origine du trafic sur Internet (novembre 2004)

Origine du trafic	En %
Moteurs de recherche	39
Liens externes (sur un site visité)	33
Accès directs (favoris, saisie direct de l'url, sur un e-mail)	28

Source[315] : Mediametrie eStat

Comme on peut le constater, les revenus des portails et des moteurs proviennent essentiellement de la publicité ciblée. L'émergence du Web marchand motive les entreprises pour acheter des liens sponsorisés pour attirer les internautes sur leurs sites et de vendre leurs produits en-ligne. On assiste depuis deux ans à un phénomène de concentration dans le secteur des moteurs. En effet, le portail Yahoo a acquis, en 2002, les sociétés Inktomi et Overture[316] (dont la technologie est vendue à MSN de Microsoft). Grâce à ces deux acquisitions, le portail peut se passer des services de son concurrent, Google. Amazon.com, tributaire de ce dernier pour son moteur d'indexation, cherche à s'en libérer en développant sa propre technologie, A9.

L'exemple de Yahoo montre que lorsqu'une entreprise américaine en-ligne veut acquérir une technologie, il existe une stratégie efficace qui consiste non pas à acheter des licences mais à prendre le contrôle de l'entreprise. Au demeurant, l'introduction en Bourse permet de lever des capitaux soit pour investir dans le développement technologique soit pour faire des acquisitions d'entreprises innovantes.

Cependant, l'enjeu essentiel, voire vital, pour ce secteur réside dans le développement du marché du commerce électronique et les dépenses publicitaires ainsi engendrées. Il faut toutefois noter que la part du marché de la publicité d'Internet reste très faible par rapport aux dépenses publicitaires de la télévision ou de la presse écrite. Néanmoins, on peut s'attendre à une croissance si le commerce en-ligne connaît une forte progression.

Marché du commerce en-ligne

Le marché des biens et des services en-ligne est en pleine expansion. Aux Etats-Unis, par exemple, le commerce en-ligne a progressé d'environ 25% en 2003 soit une recette globale de 55,9 milliards de dollars[317]. Il en est de même pour la France. La Fevad (Fédération des entreprises de vente à distance) a publié ses chiffres définitifs pour le marché de la vente à distance (VAD) au premier semestre 2003 en France. « *Le chiffre d'affaires B2C du secteur a enregistré une très nette progression sur la période avec une croissance de 6,9 % par rapport au premier semestre 2002, contre seulement 2,7 % sur l'ensemble de l'année 2002.*[318] »

D'autres sources donnent des chiffres en augmentation pour 2004 :

« *L'Association pour le commerce et les services en-ligne (Acsel) a rendu public son baromètre e-commerce du deuxième trimestre 2004. Il fait apparaître que les ventes en-ligne sont au beau fixe, puisqu'elles progressent de 66 % par rapport au deuxième trimestre 2003, pour atteindre un chiffre d'affaires de 665 millions d'euros en 2004.*»[319]

Cette croissance de la vente en-ligne entraînerait probablement une augmentation des dépenses publicitaires de la part des sites du e-commerce et expliquerait l'évolution des chiffres d'affaires des portails et la concurrence qui s'installe pour capter et fidéliser les internautes. Nous examinerons par la suite la manière dont les moteurs et portails génèrent des revenus.

Modèles économiques

Nous avons affirmé que les services offerts par les moteurs de recherche, bien que gratuits, sous-entendent un échange d'informations à l'insu de l'usager. Il est probable que, sans celui-ci, les moteurs ne pourraient pas survivre économiquement. Leur pérennité est expliquée par les modèles économiques adoptés, fondés essentiellement sur la publicité ciblée qui nécessite une connaissance approfondie des usages et des internautes. Il est probable que les utilisateurs ignorent l'existence de cet échange d'informations.

Définissons tout d'abord le terme « modèle économique » pris dans le sens de l'expression américaine *business model*. Le modèle économique[320], spécifique à l'entreprise d'Internet, start-up, entreprise d'e-commerce, *dotcom*, peut se définir soit comme un modèle de croissance : « *la structure de son offre (de l'entreprise), sa manière de générer des revenus, son organisation et la structure des coûts qui en résulte, sa manière de nouer des alliances et la position dans la chaîne de valeur qui en résulte* », soit comme « *la manière dont les modèles stratégiques traditionnels sont subvertis par Internet et la création, grâce à ce réseau, de modèles radicalement nouveaux.* » [321]

Nous avons constaté que les moteurs de recherche et les annuaires ont tendance à devenir des portails d'information (actualités, alertes, *blogs*) ou de services (courrier électronique, journal en-ligne, hébergement, informations pratiques, Bourse, pages jaunes). Nous avons traité cet aspect dans la section sur les barres d'outils de notre première partie. On peut définir un portail comme une firme qui capture et fidélise les flux de trafic sur Internet pour orienter ce trafic dans la mesure du possible vers les sites marchands. Néomie BEHR[322] divise les portails en deux catégories : les portails de transaction et les portails de commutation. Les moteurs de recherche font partie de cette seconde catégorie. Toutefois ils cherchent à rejoindre la première catégorie en intégrant leur propre interface de comparateur de prix[323] et de galerie marchande en-ligne.

Néomie BEHR note que *« les portails échangent des flux d'informations numériques avec les internautes à partir des sites Web. Ces échanges d'informations leur permettent de valoriser le trafic qu'ils génèrent, soit en acheminant contre paiement vers d'autres firmes, soit en poursuivant l'échange d'informations commerciales jusqu'à finaliser une transaction en-ligne[324]. »*

On observe, par ailleurs, que la préoccupation de toute *start-up* sur Internet est de trouver un moyen de générer des revenus dans un monde où l'usager cherche à obtenir des services gratuitement. Cette notion de gratuité appartient à la philosophie du pionnier caractéristique des fondateurs d'Internet, essentiellement américains. Une nouvelle entreprise possède une durée très limitée pour engendrer des revenus avant de « brûler » les capitaux initiaux. Il lui faut donc atteindre le plus rapidement possible son seuil de rentabilité.

Présentons les principaux moyens de générer des revenus sur Internet. Situons les portails et les moteurs dans ces cas de figure.

Tout d'abord la vente d'espace publicitaire[325] traditionnel constitue une solution. Toutefois, elle implique un trafic élevé sur le site commercial afin d'intéresser les annonceurs. Qui plus est, l'usage des barres d'outils permet de bloquer l'intrusion des publicités non désirées (*pop-ups*). La vente d'abonnements représente le moyen traditionnel pour la presse écrite, mais ne semble pas correspondre aux attentes des internautes habitués à la gratuité de ce type de service (comme Google actualités).

Une approche originale consiste à faire payer le référencement et le classement (*ranking*) des sites répertoriés et indexés. Ce modèle pose problème. En effet, si le référencement est payant, s'il permet de classer en tête de la liste des résultats l'entreprise qui paie le plus pour ce rang privilégié, l'internaute risque de rapatrier des documents uniquement commerciaux. Autrement dit, ce mode de référencement peut produire des distorsions quant à la pertinence de l'information demandée. Il est également possible de faire des recettes en vendant des mots-clés à des sociétés prêtes à payer pour que leurs pages soient présentées en priorité. Ainsi, de simples mots acquièrent une valeur marchande.

Google a développé un modèle de paiement innovateur, qui sépare le lien sponsorisé ou celui produit par l'achat de mots-clés et le corps des résultats présentés par les algorithmes du moteur (qui cherche, selon les responsables de cette firme, l'objectivité par rapport au commerce ou à une ligne éditoriale quelconque). Ainsi les internautes savent que la liste présentée par le moteur reste objective et indépendante de toute considération marchande[326].

Par conséquent, l'offre de Google n'influe pas sur les résultats d'une recherche. En effet, le modèle d'*Adwords*[327] autorise l'achat de mots-clés. Une boîte se présente à droite de l'écran d'une liste des résultats, contenant des hyperliens pointés vers le site de l'acheteur. Le tarif est de 10 à 15 dollars par CPM (coût pour mille affichages) en fonction de l'emplacement de la boîte, du classement du lien en première, seconde ou troisième position.

Le moteur de recherche GoTo, par contre, pratiquait une stratégie différente. Cette entreprise permettait l'achat de 20 mots-clés qui entraînaient la correspondance entre un mot-clé et un site, affiché sur la liste des résultats. Le prix de ce service variait entre 25$ et 99$ CPM en 2002. Un dispositif de vente aux enchères permettait d'acheter la première place lors de la présentation des résultats d'une requête[328]. Les propriétaires du site payaient par clic effectif. Ce modèle, donc, a introduit une forte distorsion quant à l'information fournie. Par conséquent, ce moteur n'a pas survécu : la firme a disparu depuis, absorbée par Yahoo.

Après *adwords*, Google a introduit le concept d'*adsense*. Le propriétaire d'un site peut installer la boîte de dialogue du moteur sur ses pages et recevoir des liens publicitaires adaptés au contenu du site. Si un visiteur clique sur l'un des liens, il est rétribué[329]. Ainsi Google partage une partie de ses recettes avec les sites partenaires.

La publicité semble être le moyen le plus porteur pour l'instant, d'autant plus qu'elle devient précise et ciblée par le biais des techniques de profilage. Comme le remarquent Danielle BAHU-LEYSER et Hélène HAERING, « *les sites ont désormais la possibilité de cibler leurs visiteurs de manière dynamique, en adaptant leur offre éditoriale ou publicitaire*[330]. »

Un second moyen de générer des revenus consiste à négocier des commissions avec des sites commerciaux partenaires. Google, par exemple, reçoit une commission de 5% lorsque le moteur aiguille un internaute vers le site d'Amazon.com à condition qu'il y ait achat d'un produit. Le troisième est la vente de licences aux entreprises et aux sites désireux de posséder leur propre moteur de recherche. Google vend ainsi sa technologie à Amazon, AOL et d'autres.

Pour que le modèle économique décrit ci-dessus soit un succès, trois facteurs nous semblent primordiaux : la confiance des usagers dans l'objectivité du processus, la qualité des services proposés et le nombre d'internautes qui passent par un moteur. En réalité, le premier et le second entraînent le troisième. Cependant, pour maintenir un haut niveau de trafic, il faut fidéliser l'usager en lui donnant un service gratuit et innovant. La barre d'outils marque à notre avis le début de ce processus. Son emploi deviendra probablement un réflexe et augmentera la rapidité et la précision de la recherche informationnelle à condition que l'usager l'adopte. Or, il se peut que les internautes la rejettent, craignant l'intrusion de programmes espions (*spyware*). L'étape technologique suivante est le Desktop Search qui brise la barrière entre le privé et le public. Il y a néanmoins un danger[331] que l'usager rejette ce dispositif de peur que le moteur n'indexe et ne conserve ses données personnelles.

L'objectivité des moteurs pose problème. Ceux-ci jouissent d'un pouvoir important : la possibilité d'indexer ou non un site et de placer son lien dans une position favorable sur la liste des résultats. Qui plus est, une nouvelle activité a vu le jour, le référencement. Des entreprises comme referencement.com[332] s'y sont spécialisées. En effet, ces firmes, moyennement paiement, gèrent les compagnes des sociétés qui veulent que leurs sites soient bien présents sur les bases d'indexation des moteurs. Peut-on dans ces conditions se fier réellement à l'objectivité des résultats ?

En conclusion, il est probable que les usages évolueront autour des moteurs de recherche généralistes. Ceux-ci tireront leurs revenus de la publicité ciblée, de la vente de leur technologie aux entreprises, de celle de leurs bases d'agrégats de données (tendances du moment, goûts et intérêts des utilisateurs) à des fins de marketing ; de celle du référencement des sites commerciaux, et des commissions provenant du partenariat. La création de services à valeur ajoutée payants est envisageable. Par exemple, les développeurs pourraient se servir de l'api des moteurs pour créer ce type d'offre[333] en partenariat avec ces derniers. Ces services resteront peut-être gratuits, le financement venant de la publicité ou des commissions en fonction du nombre de transactions générées.

Collecte de données personnelles

La collecte d'informations sur les usagers constitue, par le biais de la publicité ciblée, la plus importante source de revenus facilitant le profilage et le marketing *one-to-one*. Cependant, d'autres agents économiques peuvent relever des données sur les internautes : les fournisseurs d'accès ainsi que les sites Web visités se situent dans une position stratégique importante car ils peuvent enregistrer les activités des internautes et les garder en log. Au demeurant, il est probable que la responsabilité des fournisseurs d'accès soit de plus en plus engagée concernant les sites qu'ils autorisent à héberger ou à visiter, et les activités que les internautes pratiquent en-ligne telles que le téléchargement de musique ou de films. Qui plus est, les autorités ont accès à cette base d'information dans le cadre d'une enquête sur des pratiques illicites. Toute activité sur un ordinateur connecté à un réseau peut faire l'objet d'un traitement informatique et peut être conservée indéfiniment.
La législation française, puis européenne, accorde une certaine protection concernant les informations nominatives. D'autre part, les moteurs de recherche et les portails cherchent à rassurer les usagers soit par la publication en-ligne d'une charte déontologique soit en faisant partie d'un dispositif de labellisation. Ils s'efforcent de se conformer aux règles juridiques en vigueur. Or, il nous semble que cette législation reste très difficile à mettre en œuvre. Par ailleurs, les autorités elles-mêmes ont accès à des informations sur les usagers dans le cadre d'une enquête policière mais aussi dans un contexte politique qui peut devenir répressif. On peut, par conséquent, s'interroger sur les limites de la liberté sur Internet.
Définissons d'abord la notion de « nominatif ». La collecte d'informations nominatives peut s'effectuer lorsque l'usager s'identifie. Sans cela, le système informatique ne connaît que le numéro attribué à l'ordinateur lors d'une connexion. Toutefois, il peut reconnaître l'usager grâce à un cookie installé sur le disque dur de l'internaute. Néanmoins, pour avoir accès à certains services, par exemple l'hébergement d'un site ou le téléchargement d'un programme, l'usager doit s'identifier en remplissant un formulaire et en donnant une adresse e-mail, qui sera vérifiée avant l'autorisation.

Nous examinerons dans un premier temps la législation sur la protection de la vie privée et des données nominatives, ensuite nous porterons notre regard sur une solution nouvelle, la labellisation des sites, enfin nous montrerons comment les moteurs et portails cherchent à se conformer à la législation européenne en vigueur.

Protection des droits de l'usager

Le traitement de données nominatives[334] sur Internet est soumis à la loi relative à l'informatique, aux fichiers et aux libertés du 6 janvier 1978. Il implique trois aspects : le stockage, la gestion et la communication. Il est autorisé en France de pratiquer ces trois activités à condition d'en faire la déclaration auprès de la CNIL (Commission Nationale de l'informatique et des libertés). Cette loi est motivée par le désir de protéger la vie privée : elle (l'informatique) « *ne doit porter atteinte ni à l'identité humaine, ni aux droits de l'homme, ni à la vie privée, ni aux libertés individuelles ou publiques[335].* »

La personne responsable de la collecte de données nominatives doit déclarer auprès de la CNIL ses intentions concernant la collecte, la diffusion ou la commercialisation de l'information. L'article 19 de cette loi stipule que « *la demande d'avis ou la déclaration doit préciser : la personne qui présente la demande et celle qui a pouvoir de décider la création du traitement.* » Il s'agit de pouvoir identifier le ou les responsables du processus. Si celui-ci réside à l'étranger, il lui faut un représentant en France.

Ensuite, cet article exige qu'on précise les caractéristiques, la finalité et éventuellement la dénomination du traitement. Il faut définir les raisons pour lesquelles le dispositif est mis en place. Il est nécessaire d'identifier le ou les services chargés de mettre en œuvre le traitement. Il doit en exister un auprès duquel s'exerce le droit d'accès, c'est-à-dire que l'usager doit pouvoir trouver un interlocuteur qui lui permet d'accéder aux données personnelles le concernant. Il faut également identifier les catégories de personnes ayant directement accès aux informations enregistrées. Il faut aussi spécifier la nature des informations nominatives traitées, leur origine et la durée de leur conservation. Le législateur pose, en effet, le problème de la mémoire. Est-il convenable de garder des données personnelles au-delà d'une certaine durée ? La loi ne définit pas cette durée. Il importe de nommer la personne qui va recevoir les informations. La loi spécifie les « *destinataires ou catégories de destinataires habilités à recevoir communication de ces informations.* » Elle fait allusion à la possibilité de vendre des bases de données pour des raisons commerciales.

Le dernier volet, en effet, de cet article de la loi évoque « *les rapprochements, interconnexions ou toute autre forme de mise en relation de ces informations.* » Il s'agit des possibilités d'analyse, de traitement et de croisement des informations rendues possibles par les technologies du *data mining* et du *text mining* qui font partie de l'arsenal de l'intelligence artificielle. La loi fait mention d'un aspect essentiel lorsqu'il s'agit de transfert de données, la sécurité. Le responsable du dispositif de traitement doit indiquer « *les dispositions prises pour assurer la sécurité des traitements et des informations et la garantie des secrets protégés par la loi.* »

Enfin, la loi tient compte de l'aspect transfrontalier d'Internet et impose que l'on signale si le traitement est destiné à l'expédition d'informations nominatives entre le territoire français et l'étranger, sous quelque forme que ce soit, y compris lorsqu'il est « *l'objet d'opérations partiellement effectuées sur le territoire français à partir d'opérations antérieurement réalisées hors de France*[336]. »

Il s'agit donc pour l'essentiel de pouvoir identifier celui qui est à l'origine du traitement, qui intervient dans le processus, qui est ciblé, qui peut recevoir les informations, et surtout il faut savoir si les informations feront l'objet d'un traitement à l'étranger dans des pays où la protection de la vie privée est moins développée. Le problème de sécurisation des transmissions est également posé. La loi garantit trois droits aux personnes fichées : le droit à l'information[337], le droit d'accès et de rectification aux informations et le droit d'opposition. Mais on peut se demander comment l'usager peut savoir s'il fait l'objet d'un traitement informatique et s'il est fiché dans une base de données.

La directive N° 95-46 du Parlement européen[338] et du Conseil du 26 octobre 1995 propose une solution au problème de traitement d'informations nominatives à l'étranger. Elle interdit le transfert de données nominatives depuis un État membre vers un pays n'ayant pas une protection adéquate. Or les Etats-Unis font partie de cette catégorie de pays.

Ce pays a opté pour une solution d'auto-réglementation par la profession à l'exception des données concernant les mineurs de moins de treize ans[339]. Cependant, le ministère du Commerce américain a négocié avec l'Union européenne et a formulé une politique dite de *Safe Harbour*. Les entreprises américaines seront autorisées à faire du traitement de données en provenance de l'Union européenne sous certaines conditions[340]. L'un des moyens de se conformer aux termes de l'accord entre les États-Unis et l'Europe consiste, pour une entreprise américaine, à faire partie d'un programme garantissant les conditions adéquates de protection proposées par les Européens.

Les principes du *Safe Harbour Agreement* concernent la notification sur la finalité de la collecte des données, le choix d'accepter ou non la collecte, le transfert des données vers des tiers, la sécurisation, l'intégrité des données, la possibilité d'accéder à celles-ci et un dispositif de contrôle comportant des sanctions. Il est évident que les Américains cherchent à se rapprocher de la position européenne pour éviter des conflits avec la législation de l'Union. La mise en place d'un dispositif de contrôle et de garantie pour satisfaire aux exigences des Européens pourrait passer par une organisation habilitée à labelliser des firmes qui veulent se conformer à un code de déontologie et de bonnes pratiques.

Labellisation

Nous examinerons globalement le problème de labellisation avant de traiter les aspects spécifiques des moteurs et des portails. L'internaute est confronté à un problème majeur : peut-il faire confiance à un site commercial ? Comment vérifier l'authenticité du site ? Il arrive que des sites marchands apparaissent d'une manière éphémère, le temps nécessaire pour relever des données concernant une carte bleue avant de disparaître à tout jamais. Une commande en-ligne n'est pas toujours honorée. Tous les sites ne sont pas forcément convenablement sécurisés. Les données nominatives peuvent faire l'objet de transactions entraînant des courriers non désirés dans la boîte de réception des e-mails. Les usagers américains[341] s'inquiètent de l'abus du *data mining* et du manque de garanties concernant la confidentialité et le respect de la vie privée[342]. Le nombre des fraudes augmente d'année en année[343]. Comment les rassurer ?

D'autres problèmes se posent. Il n'est pas toujours facile d'identifier le propriétaire du site. Quelles garanties existe-t-il concernant les délais de livraison du produit commandé ? La labellisation passe pour une solution au problème du manque de confiance qui risque de freiner le développement du commerce en-ligne. On peut se demander comment les agents intelligents et les moteurs de recherche pourraient apporter une solution technique et favoriser la diffusion de ce type de dispositif de garantie.

Nous présentons tout d'abord deux définitions des termes « label » et « labellisation[344] ». La première est donnée par deux juristes :

« Dans la problématique du site Web, le label viendrait attester de la conformité d'un site ou des services ou produits qu'il proposerait à des exigences prédéfinies qui traduiraient la réponse aux attentes des internautes en matière de qualité et de sécurité.[345] »

Les auteurs reconnaissent l'enjeu majeur : la labellisation correspond aux besoins des internautes en matière de sécurité et de qualité de service. La seconde définition est proposée par deux chercheurs, Didier GOBERT et Anne SALAÜN.

« La labellisation est le résultat de la combinaison et de l'audit. Elle poursuit essentiellement l'objectif de donner une meilleure visibilité à un site Web et aux pratiques que le site applique dans les relations avec ses clients .»

Il existe deux formes de labellisation : l'auto-labellisation (ou labellisation interne) et la labellisation externe[346]. La première concerne uniquement la décision prise par le vendeur de respecter un ensemble de critères afin d'assurer un meilleur niveau de confiance au profit du cyberconsommateur. Le site s'engage à prendre des dispositions concernant la protection de la vie privée et des données nominatives, à mieux informer les consommateurs sur les produits et services proposés aux internautes, à fournir des informations concernant les mesures de sécurité prises par le site en matière de transactions et de paiements en-ligne. Ce protocole peut aussi inclure la promesse de respecter le cadre législatif et réglementaire en matière de vente à distance[347] du commerce électronique[348] ; de surcroît, il peut informer la clientèle sur les conditions de remboursement et de service après-vente. Ces informations doivent être accessibles depuis la page d'accueil du site permettant à l'internaute de lire la charte[349] de conduite.

Cette première forme présente quelques avantages pour le site marchand, d'autant plus que celui-ci reste maître de l'évolution du dispositif et que le coût demeure très faible. Par contre, l'engagement est unilatéral et n'implique que la bonne volonté du responsable du site. Ce mode de labellisation suffit-il pour inspirer confiance aux cyberconsommateurs ?

La labellisation externe, au contraire, fait appel à un tiers indépendant qui doit garantir le respect d'un certain nombre de critères de bonnes pratiques. Le rôle du tiers indépendant consiste à contrôler le site en question au préalable et à des intervalles réguliers. L'organisation de labellisation accorde son label pour une durée déterminée et il existe une procédure de retrait.

L'octroi du label autorise le site labellisé à placer un logo ou sceau (*seal*) sécurisé à l'aide d'un certificat électronique. Il suffit de cliquer sur le logo pour lire le rapport du tiers sur le site marchand. Les organisations de labellisation peuvent intégrer un dispositif destiné à recevoir et à traiter les plaintes des consommateurs.

Acteurs de la labellisation

Examinons les principales organisations proposant un dispositif de labellisation avant d'en évoquer les enjeux. Il existe un certain nombre de sites habilités à proposer un label. Nous en étudierons quatre : WebTrust, BBB OnLine, TRUSTe, et labelsite.

WebTrust[350], créé le 16 septembre 1997, est l'œuvre de *l'American Institute of Certified Public Accountants (AICPA)*. L'organisation fait appel à des auditeurs externes, comptables agréés, pour garantir l'objectivité de la labellisation. La firme Verisign[351] est responsable de la gestion du label. Elle délivre un certificat numérique et peut le retirer si le rapport établi par les auditeurs sur le site concerné n'autorise plus ce dernier à le conserver. WebTrust garantit les pratiques commerciales du site labellisé, l'intégrité des opérations commerciales et la protection de l'information concernant les clients. Le site de WebTrust publie sa propre politique en matière de confidentialité[352]. Nous constatons que l'organisation traite des agrégats d'informations mais ne livre pas d'informations sur les personnes visitant leur site.

Pour obtenir le label de WebTrust, le site commercial doit s'assurer que sa politique commerciale est conforme aux normes de cet organisme. Il lui faut établir une déclaration englobant les conditions générales de ventes, les garanties en ce qui concerne le déroulement des transactions en-ligne, la confidentialité et l'usage fait des données personnelles. Il faut préciser également la nature des biens et des services offerts, l'identité du responsable du service après-vente, le contrôle des transactions et des paiements électroniques, et la conservation d'un historique des transactions effectuées.

Un professionnel certificateur procède à une analyse du site. Ce dernier reçoit le sceau de WebTrust après avoir obtenu « *un rapport sans réserve* » du certificateur. Un tiers de confiance indépendant en assure la gestion. Le logo peut apparaître sur le site commercial demandeur. Sa durée est limitée à 90 jours et son renouvellement dépend d'un contrôle postérieur. Le sceau garantit la déontologie du site mais non pas la qualité des produits ou des services[353].

BBB OnLine[354] du *Better Business Bureaus* a été créé aux États-Unis en 1997. L'objectif de cette organisation est de garantir la sécurité et la fiabilité des sites, en même temps que la protection des données nominatives. Elle a donc créé trois labels[355] : le premier garantit la fiabilité du site ; le second pour la protection des informations personnelles ; et le dernier destiné à protéger les enfants. BBB OnLine ne s'applique, cependant, qu'aux États-Unis.

TRUSTe[356] est le fruit de la coopération entre la *Electronic Frontier Foundation* dont la mission consiste à protéger la vie privée des internautes et le *CommerceNet Consortium*, organisme qui a pour objectif de favoriser l'évolution du commerce mondial en-ligne. TRUSTe est présent en Europe depuis 1999. A la différence des autres organisations de labellisation, TRUSTe ne délivre qu'un certificat concernant la protection des données personnelles[357]. Lycos et Yahoo, par exemple, font appel à TRUSTe en tant que tiers indépendant. Le logo[358] de TRUSTe se situe dans la rubrique *Privacy* de Yahoo et de *Privacy Policy* de Lycos. En cliquant sur ce logo, l'usager est renvoyé vers le site de TRUSTe dénommé *Licensee* Validation Page. TRUSTe confirme que Lycos est labellisé :

« This confirms that Lycos.inc is a licensee of the TRUSTe Privacy Seal Program. The privacy statement from which you came discloses the privacy practices for www.lycos.com[359]. »

TRUSTe énumère ensuite les pratiques exigées par le sceau en question.

Labelsite[360], lancé dans le cadre du Conseil National du Commerce et de l'Institut International du Commerce Électronique, créé en août 1999 et développé par la FCD (Fédération des Entreprises du Commerce et de la Distribution) et la FEVAD (Fédération des Entreprises de Vente à Distance) pour ce qui est de l'ingénierie technique, du financement et de la communication. L'organisme rentre dans le cadre juridique d'une association régie par la loi du 1.7.1901. Il est indépendant et est mis au service de la communauté du commerce. L'objectif est de garantir la qualité des prestations proposées par une plate-forme Internet de ventes à distances.

La page d'accueil de Labelsite fournit une présentation des règles[361] à respecter, un formulaire permettant aux entreprises de demander le label[362], et, ce qui nous semble extrêmement intéressant, un annuaire des sites labellisés. Il suffit d'introduire la raison sociale d'une société, de choisir un secteur, et de lancer la requête. Ainsi le moteur vérifie si le site fait partie de l'annuaire de labellisation.

La législation américaine protège moins bien les données nominatives que celle de la Communauté européenne. Le consommateur américain se méfie des sites commerciaux car il n'est pas sûr de la manière dont les données personnelles seront exploitées. Il se demande qui les recevrait et pour quel type de traitement informatique. Comme nous l'avons déjà remarqué, la gratuité des services de recherche implique un échange d'informations : le moteur fournit des pages demandées par l'usager tout en procédant à une analyse des comportements et des choix de sites de ce dernier.

L'objectif de la labellisation est de garantir dans la mesure du possible la confidentialité de l'internaute et une déontologie des sites concernant l'usage des données collectées. Cette méthode s'avère d'autant plus nécessaire que la technologie agent dans le domaine du *one-to-one*, du *data mining* et du profilage devient de plus en plus performante. Examinons de plus près la manière dont les moteurs de recherche se font labelliser.

recherche

Labellisation des moteurs de

Certains moteurs de recherche affichent leur politique en matière de vie privée (*privacy policy*) sans l'intervention d'un tiers indépendant. Ils ont ainsi opté pour une des formes de labellisation, l'auto-labellisation. C'est notamment le cas de Google[363]. Inktomi[364], Overture[365], AltaVista[366] et AlltheWeb[367] font partie du groupe Yahoo. Cependant, ces derniers affichent leur propre charte de confidentialité[368]. D'autres moteurs comme Excite, Yahoo et Lycos sont labellisés par une organisation, en l'occurrence, TRUSTe.

A titre d'exemple, nous reproduisons une partie de la charte d'AltaVista

« Charte de confidentialité

En tant que pionnier d'Internet, nous sommes conscients des possibilités qu'offre Internet pour changer la vie et la faciliter. Or, ces avantages sont compromis dès lors que la vie privée des utilisateurs est mise en cause. Nous nous engageons à faire en sorte que vous puissiez utiliser les services AltaVista d'une manière garantissant la protection de vos choix et de vos intérêts personnels et privés.

Les détails de notre politique de protection de la vie privée sont exposés ci-après. Nous vous invitons vivement à en prendre connaissance. La Charte est fondée sur les trois engagements suivants: nous nous engageons à ne pas utiliser vos données personnelles sans votre permission (à moins que cela ne soit nécessaire dans le cadre de la fourniture des services que vous avez explicitement demandés). Voir ci-après « Relations avec les Tiers » ; nous nous engageons à vous fournir les moyens de gérer et contrôler les informations que vous nous avez fournies volontairement ; nous nous engageons à vous permettre de nous faire part de vos inquiétudes concernant la protection de votre vie privée et d'y répondre d'une manière adéquate.

« Les informations anonymes sont celles se rapportant à la façon dont vous utilisez notre site (telles que les sites visités ou les recherches que vous effectuez) sans que ces informations puissent être associées à votre identité ou à des informations personnelles identifiables vous concernant. Les informations anonymes regroupent également les noms de domaines et/ou adresses IP des navigateurs Internet qui visitent notre site, l'heure à laquelle le site a été visité et toute autre information non personnelle. Les informations anonymes sont des informations qui ne sont associées à aucune personne physique mais qui nous permettent d'examiner le comportement des utilisateurs (exemple : la durée moyenne de consultation de notre site dépasse les 10 minutes)[369]. »

Bien que le site ne demande pas à l'internaute de s'identifier, certains services nécessitent une adresse e-mail ou postale. AltaVista s'engage à n'utiliser les données personnelles identifiables qu'aux fins uniques de fournir les services spécifiques auxquels l'internaute serait inscrit et à ne jamais partager les données personnelles identifiables avec des tiers, sauf avec l'autorisation expresse de l'internaute ou dans des circonstances très particulières. Mais que veut-on dire par « circonstances très particulières » ?

Avec AltaVista, l'internaute a la garantie de pouvoir accéder aux données personnelles identifiables et de les modifier. Le site donne une adresse dont l'usager est susceptible de se servir pour collecter des renseignements ou rectifier les données nominatives le concernant.

On a l'impression que le moteur prend des précautions pour se conformer à la législation française mais se permet une très grande liberté d'interprétation de celle-ci. On peut se demander également si beaucoup d'internautes connaissent l'existence de ces dispositions et s'ils sont prêts à les mettre en œuvre.

Prenons un second exemple. Inktomi affirme partager des données sur les internautes en quête d'informations sur une firme spécifique. Cependant, les données ne seront utilisées qu'en relation avec la firme concernée et la finalité de la requête de l'usager. Inktomi permet toujours la possibilité de refuser ce type de traitement par la fonction opt-out.

Cet exemple soulève le problème du marketing *one-to-one*[370]. En effet, les informations personnelles demandées font l'objet d'un traitement informatique à des fins de marketing. La firme affirme ne vendre ces données qu'à ses partenaires. A tout moment, l'internaute peut décider de refuser les envois de publicités en cliquant sur le bouton *opt out*. Inktomi demande cependant l'autorisation de faire usage des données privées dans le cadre de la personnalisation des produits et de services proposés. L'emploi des cookies reste implicite. Le partage des informations nominatives se fait uniquement avec les partenaires de la société, qui, rappelons-le, appartient au groupe Yahoo. L'usager en est averti. Mais y a-t-il beaucoup d'internautes qui lisent cette page ?

Google déclare ne relever que les agrégats de données utiles à l'amélioration des résultats[371] et partage ces informations avec ses partenaires[372]. Les données nominatives ne sont pas transmises à autrui sauf si les autorités judiciaires américaines le demandent dans le strict respect de la loi en vigueur : réquisition légale telle qu'un mandat de perquisition, qu'une assignation à comparaître et qu'une décision judiciaire.

Dans la version française des règles de confidentialité[373], le moteur précise qu'il place un cookie afin d'identifier « *l'usager de manière unique* ». Ces mouchards servent à « *améliorer la qualité des services* ». Google y enregistre alors les préférences des utilisateurs et analysent, à partir de ces données, leurs comportements pendant leurs recherches. L'usager peut refuser les cookies mais il risque d'« *empêcher l'exécution de certaines fonctions.* » Le moteur affirme ne jamais collecter des informations personnelles sauf lorsque l'usager est invité à le faire « *en toute connaissance de cause et en toute liberté.* » Google décline toute responsabilité si d'autres firmes collectent des informations lors de l'activation des liens fournis par Google. Au demeurant, une mise à jour du code déontologique reste toujours possible. En effet, selon le moteur, toute modification des règles de confidentialité est publiée sur la page décrite ci-dessus.

Les déclarations de la politique de confidentialité en français correspondent aux normes européennes. Les moteurs américains précisent en anglais comme en français qu'ils partagent parfois des informations nominales dans des situations bien particulières, notamment liées au commerce électronique et avec l'accord exprès de l'internaute. Les moteurs décrits ci-dessus préfèrent le premier type de labellisation ou auto-labellisation. Cependant, trois portails importants, Lycos, Excite et surtout Yahoo font appel à la labellisation externe et utilisent l'organisme TRUSTe. Si en Europe, on préfère légiférer en matière de confidentialité et protection de la vie privée, aux Etats-Unis, les autorités fédérales préfèrent laisser la mise en place d'une déontologie aux secteurs concernés.

Moteurs de recherche et filtrage des sites labellisés

Outre le fait que certains moteurs de recherche ont opté pour la labellisation de leur propre site, ces systèmes informatiques pourraient assez facilement intégrer des dispositifs de vérification du label et des sites labellisés. Cela pourrait se faire par le biais de la barre d'outils ou sur la page d'accueil du moteur.

Le moteur Lycos fournit une interface[374] qui permet de se connecter uniquement à des sites labellisés par TRUSTe. Une autre interface permet de vérifier les déclarations de confidentialité et de politique des moteurs de recherche[375]. On apprend sur cette page que Lycos et Excite sont eux-mêmes labellisés par TRUSTe. Si l'on entre le nom d'un moteur, Lycos recherche les pages qui concernent la politique de vie privée (*Privacy Policy*) de celui-ci. Voilà l'exemple d'une interface spécialisée dans la labellisation par le biais d'un moteur de recherche généraliste.

Les moteurs de recherche possèdent des bases de liens qui regroupent tous les liens pointant vers un site (*backward links*) et partant d'un site (*forward links*.) Il ne serait pas très difficile d'introduire des filtres permettant aux internautes d'éliminer les pages qui ne font pas partie d'un site labellisé par des tiers de confiance. En effet, le logo du label, affiché sur une page Web, possède un lien vers un rapport la concernant. Les barres d'outils des moteurs (Google, AltaVista) pourraient inclure facilement cette fonctionnalité. On peut considérer l'ensemble de sites labellisés comme une zone spécifique d'un moteur et il suffit de programmer une interface spécifique pour y accéder.

D'autres méthodes simples permettent de vérifier si un site est labellisé. Par exemple, il suffit de faire une requête par l'intermédiaire d'AltaVista en utilisant les termes « *truste approved* » pour recevoir une liste de résultats[376] contenant des expressions telles que « *AirClic's privacy policy is approved by TRUSTe* » Dans cet exemple, il s'agit de l'expertise de l'usager plutôt que d'un filtre intégré. Cependant, ce type de filtrage nous paraît très facile à mettre en œuvre à partir de l'api d'un moteur.

Il nous semble raisonnable de penser que les outils de recherche et d'autres types d'agents de recherche introduiront cette fonctionnalité si la labellisation se développe. Il est possible de consulter également des interfaces spécialisées de certains moteurs comme Lycos et de se connecter uniquement aux sites labellisés par TRUSTe. L'internaute peut lui-même filtrer les sites non labellisés grâce à un choix judicieux de mots-clés. Il reste la possibilité de consulter les annuaires mis à la disposition des internautes par les tiers indépendants qui assurent la labellisation.

Enjeux de la labellisation

Face aux craintes des internautes en matière de sécurité et de confidentialité, la labellisation présente un certain nombre d'avantages pour le consommateur comme pour les sites marchands. Elle devrait favoriser une plus grande visibilité et permettre une meilleure notoriété des sites. On peut également prévoir qu'augmente la confiance du consommateur et qu'elle influe positivement sur la croissance des transactions en-ligne. Si les moteurs de recherche et d'autres agents développent des interfaces filtrant des sites marchands non labellisés des pages de résultats, il est probable que de plus en plus d'entreprises en-ligne adopteront une solution de labellisation afin de recevoir la visite des internautes. Il n'est pas improbable que le rôle des agents et des moteurs devienne crucial dans le développement de ce dispositif.

Limites de la liberté sur Internet : censure et surveillance

Si la confiance de l'usager dépend en partie de la protection de sa vie privée, il existe des situations exigeant de l'État une surveillance légitime des pratiques sur Internet, notamment en matière de criminalité. Certes, des dispositifs de contrôle et de censure existent. Ils peuvent être mis en place au niveau du fournisseur d'accès et au niveau des moteurs. Cependant, ce type de contrôle doit se faire conformément aux lois en vigueur. Or, la législation en la matière varie d'un pays à un autre. D'ailleurs tous les pays ne considèrent pas la liberté d'expression et d'accès à l'information de la même manière. Aux États-Unis, par exemple, le premier amendement de la Constitution favorise un très grand degré de liberté d'expression[377]. En France, par contre, certains types de site sont interdits notamment ceux à caractère raciste. En Angleterre, la visualisation de sites pédophiles est interdite par la loi et les fournisseurs en bloquent l'accès. Lors d'une requête concernant ce genre de site, l'usager reçoit le message « *Page not available* ». (La page n'est pas disponible).

Il existe, pourtant, un danger d'abus de pouvoir de la part des autorités. Dans les pays qui ne respectent pas les droits de l'homme, d'une part, et surtout la liberté d'expression, la technologie de profilage et d'analyse de données s'emploie pour censurer des sites subversifs et traquer les dissidents. Même aux États-Unis, la loi sur la sécurité interne, *The Patriot Act* du 24 Octobre 2001, aurait donné aux autorités américaines des pouvoirs de contrôle et de surveillance excessifs.

Selon Serge PROULX[378], « *la généralisation des pratiques de surveillance entraîne, par définition, une diminution importante de la confidentialité des communications entre les personnes et entre les entreprises*[379]. » Ainsi Internet transforme les foyers en des maisons de verre. La présence de caméras dans les lieux publics connectés à Internet augmente l'efficacité du système de contrôle. Qui plus est, les sociétés américaines exportent leur technologie de surveillance vers les pays démunis de contre-pouvoirs démocratiques. Quant aux activités des entreprises, elles sont surveillées par le dispositif ECHELON, révélé par Nicky HAGER, journaliste néo-zélandais en 1996. Duncan CAMPBELL a, par ailleurs, rédigé un rapport pour le Parlement européen[380] en 2000.

Examinons la situation dans le monde d'après RSF (Reporters sans frontières). Selon leur rapport, la Chine a mis en place une véritable cyberpolice :

« Des dizaines d'internautes y croupissent en prison pour des crimes imaginaires : ils n'ont fait que surfer sur des sites interdits ou encore, audace insensée, ont osé diffuser des informations sur des sujets toujours tabous, du massacre de la place Tiananmen à la répression au Tibet[381] ».

D'autres pays traquent les messages des dissidents comme le Viêt-nam ou la Tunisie, la Birmanie, l'Ukraine, la Biélorussie ou Cuba. Ce sont les États-Unis qui fournissent la technologie permettant de traquer les internautes, notamment celle de la firme Cisco Systems. Le portail Yahoo, selon RSF, a accepté d'autocensurer les résultats de son moteur en Chine afin de pénétrer le marché chinois. En ce qui concerne les démocraties occidentales, une surveillance accrue est justifiée par les dirigeants : il faut protéger la société contre les attaques terroristes. *« C'est d'abord, on le sait, au nom de la lutte contre le terrorisme qu'a été justifié l'encadrement réglementaire et législatif le plus draconien[382]. »*

Analysons quelques lois votées récemment. Le *Patriot Act* de 2001 autorise le FBI à installer un logiciel de surveillance, Carnivore, chez les fournisseurs d'accès. Ce dispositif permet d'épier la circulation de messages sur Internet et de conserver les traces de la navigation des internautes. Il suffit qu'on les soupçonne d'être en contact avec une puissance étrangère pour que les autorités aient le droit d'exiger des fournisseurs d'accès des renseignements nécessaires sur les usagers sans l'aval d'un juge. De surcroît, ces derniers sont encouragés à transmettre des informations de leur propre gré. En 2003, un amendement au *Patriot Act*, oblige les FAI à fournir des données nominatives : *« Un nouvel amendement au Patriot Act facilite l'utilisation des National Security Letters (NSL), qui permettent à l'agence fédérale de requérir de FAI ou de sites Web des informations personnelles sur les internautes, sans aucun contrôle judiciaire[383]. »*

La Grande-Bretagne a suivi l'exemple des Etats-Unis en votant l'ATCSA (*Anti-Terrorism, Crime and Security Act*), en décembre 2001, portant ainsi la durée de conservation des données de connexion des internautes par les fournisseurs d'accès à un an au moins. Plus grave encore, le RIP Act (*Regulation of Investigatory Powers Act*) de 2003 devait autoriser les autorités à recueillir des informations confidentielles sur les usagers[384].

Le Parlement français, à la suite des événements du 11 septembre 2001, a voté le 15 novembre 2001, la loi sur la sécurité quotidienne (LSQ) portant à un an la durée de conservation des archives de toutes les activités en-ligne des clients et des données relatives aux envois et réceptions de e-mails par les fournisseurs d'accès à Internet (FAI). Cette loi autorise les juges à *« recourir aux "moyens de l'Etat soumis au secret de la Défense nationale" pour décrypter les messages. Elle oblige ainsi les créateurs de moyens de cryptographie à fournir aux autorités leurs protocoles de chiffrement[385]. »*

Par la suite, le Parlement français a adopté la loi d'orientation et de programmation pour la sécurité intérieure (LOPSI) le 31 juillet 2002. Celle-ci permet à la police judiciaire, sur autorisation d'un magistrat, *« d'accéder directement à des fichiers informatiques et de saisir à distance par la voie télématique ou informatique les renseignements qui paraîtraient nécessaires à la manifestation de la vérité »*. Ces dispositions ont été entérinées par la loi sur la sécurité intérieure (LSI) adoptée le 18 mars 2003.

La loi sur la confiance dans l'économie numérique (LEN), votée le 13 mai 2004, stipule que les fournisseurs d'accès sont responsables des contenus diffusés à partir de leurs serveurs. A ce titre, il incombe aux FAI de censurer les sites qu'ils hébergent. S'ils ne le font pas, ils encourent une amende de 75 000 euros. Ainsi le problème de censure se pose bel et bien en France. Il faut toutefois noter que celle-ci s'effectue au niveau du fournisseur d'accès et non pas au niveau des moteurs. Même si ces derniers envoient une liste de résultats, certains liens peuvent être bloqués en aval par le FAI.

Il est aisé de constater que depuis le 11 septembre, un dispositif de contrôle d'Internet s'est mis en place dans les démocraties comme dans les régimes peu respectueux des droits de l'homme et de la liberté d'expression. Ce dispositif nous semble dans une certaine mesure justifié par le développement de la cyber-criminalité et du terrorisme. Cependant, il manque des garde-fous pour garantir les libertés civiles et éviter les abus de pouvoir.

Il est difficile de savoir avec certitude si les usagers sont conscients de ces dispositifs de contrôle et de surveillance. Pour Francis BALLE, les internautes sont de moins en moins indifférents aux atteintes à la vie privée :

« Les gens ne s'en moquent pas et de moins en moins. Parce que concrètement on sait que les atteintes à la vie privée sont de plus en plus nombreuses, que les législations ne réussissent pas à être respectées. Dès qu'aujourd'hui, on peut salir quelqu'un, on le salit. Sans présomption d'innocence[386]. »

Il existe des associations hostiles à certaines des mesures introduites, notamment *l'American Civil Liberties Union* (www.aclu.org), *le Digital Freedom Network* (www.dfn.org) et *l'Electronic Frontier Foundation* (www.eff.org) aux États-Unis et en France, l'association Iris (Imaginons un Réseau Internet Solidaire) (www.iris.sgdg.org).

Certains sites critiquent vivement le *Patriot Act*. Trouthout.org, par exemple, vise à l'abrogation de cette loi. Jennifer VAN BERGEN, dans un article publié en-ligne, « Repeal the US Patriot Act », considère que l'administration Bush a exploité le 11 septembre afin d'introduire une législation voulue depuis longtemps et bloquée par la Cour Suprême car anti-constitutionnelle. Selon cette juriste, cette loi viole les premier, quatrième, cinquième, sixième et huitième amendements de la Constitution américaine. Le texte de cette loi, votée rapidement et sans débat, est difficile à comprendre car il ne fait que modifier les termes de certaines lois antérieures. Les conséquences pour les citoyens sont extrêmement graves. Le FBI, par exemple, n'a plus besoin de justifier des perquisitions car l'expression *« probable cause of criminality »* a été retirée du texte qui contrôle ses activités : *« whatever the targets activity might be, legal or not, the FBI can simply go search and seize[387] »*. Depuis le Festival de Cannes de 2004, et le succès du film de Michael Moore, *Fahrenheit 9/11*, le public américain est peut-être mieux informé des dangers de cette législation.

Les enjeux de la surveillance par un système informatique ont fait l'objet de nombreux films et œuvres littéraires, notamment *1984* de George Orwell. Ce roman d'anticipation a rendu proverbial le nom de *Big Brother* pour caractériser ce phénomène. Il nous semble que l'enjeu sociétal des agents de profilage et du datamining se situe dans cette problématique du contrôle policier nécessaire à la protection de la société mais dangereux pour les libertés civiles.

Cependant, le danger est-il vraiment inéluctable ? Il reste toujours possible pour l'internaute de se connecter dans un cybercafé, où il conserve l'anonymat. Josiane JOUËT fait remarquer que :

« Aucun média n'a jamais permis d'en savoir tant à l'insu même de son auditoire. Les instruments de mesure nous livrent une avalanche inédite de chiffres pour décrypter les comportements des utilisateurs. La puissance des logiciels de capture, le raffinement des outils de traitement de données, la finesse des modèles d'analyse statistique produisent une évaluation en continu des activités sur Internet... Cependant ces nébuleuses de traces fournies quotidiennement ne livrent pas d'elles-mêmes les principes de leur interprétation. L'énormité des corpus, la complexité des données et des indicateurs exigent une simplification et une présentation qui puissent être lisibles par les commanditaires[388]. »

Autrement dit, il n'est pas sûr qu'on puisse se servir d'une manière adéquate des masses de données laissées par les internautes.

En conclusion, si l'échange d'informations entre les moteurs et les usagers pose de réels problèmes politiques et sociétaux, il est toutefois nécessaire de manipuler des données sur les usages et les pratiques afin de promouvoir le développement économique d'Internet, tributaire de la publicité. Néanmoins, une certaine vigilance s'impose de la part des législateurs comme des citoyens du Net. Ayant étudié le caractère dangereux, voire inquiétant de cet échange, passons à présent aux aspects positifs et innovants liés à cet échange informationnel. Une technologie est toujours une arme à double tranchant.

Innovation et transformation

Le commerce électronique émergent est obligé de se servir de la technologie agent pour faciliter les transactions, attirer les consommateurs par le biais de la publicité et permettre la circulation ou la découverte d'informations sur les produits. Le commerce en-ligne, en effet, finance en grande partie la gratuité des moteurs de recherche. Il représente 4 millions d'euros en France en 2003 et presque 100 millions de dollars aux États-Unis, en progression de 69% en France[389]. Nous étudierons d'abord l'utilisation des agents dans le processus de recherche d'informations et de comparaison des prix, ensuite le développement d'interfaces nécessaires au commerce en-ligne par le biais du téléphone mobile.

Agents et recherche d'informations sur les produits et les prix

La recherche d'informations sur les produits peut s'effectuer à partir d'un moteur de recherche en se servant de mots-clés. Néanmoins, il existe des portails spécialisés dans les sites marchands et des agents de comparaison des prix. En réalité, les moteurs de recherche ne fournissent que des listes de résultats à partir des sites que leurs *crawlers* sont autorisés à visiter[390]. En effet, il faut noter qu'il est toujours possible pour un site Web d'interdire l'accès des robots. Nous présenterons d'abord les agents d'achats américains, ensuite les européens.

Le site de MySimon[391] fut l'un des premiers à proposer la comparaison des prix de produits à partir d'un moteur spécialisé. L'internaute peut choisir une rubrique, indiquer un produit, établir une liste comparative en fonction de quatre critères dont le prix le plus bas, le produit le plus populaire, le producteur ou le nom du produit. En cliquant sur le terme *price checks*, il est possible de vérifier les différents prix du même article dans des boutiques différentes. Cependant cet agent ne fonctionne qu'aux États-Unis.

Les moteurs de recherche en ont rapidement compris l'enjeu. Google, par exemple, a introduit dans sa barre d'outils le service Froogle[392], un comparateur de prix, utilisant la base d'indexation de ce moteur. Ce dispositif présente une interface identique à celle de Google, à la fois simple et dépouillée. Il fournit un annuaire de quinze rubriques et une boîte d'interrogation par mots-clés. AltaVista fournit un autre exemple. Le moteur s'est associé[393] au leader mondial eBay en août 2001. Il faut signaler, d'ailleurs, que le langage *api* de cet outil facilite la mise en place de ce partenariat. Voilà le type d'alliances stratégiques qui permet la création de revenus pour les moteurs de recherche, d'autant plus que tout achat entraîne une commission. Plus ce type de service augmentera en termes de visites et de transactions et plus les moteurs prendront de la valeur, ce qui ne sera pas sans impact lors d'une introduction en Bourse.

Passons aux agents comparateurs français. Nous en avons identifié sept, le Guide, BuyCentral, Pricerunner, Comparer-les-prix, Toobo, Acheter-moins-cher et Kelkoo. Le Guide[394] est un assistant d'achat. L'usager peut ainsi s'informer sur les conditions d'achats en-ligne, comparer les prix et acheter des produits dans différentes catégories telles que « *Son & Image, Informatique, Culture & Loisirs, Voyages, Vie pratique, Modes & beauté* ». L'objectif de l'entreprise est de permettre aux internautes d'acheter moins cher. En fonction du produit choisi, le site propose une liste d'entreprises avec leurs prix affichés.

Le second, BuyCentral[395], est un guide d'achat franco-italien en-ligne intégrant un site de comparaison des prix et des services de magasins sur Internet. Comme le précédent, il propose six rubriques et un ensemble de produits en promotion. Si on clique sur une rubrique, on est aiguillé vers le site commercial concerné. Il est possible d'acheter le produit en remplissant un formulaire. La transaction génère une commission pour le guide en-ligne.

Pricerunner[396] est un guide d'achat en-ligne qui recherche le meilleur prix dans une dizaine de catégories électroniques ou informatiques. Les informations et les prix sont collectés sur les sites web, les magasins hors ligne et divers catalogues de produits. Le site affiche une liste de produits promotionnels ou top produits.

La firme déclare son indépendance et sa politique :

« *Pricerunner est le premier comparateur indépendant en Europe. Nous luttons pour votre droit en tant que consommateur pour localiser les marchands et les produits les plus dignes de confiance aux meilleurs prix. Pour pouvoir vous offrir le plus d'informations possible sur chaque produit nous avons commencé par un nombre limité de catégories. Cependant, nous lancerons encore plus de catégories pendant l'année!* »[397]

Comparer-les-prix[398] recherche les meilleurs prix sur les sites commerciaux avec un choix de catégorie dont la musique, les jeux vidéo, les livres, les logiciels, l'électroménager et la téléphonie. La recherche se fait en temps réel, et l'internaute peut choisir la méthode de recherche, classique, avancée, complète, mais aussi les sites à interroger. Celui qui est choisi indique la disponibilité des produits et les délais de livraison. La technologie M Prix permet de suivre l'évolution d'une marchandise afin de choisir le meilleur moment pour l'acheter. Le site aiguille le consommateur vers ses boutiques partenaires et toute transaction engendre une commission.

Toobo[399] (Tiscali Shopping) est un site comparateur de prix. Il propose une dizaine de rubriques (dont une pour des promotions) et un moteur de recherche. Le site appartient à la société Tiscali.

Acheter-moins-cher[400] recherche et référence tous les produits des boutiques qui vendent en-ligne (avec paiement sécurisé). Le site dispose d'un service de veille sur les prix, permettant d'alerter l'internaute par mail dès que le prix d'un produit baisse :

« *Acheter-moins-cher.com propose un service d'alerte gratuit et automatique pour surveiller les prix. Un e-mail au format texte est envoyé quand le prix le plus bas d'un produit de la base de données change. Pourquoi ce service ? Les boutiques en-ligne modifient de plus en plus souvent leurs prix, parfois à la hausse mais surtout à la baisse. Il peut y avoir des évolutions de prix significatives sur quelques jours. Ce service gratuit permet d'acheter au bon moment. L'adresse d'inscription sert uniquement à envoyer les alertes: elle est effacée automatiquement quand l'alerte est annulée. Acheter-moins-cher.com n'utilisera jamais les adresses pour d'autres objectifs.* [401]»

Ce détail montre comment la technologie agent sous forme d'alerte (PUSH) peut intégrer un site de cette nature. Sur sa page d'accueil, prédominent les produits informatiques. On peut supposer que le type de client qui se connecte à ce genre de site s'intéresse essentiellement à l'informatique et aux produits multimédia et technologiques.

Kelkoo[402] est un guide d'achat en-ligne. Il permet de choisir un produit dans une catégorie, préciser le modèle, la marque et la fourchette de prix. Notons surtout, en plus des rubriques informatiques et technologiques, que ce site offre des comparaisons de prix concernant le transport aérien, la banque, l'assurance et les produits d'occasion, à l'instar de la firme américaine eBay. Cette société est présente en plusieurs pays européens dont l'Angleterre et l'Allemagne. Depuis mars, 2004, Yahoo est le propriétaire de ce moteur[403].

Quels sont les enjeux des comparateurs de prix ? L'analyse économique de ces dispositifs informatiques décrits ci-dessus nous offre quelques éléments de réponse. Une première définition des agents d'achat paraît dans le 360journal en-ligne.

« Les comparateurs de prix (shopbots) sont des sites d'intermédiation basés sur un moteur de recherche. A partir de critères précis, cet outil prospecte automatiquement les sites marchands pour proposer une synthèse des prix d'un produit donné. En termes économiques, l'intérêt est d'approcher les conditions de la concurrence pure et parfaite en supprimant les frictions provoquées par une asymétrie d'information. »[404]

Michel GENSOLLEN appelle ce type de dispositif un nouveau mode de signalisation entre les agents économiques :

« Cela veut dire ce qu'échangent les agents économiques soit pour pouvoir acheter et vendre sur un marché, soit pour pouvoir travailler dans une hiérarchie pour exister économiquement. Dans la théorie classique du marché, on suppose effectivement que tous les agents du marché sont parfaitement conscients de la description des biens, de la nomenclature des biens, de la qualité, du prix des biens, et on ne se pose pas la question de savoir comment cette information est construite et comment s'échangent les signaux qui ont permis justement la construction de cette information. Lorsque les biens sont les biens d'expérience, complexes, on est obligé de se poser la question, de savoir comment les agents économiques arrivent à un savoir suffisant pour pouvoir acheter, consommer et modifier leurs usages pour le bien. Et quand les biens se renouvellent très rapidement, c'est encore plus vrai[405]. »

Sur le plan technique, ces agents nécessitent une base de données et une base d'indexation importante à l'instar des moteurs de recherche. Comme les portails, leur modèle économique repose sur l'infomédiation. Autrement dit, ils envoient vers les sites commerciaux les flux d'internautes à la recherche d'informations sur les produits. La publicité entre également dans le modèle. Certains sites affichent des bannières publicitaires mais pas tous. Kelkoo.com les place en colonne à droite des rubriques de l'annuaire.

Reste à savoir si l'intégration des comparateurs de prix dans les moteurs de recherche ne produira pas une forte concentration du secteur, éliminant les concurrents moins puissants. Si l'interface de l'ordinateur[406] s'emploie la plupart du temps pour consulter les agents comparateurs, les moteurs préparent d'autres modalités de connexion, notamment par le truchement du téléphone mobile.

Moteurs et téléphonie mobile

Les moteurs de recherche sont en passe de tester de nouvelles interfaces pour s'adapter au téléphone mobile. En effet, si l'internaute se connecte à des sites comparateurs des prix par ce biais, un certain nombre de possibilités se présente pour lui en tant que consommateur. Il peut, par exemple, comparer l'offre des produits en temps réel, dans une boutique, avant de passer à l'achat. Ayant les différents prix pratiqués sur le marché d'un secteur, il peut négocier un alignement sur le prix le plus bas. Pour Serge PROULX[407], sociologue canadien, on va vers une convergence des technologies du téléphone mobile et d'Internet notamment avec les jeux à la fois en-ligne et dans le monde physique. De notre point de vue, cette tendance devrait se poursuivre en matière de consommation. C'est pourquoi les moteurs s'intéressent au développement des interfaces appropriées.

Google développe une interface mobile[408] pour son site Froogle[409]. Il suffit d'entrer le nom générique d'un produit pour pouvoir comparer les prix des différentes marques offertes. Le dispositif utilise le *Wireless markup language* (WML). Il est possible d'envisager un jour des informations sur la qualité du produit et sur les commentaires des acheteurs (*blogs* ou forums). Il serait même possible de se connecter à un index des caractéristiques sociales du fabriquant, basé sur des critères comme l'environnement, le boycottage, la politique sociale de la firme. Ce dispositif introduit un élément d'action civique.

Pour le moment, Google teste son interface mobile en Californie. L'usager saisit sa requête par téléphone et envoie un SMS au moteur (au 46645). Les résultats sont envoyés une minute plus tard par SMS (trois au maximum). Ce service est réservé à des recherches qualifiées comme la comparaison des prix ou des pages jaunes. En ce qui concerne les recherches classiques, Google n'envoie que des *snippets* (description des documents contenus dans la base du moteur, trois au maximum). Pour accéder à ce service, il suffit d'ajouter la lettre G devant le mot-clé de la requête[410].

Il serait probablement possible d'ajouter à ce type de dispositif un scanner de code barre. CueJack[411] software, par exemple, permet de scanner le code barre (fabricant) et d'envoyer cette information à un moteur qui se charge de retourner une fiche de renseignement aux internautes. Ce type de produit en est à ses débuts. Les nouvelles versions s'emploient avec des téléphones mobiles équipés d'un appareil photo.

Ainsi, le consommateur acquerra un nouveau pouvoir de négociation et le marché tendra de plus en plus vers une forme de concurrence pure et parfaite. En effet, celui-ci aura à sa disposition un ensemble d'informations pertinentes facilitant son choix.

Néanmoins, il est encore trop tôt pour étudier de manière empirique les véritables usages de cette technologie où convergent un agent de comparaison de prix, un téléphone mobile et un scanner de code barre, même si le marché des téléphones équipés d'appareil photo se développe. La Fevad, par exemple, fournit des informations à cet égard : *« Parmi les produits "nouveaux", l'appareil photo numérique et le lecteur DVD sont sans conteste les produits phares de ce Noël 2003. Plus surprenant, la clef USB occupe la 3ème place des produits stars... suivie de près par les baladeurs MP3*[412]. » Au demeurant, le taux de pénétration du téléphone mobile est de 61% en décembre 2003, soit 41,7 millions d'usagers[413]. Tout laisse croire que de nouveaux usages émergeront. Si les moteurs favorisent le développement du commerce, encourageant de nouvelles pratiques de consommation, leur mission majeure est de rendre accessible l'information d'une manière universelle. Or, pour l'instant, une large partie en est absente. Il s'agit des livres.

Bibliothèque virtuelle de la connaissance humaine

L'enjeu le plus important et le plus révolutionnaire, à nos yeux, de la technologie agent n'est rien de moins que la mise en réseau du patrimoine écrit de l'homme. Les outils de recherche et d'indexation développés par les moteurs facilitent non seulement la récupération de tous les formats de documents Web, mais la recherche également dans toute la littérature écrite, à condition que celle-ci soit copiée et mise en-ligne. Quand l'internaute lance une requête, il reçoit une liste de documents publiés en html ou en pdf, essentiellement des articles et des pages Web. Il est difficile de consulter un ouvrage encore dans le domaine protégé. Or, il est légitime de penser que l'information la plus riche réside dans les publications non indexées. Ce chapitre a pour objectif de présenter les projets de bibliothèque universelle en-ligne qui sont en cours de réalisation et d'en interpréter les enjeux.

Bibliothèque d'Alexandrie ou Tour de Babel

La Bibliothèque d'Alexandrie représente dans l'imaginaire collectif la possibilité de réunir tous les ouvrages de l'humanité. Aujourd'hui, ce rêve devient possible, grâce à la mise en place d'Internet et aux moyens d'indexation et de tri. Qui plus est, le prix de stockage des données baisse, rendant l'aventure réalisable. Le seul problème freinant ce projet est d'ordre juridique. Comment rémunérer les auteurs si leurs publications sont consultables sur le Web ?
La bibliothèque légendaire fut construite sous l'égide de Ptolémée Ier (323-305 av. J.-C.) vers 299 av. J.-C. Elle contenait quarante mille ouvrages. Elle fut incendiée en 48 avant notre ère. Le projet de Ptolémée Ier consistait à emprunter des ouvrages (papyrus) en grec et en toute autre langage pour les copier ou les faire traduire. Nous examinerons trois projets modernes dont l'ambition est de mettre à la disposition de tout le monde l'ensemble des ouvrages imprimés : le Million Book Project, le Google Project (GooglePrint Beta) et l'Amazon Project (Search Inside the Book). Force est de constater que les outils de recherche informationnels permettent de trouver des informations au cœur d'un document numérisé ou de trouver une œuvre contenant les références recherchées en temps réel.

Projets de mise en réseaux des ouvrages

Commençons par le projet de Brewster KAHLE, ensuite celui de Google et enfin celui d'Amazon.

Le Million Book Project

Ce projet[414] fait partie de l'Internet Archive. L'objectif consiste à scanner et à mettre en-ligne un million d'ouvrages en 2005 au plus tard. Brewster Kahle, concepteur du premier moteur de recherche d'Internet WAIS, en est l'instigateur. Le projet associe l'université de Carnagie Mellon, la *National Science Foundation* (MSN), et les gouvernements de Chine et d'Inde. La technologie OCR[415] est employée. *Internet Library*[416], qui fait partie d'Internet Archive, a pour objectif de conserver l'ensemble des documents sur Internet pour les historiens et chercheurs. Le *Gutenberg Projet*, qui date de 1971, en fait partie et conserve 12 000 livres électroniques (*e-books*). Les ouvrages, entrés dans le domaine public, peuvent être consultés et téléchargés gratuitement. Ils représentent les œuvres les plus estimées de la littérature mondiale.

Le Projet de Google (GooglePrint Beta)

Il consiste à pouvoir indexer certains ouvrages imprimés avec l'accord de leurs éditeurs. Toutefois, les internautes ne peuvent pas télécharger ceux-ci. La firme précise :

« Nous venons de démarrer un programme pour faciliter la recherche de livres à travers notre index. Nous travaillons en collaboration avec les éditeurs dans ce sens. Ils nous fournissent la version électronique de leurs contenus. A charge pour nous de rendre cette documentation disponible sur notre moteur. Attention, il ne s'agit pas de mettre en accès gratuit l'intégralité des ouvrages mais de favoriser l'achat à travers des liens hypertexte. Nous avons un autre programme dans le même sens autour des catalogues. Nous les scannons de manière à les rendre disponibles pour des recherches sur Internet. » [417]

En voici le principe. Les éditeurs autorisent Google à numériser leurs ouvrages. Google les indexe et permet aux internautes de recevoir des liens vers des pages contenant les mots-clés demandés. Sur la liste de résultats sont placés des liens vers les librairies en-ligne. Certaines maisons d'édition comme Random House, Knopf Publishing, Walter et Roos participent au prototype[418]. Pour accéder à ce service, il faut entrer print.google.com[419] et des mots-clés ou expressions. Ce système permet d'identifier un ouvrage, puis de l'acheter ou de l'emprunter à une bibliothèque. Cette seconde option entre dans un modèle économique bien précis : aiguiller l'internaute vers le site commercial (Amazon). Pour l'instant, une seule page de chaque ouvrage indexé est lisible.

Il faut également signaler que Google et l'Université de Stanford négocient un projet[420] (*Project Ocean*) destiné à indexer toutes les archives de la bibliothèque universitaire antérieures à 1923. Il s'agit de tous les ouvrages entrant dans le domaine public. D'autres négociations sont en cours avec les bibliothèques universitaires[421] d'Oxford, de Harvard et de Michigan concernant les ouvrages publiés avant 1900.

Le projet "Search Inside the Book" d'Amazon

Le projet d'Amazon[422] Search Inside the Book nous semble le plus ambitieux (100 000 ouvrages déjà indexés). Des livres, empruntés à des bibliothèques ou à des éditeurs sont envoyés en Inde (*outsourcing*), où ils sont numérisés (ou scannés) et vérifiés (*proofread*). De retour aux Etats-Unis, les oeuvres sont mises en-ligne. Toutefois, l'internaute est limité dans sa consultation. Il ne peut ni télécharger, ni copier, ni lire l'ensemble du livre. Au mieux, il lui est permis de consulter quelques pages avant ou après la page fournie par sa requête.

Ce projet devrait permettre à l'usager de consulter quelques milliers de pages par mois ou 20% d'un ouvrage particulier. L'internaute doit avoir un compte chez Amazon et laisser son numéro de carte bancaire car le but du dispositif est de faire acheter des livres[423].

Il reste un problème : la traduction. Allons-nous vers une Tour de Babel en-ligne ? On peut supposer que la recherche en matière de traduction automatique pourrait rendre accessibles les livres écrits dans toutes les langues du monde un jour. Pour l'instant, les résultats ne sont guère probants. Selon Geneviève LE BLANC[424], la traduction automatique produit des documents incompréhensibles et ne respecte pas l'ordre des mots de la langue cible. Elle la considère comme une « *ébauche horrible* », « *affolante, indigeste, sans analyse sémantique.* » Toutefois, Google et AltaVista développent des dispositifs de traduction sur Internet, Google « Outils linguistiques »[425] Babel Fish[426] Translation.

Propriété intellectuelle

Pour rendre un ouvrage accessible sans complications d'ordre juridique, il faut l'autorisation des personnes titulaires des droits d'auteur. Or la protection de ces droits subsiste soixante-dix ans après le décès de l'auteur. De plus, il est souvent difficile d'identifier le propriétaire des droits (*orphanware*). Ainsi il est difficile d'obtenir une autorisation de les présenter en-ligne. Pour les ouvrages entrés dans le domaine public, le problème ne se pose pas. Aussi est-il relativement facile de télécharger des œuvres publiées au XVIIIe et au XIXe siècles. Par exemple, la poésie anglaise est indexée et accessible sur le site *Representative Poetry On Line*[427].

Certains ouvrages ne sont plus édités mais ils existent encore en bibliothèque. Comment faire pour les mettre en-ligne, d'autant plus qu'on ne sait pas toujours qui possède les droits ? Les projets alexandrins de Google, d'Amazon et de l'Internet Archive posent des problèmes moins sur le plan technologique que sur le plan juridique : le non-respect des droits d'auteurs est sanctionné par le code pénal. De surcroît, les éditeurs, témoins des difficultés entraînées par le PEER to PEER dans le domaine musical, hésiteront à autoriser la mise en réseaux de leurs produits. Il est difficile de se prononcer sur cette initiative car il nous manque du recul. Le projet, en effet, vient de commencer. Il est probable que peu d'usagers en sont informés. Néanmoins, le fait de rendre accessibles toutes les publications aura forcément un impact sur l'acquisition des connaissances et la diffusion des savoirs. On peut espérer que la bibliothèque universelle, dont l'accès sera instantané et ubique, réduira la fracture numérique, nationale et internationale.

Myriades de traces pour les archéologues futurs

S'il est possible de stocker et de mettre à la disposition de tous le patrimoine écrit de l'homme, d'autres traces de notre passage sur terre existeront pour l'historien futur. Si l'on admet que tout document numérique peut se conserver indéfiniment, quels types d'informations laisserons-nous ? On peut supposer que les techniques d'analyse et de *data mining* auront fait leur chemin et les outils d'analyse et d'interprétation surmonteront l'énorme quantité de textes et d'images accumulée. Faisons le bilan pour déterminer le rôle de la technologie agent pour l'histoire à écrire. Tout peut être indexé, stocké et récupéré.

Tout d'abord, il y aura tout ce qui concerne la communication interpersonnelle et entre entreprises : e-mails, appels téléphoniques, fax, éventuellement la correspondance écrite (si on la scanne). Ensuite, on peut conserver les traces de la bureautique, les traces laissées en mémoire sur les machines à photocopier, le travail collaboratif, les contenus des intranets. Puis, on pourra consulter toute la documentation conservée sur Internet, les sites Web, les images stockées par les moteurs, les contenus des forums, les *chats* (dialogues en direct), les journaux des individus (*blogs*) ou les commentaires[428] des pages Web laissés par les usagers. Il faut préciser que des moteurs de recherche interne indexent le contenu des disques durs des PC[429]. Nous ne savons pas si les contenus de ces bases d'indexation ne seront pas envoyés à des sites et conservés à notre insu. Même si les moteurs ne pratiquent pas ce type de manipulation malhonnête, d'autres logiciels pourraient investir nos ordinateurs et récupérer ces bases d'indexation.

Les informations relatives aux goûts, aux pratiques, aux centres d'intérêts des internautes, sont conservées et analysées par les dispositifs de profilage à des fins publicitaires et marketing. Ces données, archivées et disponibles, peuvent être consultées dans certains cas. Google, par exemple, publie sur sa page zeitgeist[430], les thèmes les plus populaires de chaque mois, accompagnés de la liste des sites les plus visités pour chaque intérêt spécifique.

Que pourrait-on faire de cette masse de renseignements sur une époque ? Il serait peut-être possible d'étudier les réactions des internautes à un événement majeur et de lire le corpus des articles associés. Voici à quoi devrait servir la technologie agent : conserver et rendre accessible l'histoire brute de notre époque et des époques à venir.

Conclusion

La gratuité des services de recherche informationnelle, financés par la publicité et la commission, constitue le modèle de base des moteurs de recherche. Le nombre d'internautes qui se connectent à un site intermédiaire, mettant en liaison le consommateur et la boutique en-ligne, entre dans la valorisation de ce site-pivot. L'usager, en contrepartie, fournit aux moteurs des informations concernant ses goûts, ses comportements en-ligne, ses centres d'intérêts, ce qui permet une amélioration du dispositif informatique en termes de précision et de performance et positionne le moteur par rapport à la concurrence sur le marché des recettes publicitaires.

Un moteur de recherche propose à la fois un bien et un service dans la mesure où l'internaute peut télécharger un logiciel (Barre d'outil ou Desktop Search) ou faire une requête. Une licence autorise l'usager à s'en servir sans le modifier ni l'échanger. Le service est indirectement financé par l'échange d'informations sur ses usages et ses intérêts que l'internaute consent à fournir *de facto* au moteur de recherche. Ainsi un nouveau modèle de transaction est introduit sur Internet.

Les consommateurs en-ligne se méfient encore des irrégularités qui peuvent advenir même si le commerce sur Internet est en forte croissance. La labellisation pourra apporter des garanties de bonne conduite et d'authenticité des sites marchands concernant le bon déroulement des transactions et la protection des données confidentielles. L'usage des moteurs de recherche spécialisés dans la comparaison des prix pourra faciliter l'émergence d'un marché fondé sur une concurrence pure et parfaite dans la mesure où le consommateur aura une vision globale et instantanée des prix d'un produit ou d'un service. La combinaison du téléphone portable et de l'agent de comparaison des prix devrait permettre au consommateur de vérifier à tout moment la réalité des prix pratiqués avant d'effectuer un achat dans un magasin. Les moteurs de recherche ont tendance à intégrer dans leur dispositif des sites comparateurs pour orienter les internautes vers l'achat de produits en-ligne.

Les lois votées depuis le 11 septembre 2001 représentent un véritable danger pour les libertés individuelles non seulement dans les pays totalitaires ou autoritaires mais aussi dans les démocraties occidentales, la peur et la panique l'ayant emporté sur la sagesse. Il incombe aux organismes de protection des droits des usagers de combattre ces mesures anti-démocratiques. Nous mettons ici en lumière l'aspect le plus redoutable de la technologie agent. Car les TIC confèrent aux autorités des pouvoirs inimaginables de contrôle et d'intrusion dans la vie privée des citoyens.

Néanmoins cette même technologie permet de réaliser le rêve d'Alexandrie, c'est-à-dire la possibilité de mettre en réseau et de rendre accessibles à tous les hommes les richesses littéraires, artistiques et scientifiques de l'humanité, en temps réel. Aussi donnera-t-on à l'homme une sorte d'ubiquité et d'instantanéité culturelles. A l'historien futur, nous laissons des traces considérables de nos activités licites ou autres sous de multiples formes et formats. Ainsi la machine conservera notre intelligence collective.

CONCLUSION

Ce travail de recherche a débuté en novembre 1999. Depuis cette date, le paysage économique, géopolitique et politique a considérablement changé. En effet, la nouvelle économie a subi un krach boursier en 2000. L'attaque sur le World Trade Center a engendré deux guerres et la mise en place de systèmes de surveillance et de contrôle s'appuyant sur la technologie de l'IA. Nos objectifs ont également été modifiés. A l'origine, nous avons voulu étudier l'impact des logiciels agents. Or, nos enquêtes et des études élaborées par les sociétés spécialisées dans l'audience d'Internet, montrent très nettement que les usagers ont adopté les moteurs de recherche au détriment des logiciels agents et des métamoteurs en-ligne. Nous avons donc réorienté notre problématique pour tenir compte de ce constat.

En 1999, personne ne parlait encore de Google. Les moteurs de recherche en général faisaient preuve d'un manque d'efficacité. Une requête par mots-clés engendrait des listes de documents présentant peu de rapports avec le sujet demandé. La consultation des annuaires paraissait fastidieuse. Très rapidement, la situation s'améliorait avec l'algorithme puissant de Sergey BLIN et de Larry PAGE, doctorants de l'université de Stanford. Le succès de leur moteur, attesté par nos enquêtes, a donné naissance à un verbe, « *to google* », pour désigner une recherche sur Internet.

Ainsi nous avons décidé de recentrer notre problématique autour de ce moteur. Il est vrai que d'autres outils s'efforcent de le rattraper. Cependant, la base d'indexation du premier dépasse de loin celles des concurrents pour l'instant. Comment expliquer ce phénomène ? Nous avons proposé un modèle simple, comprenant cinq facteurs : la performance, l'innovation, l'esprit communautaire, la mémoire et le modèle économique.

La performance de la technologie de Google, fournissant des résultats rapides et pertinents et proposant des fonctions avancées et un langage d'interface en *open source* destinés aux spécialistes, expliquent en grande partie la rapide diffusion des services de ce moteur. Les internautes dans leur grande majorité l'ont vite adopté.

L'innovation, facteur essentiel dans ce marché concurrentiel, est déterminante. Par le biais de GoogleLabs, les internautes sont invités à participer au développement du dispositif, constituant ainsi des communautés épistémiques. Aussi, les fondateurs du moteur sont-ils fidèles aux valeurs des pionniers d'Internet, partage, gratuité et réciprocité.

La mémoire stocke et met à la disposition de tous le fonds culturel de l'humanité, documents, articles, pages Web, images et livres. Tout est conservé en cache et peut, dans certaines conditions, être consulté quand la page d'origine n'est plus disponible sur Internet. Cependant, Google octroie à tout propriétaire de droits intellectuels la possibilité de refuser l'accès de sa page conservée en cache.

Le modèle économique de la firme de la Silicon Valley est innovant. Les services du moteur sont gratuits. L'entreprise se finance grâce à la vente de mots et de liens publicitaires adaptés aux intérêts des usagers. Cependant, toutes les formes de publicité ne sont pas forcément autorisées. Par exemple, un outil informatique intégré bloque les *pop-ups*. Il est important de noter que, pour la première fois, un mot possède une valeur marchande.

L'examen de l'interface de Google, comme la lecture de la documentation fournie par ce site, permettent de comprendre comment la technologie agent s'intègre dans ce système. En effet, on constate que la plupart des fonctions associées à un agent sont incorporées dans le moteur : technologie PUSH (alertes), dispositifs de filtrage, traduction automatique, correction orthographique, recherche de mots dans la liste de résultats ou dans les documents. La barre d'outils augmente les capacités du système. Nous pouvons considérer, par conséquent, que notre première hypothèse est validée. En effet, Google peut, à notre avis, être qualifié de système multi-agents. Qui plus est, le dispositif montre d'énormes possibilités d'évolution, intégrant de nouvelles fonctions, développées par la firme elle-même ou par les usagers expérimentés. D'autres interfaces seront conçues en fonction de la demande anticipée, notamment une spécialisée dans les programmes de la télévision et de la radio.

Si les moteurs le remportent sur les logiciels agents, l'amélioration des premiers passe par l'adoption des interfaces proches de celles proposées par ces derniers. Ainsi, Google a conçu une barre d'outils puis une barre de tâches. La première s'installe dans le navigateur Explorer de Microsoft tandis que la seconde se présente dans la barre de tâches de Windows. Aussi, est-elle visible dans toute application ouverte. Il n'est pas nécessaire d'ouvrir Explorer pour faire une requête car le dispositif de Google comporte son propre logiciel de navigation.

Nous ne savons pas à présent si ce type d'interface va se diffuser rapidement et s'il sera rapidement approprié. En effet, les usagers avertis pourraient se méfier de la présence de programmes capables d'envoyer des informations sur leurs pratiques aux moteurs ou aux portails. Autrement dit, certains internautes craignent l'installation à leur insu de programmes-espions ou *spyware*. Malgré cela, notre deuxième hypothèse concerne le développement de ce type de programme. En effet, celui-ci augmente l'efficacité de la recherche documentaire en proposant des outils d'analyse comme le surlignage des mots-clés de la requête. Nous pensons que la personnalisation des barres d'outils fera l'objet de nouveaux logiciels, payants pour les entreprises, mais comportant des fonctions plus élaborées. Par exemple, il est possible d'envisager la synthèse automatique de documents ou l'analyse sémantique de concepts.

Si les moteurs facilitent la réduction d'entropie sur le Web, il reste un problème à résoudre concernant le disque dur de l'usager. Or, la technologie de la recherche informationnelle peut s'adapter à des requêtes locales. En effet, la société Copernic propose, depuis le 1ᵉʳ septembre 2004, un moteur d'indexation et de recherche interne, *Desktop Search*. Ce logiciel est gratuit. Il permet de trouver, puis de lire et d'ouvrir tout document sur le disque dur de l'usager ou de lancer une recherche sur Internet. Il est fort probable que d'autres firmes adopteront cette technologie dans leurs barres d'outils. D'ailleurs, Google a lancé sa version bêta du moteur interne dès le 15 octobre 2004 afin de devancer la nouvelle version de Windows, prévue pour 2006. Notons, toutefois, que la firme canadienne continue à innover. Par conséquent, on peut penser qu'il reste un créneau pour les logiciels agents. Cependant, il nous semble que les moteurs intégrant la technologie agent et étendant leur présence sur les ordinateurs personnels attirent davantage les usagers et profitent du plus fort trafic en matière de recherche informationnelle pour attirer les recettes publicitaires et pour investir dans le R&D.

L'analyse des résultats de nos enquêtes nous a permis d'identifier les usagers et les enjeux de notre objet d'étude. Si les étudiants et les universitaires utilisent essentiellement les moteurs les plus populaires, notamment Google et Yahoo (portail équipé d'un moteur), les trois quarts d'entre eux ne connaissent pas le terme agent intelligent car celui-ci est visiblement passé de mode. Cette ignorance est confirmée par l'enquête portant sur les représentations que nos répondants se font de l'adjectif « intelligent ». Par contre, la plupart des professionnels s'intéressent à cette technologie, téléchargent des logiciels pour les tester mais, en première démarche, ils se servent de Google. En effet, ils suivent de près l'innovation en matière de recherche et de veille mais aucun produit, pour l'instant, émerge comme une nouvelle *killer application*.

Nous avons constaté également que Google s'emploie comme un outil de travail adaptable à de multiples fonctions pratiques. On l'utilise pour vérifier l'orthographe, comme dictionnaire en-ligne, aide à la traduction et pour identifier les sources des exposés des étudiants, victimes du « syndrome du copier-coller ». Ainsi, les usagers innovent, inventent leurs propres stratégies et rusent selon l'expression de Michel de CERTEAU[431].

L'échantillon des personnes interrogées sur leurs représentations de l'intelligence nous a fourni des réponses concernant cet aspect important de l'appropriation technologique. Près de la moitié associe tout de même l'adjectif à une machine, un quart à un outil et à un moteur de recherche. Nous ne savons pas s'il s'agit de l'intelligence de son créateur ou de celle incorporée dans l'objet. Cette question pourrait faire l'objet d'une étude ultérieure. Il nous semble également que l'imaginaire associé à la machine intelligente est fortement influencé par le cinéma ou la littérature. Il nous reste à développer une méthodologie plus pointue afin de déterminer quel type de rapport les médias entretiennent avec la construction des représentations collectives. L'analyse des noms des produits inventés par les usagers de notre enquête ou par les éditeurs de logiciels a permis de catégoriser ce processus. Si les premiers se réfèrent à la fiction, à la mythologie, aux termes abstraits, les seconds nomment leurs produits en fonction de l'utilisation prévue et en introduisant une part de métaphore, relevant de l'activité ou des capacités des humains ou des animaux, tout particulièrement des insectes. L'imaginaire est présent dans les deux cas. Mais l'intention des éditeurs est différente : il s'agit d'évoquer des objets agréables, facilement adoptables par les internautes. Par contre, chez les usagers, les termes suggèrent parfois la crainte ou le danger. L'analyse des représentations reste un domaine à explorer. Cet aspect de notre recherche nous a paru le plus intéressant et nous voulons l'approfondir.

A partir de l'étude des usages et du constat que les internautes ont adopté les moteurs de recherche plutôt que les logiciels agents, l'analyse des enjeux de cette nouvelle technologie nous semblait fondamentale. Quel impact l'intégration des agents dans les portails et la présence des barres d'outils auront-elles sur l'évolution de la société de l'information, caractérisée par l'accroissement de l'échange d'informations dans le monde ?

Nous avons identifié trois points importants : les internautes échangent des informations avec les systèmes informatiques, en contrepartie, ils jouissent de services gratuits. Ensuite, ce modèle d'échange semble incontournable, mais présente certains dangers pour la vie privée et la confidentialité. D'une manière plus positive, de nouveaux usages vont probablement émerger, combinant moteurs de recherche, sites commerciaux et téléphones mobiles. D'un côté, des avantages pour les utilisateurs, de l'autre, le danger de se trouver enfermé dans « *une maison de verre*[432] ».

Ainsi, il est possible d'imaginer deux scenarii, d'abord celui d'un monde surveillé en permanence où toutes sortes de données sur les individus sont collectées et analysées par le truchement du *datamining*. Par exemple, ces flux qui transitent par Internet, courrier, recherches de site, participation à des forums, achats en-ligne, puis appels téléphoniques, conversations, fax et photocopies, peuvent se conserver sur des dispositifs de stockage devenus de moins en moins chers. Dans la rue, les caméras de surveillance enregistrent nos moindres mouvements.

Peut-on justifier cette intrusion dans la vie privée ? Il nous semble nécessaire de reconnaître à l'État la possibilité de surveiller les activités illégales et de prévenir contre les actes terroristes. La législation américaine d'abord, puis anglaise et française augmente ce pouvoir de contrôle. Néanmoins, cette ingérence doit être soumise à des règles strictes protégeant les citoyens contre toute forme d'abus.

Si l'État nous surveille, d'autres organisations peuvent le faire également. Comment limiter ce type d'observation ?

Le Conseil de l'Union européenne a arrêté en 1997 une directive destinée à la protection des données personnelles. La directive du 15 décembre 1997 prévoit que les prestataires de services doivent prendre des mesures appropriées pour assurer la sécurité des transmissions. La directive 95/46 du 24 octobre 1995 sur le traitement de données à caractère personnel interdit le transfert de données depuis un État membre vers un pays n'ayant pas une protection adéquate. Cette directive a impliqué une modification[433] de la loi du 6 janvier 1978. Les États-Unis et l'Union européenne se sont mis d'accord sur des principes permettant une protection adéquate des données nominatives, traitées aux Etats-Unis, en provenance de l'EU[434]. Nous avons également présenté les réponses suggérées par la labellisation. Nous avons noté que certains acteurs préfèrent une forme souple et proposent aux internautes leur propre charte déontologique. Celle-ci se conforme à la législation européenne. Toutefois, sur le plan pratique, il est très difficile de mettre en œuvre un contrôle sur les agissements informatiques d'un portail concernant les données nominatives collectées. Il faut aussi signaler que ces dernières, analysées et intégrées dans un système de profilage, constituent la source de revenus principale et l'avantage compétitif des moteurs. La labellisation par un tiers présente certains atouts non seulement pour les portails mais pour des sites marchands également. Elle augmente le degré de confiance de l'usager. Ainsi, rassuré lors d'une transaction, il adoptera plus volontiers la formule consistant à acheter en-ligne. D'ailleurs, on constate que la vente sur Internet est en pleine croissance depuis deux ans.

En ce qui concerne la confiance des internautes quant aux moteurs de recherche, nous n'avons pas pu déterminer si les usagers étaient conscients de l'échange d'informations qu'ils autorisaient, des traces qu'ils laissaient derrière eux. Cette question fera l'objet d'une enquête prochaine.

Le commerce en-ligne pourrait passer par le téléphone mobile. En effet, les moteurs développent des interfaces appropriées. Ainsi un usager aura la possibilité de vérifier le prix d'un produit, de se renseigner sur celui-ci en temps réel, et éventuellement d'en négocier les détails de l'achat. Du point de vue de la théorie économique, le consommateur aura accès à un marché pur et parfait ayant connaissance de tous les prix pratiqués dans un secteur. Son pouvoir sera ainsi augmenté. Les moteurs de recherche intègrent dans leurs dispositifs des agents comparateurs de prix afin de capturer ce nouveau mode commercial. Cependant, il s'agit pour l'instant de projet et d'expérimentation. Nous ne savons pas si les usagers vont suivre l'offre proposée par les techniciens. Cette question mérite d'être étudiée. L'engouement pour la téléphonie mobile et son fort taux de pénétration en France comme partout ailleurs en Europe, laissent présager le développement important de nouveaux usages dans ce secteur.

Si le premier scénario présente des dangers mais aussi des avantages en matière de développement économique et de sécurité (à condition de prévoir des garde-fous), le second nous semble porteur de bouleversements sociétaux positifs. En effet, la mission des moteurs de recherche est de rendre accessible à toute la planète le fonds culturel de l'humanité. Il s'agit non seulement de pages Web mais d'ouvrages imprimés mis en-ligne et consultables. On peut ajouter des encyclopédies et des cours offerts par des universités comme le MIT. Ainsi les habitants des pays pauvres pourraient accéder à des connaissances, notamment celles contenues dans des livres dont l'acquisition représente un problème de moyens financiers.

Les problèmes à résoudre concernent moins les capacités de la technologie à stocker et à indexer ce fonds documentaire que l'accord des éditeurs et des juristes sur la manière de gérer les droits d'auteurs. Le projet de mettre en-ligne des ouvrages dont la consultation restera limitée en nombre de pages a déjà démarré. Force est de constater que le savoir ne se trouve pas forcément sur Internet. Les connaissances, en effet, sont essentiellement dans les livres. La technologie élaborée par les moteurs permet d'accéder à la page même où une phrase ou une référence apparaît dans une publication. Aussi l'usager dispose-t-il de nombreux atouts pour identifier les oeuvres qui traitent du sujet recherché. Il peut alors soit les acheter en-ligne soit les consulter en bibliothèque. Ce projet qui rappelle celui de la Bibliothèque d'Alexandrie nous semble l'enjeu le plus ambitieux de notre objet de recherche. Nous avons l'intention de suivre de très près son évolution.

Notre dernier point concerne l'interaction entre le social, l'économique, la technique et l'imaginaire. Est-il possible de faire une synthèse de ces aspects complexes ? Nous les avons évoqués tout au long de cette thèse. Nous sommes partis de la technique en examinant ses possibilités et ses promesses. On se rend compte que celle-ci dépend des facteurs économiques, notamment liés à son financement, donc à sa survie. Le financement n'est possible que si les usagers adoptent en grand nombre le produit ou le service. Sans quoi, les sites n'attirent pas les annonceurs. Pour fidéliser les internautes, il faut innover sans cesse et améliorer la performance en termes de pertinence, de vitesse et d'efficacité. La création de fonctions et d'interfaces intelligentes en est un exemple. L'échange de données entre l'utilisateur et le système s'effectue en temps réel et, outre le développement du marketing *un à un*, facilite deux facteurs clés. D'une part, la performance d'une requête, portant sur un sujet, est améliorée par l'analyse du comportement de l'usager et de son groupe de profil. D'autre part, cette même analyse permet d'identifier, à partir des problèmes d'usage examinés, d'anticiper les besoins réels des internautes pour préparer très rapidement la réponse technologique adéquate. C'est l'accélération de ce processus d'adaptation de l'offre à la demande que favorisent Internet et la technologie agent.

Passons maintenant aux difficultés rencontrées. Nous n'avons pas pu récolter assez d'informations en provenance des entreprises. Les cabinets de veille se montraient très réticents concernant leurs outils. Ainsi nous ne pouvons qu'utiliser les résultats de nos enquêtes qualitatives sans être à même d'élaborer des généralisations à propos des usages professionnels. Ce secteur fera l'objet d'enquêtes plus approfondies. La construction des questionnaires a également posé problème. Il a fallu ne pas présenter trop de questions. Après avoir dépouillé les résultats, il nous semblait que d'autres pistes devaient être explorées. Certaines réponses étaient difficiles à interpréter. Comment éviter de projeter notre propre vision ? L'ordre des questions a peut-être biaisé les réponses. On se rend facilement compte qu'un professionnel des sondages sociologiques aurait mieux présenté les questionnaires et interprété les résultats. Malgré tous ces obstacles, nous avons tenté de présenter une interprétation personnelle de cette nouvelle technologie capable de révolutionner nos rapports avec la culture et la connaissance. Nous avons mis en avant une hypothèse censée expliquer la mise en place des outils de recherche et anticiper les développements futurs. Ayant mis l'accent sur les moteurs de recherche que les langues française ou anglaise ne considèrent pas comme agents intelligents, nous avons indiqué les enjeux positifs et négatifs, le pouvoir qu'ils confèrent et le développement économique et social qu'ils promettent. En effet, le moteur est le point incontournable d'une requête. Il fournit les liens vers les thèmes recherchés. Cela lui confère un pouvoir de décision. S'il filtre certains documents et fait la promotion d'autres, quel impact aura-t-il sur l'opinion ? Ses algorithmes, comme sa déontologie, doivent assurer l'objectivité du classement des résultats. Comment s'assurer que les pouvoirs politiques ou financiers n'interviennent pas pour pervertir ce dispositif ?

L'étude des usages des moteurs et des portails ne fait que commencer. Les perspectives de recherche sont multiples. Comment les internautes vont-ils s'approprier les barres d'outils ou de tâches des moteurs et les logiciels du type Desktop Search ? Comment les moteurs d'indexation interne et externe vont-ils se développer ? Comment les entreprises font-ils intégrer ces produits dans leurs systèmes d'information ? Comment les usagers des téléphones mobiles vont-ils utiliser les services des moteurs de recherches et les comparateurs de prix ? Comment vont-ils se servir des bibliothèques sur Internet ? Telles sont les questions auxquelles nous aimerions apporter quelques éléments de réponse.

Pour connaître le taux de pénétration des divers logiciels liés aux moteurs de recherche et pour déterminer la manière dont les usagers s'en servent, nous serons amené à préparer et à proposer un questionnaire. Il est possible que des internautes évitent ces dispositifs par crainte de révéler le contenu de leurs disques durs.

Les moteurs de recherche vont-ils se spécialiser, certains dans les ouvrages publiés, d'autres dans les *blogs*, ou dans les fichiers MP3. Y aura-t-il concurrence ou monopole ? Quelles seront les conséquences si une seule firme accapare le marché de recherche sur le Web ? Nous ne pouvons pas anticiper les zones des bases d'indexation des moteurs qui seront isolées et qui possèderont leurs propres interfaces.

Les entreprises vont-elles investir dans des systèmes de *knowledge management* (KM) ou adopter des logiciels de Desktop Search adaptés à leur environnement ? Là encore, une enquête peut s'avérer intéressante malgré les difficultés de collecte de données en milieu professionnel.

Avec l'arrivée du téléphone mobile G3, s'ouvrent des possibilités d'intégrer les interfaces des moteurs de recherche et des comparateurs de prix. Les usagers vont-ils s'approprier ces nouveaux moyens d'achat ? Le commerce électronique se développera-t-il par ce biais ? Quels types de produits seront les plus concernés par ce mode de transaction ?

Le dernier point qui nous intéresse concerne l'accès aux ouvrages d'une bibliothèque. Dans une bibliothèque du « monde réel », il est possible d'emprunter un livre, d'en faire des photocopies à usage privé[435], ou tout simplement de le consulter sur place. Dans la bibliothèque virtuelle, le téléchargement et la copie posent problème. Un ouvrage se duplique en quelques secondes. Que deviendrait le secteur de l'édition si toutes les publications pouvaient s'obtenir gratuitement ? Il nous semble évident que de nouveaux modes de paiement devraient émerger afin de protéger les droits d'auteur et l'avenir de toute une profession.

Le domaine qui nous intéresse n'en est qu'à ses balbutiements et offre un choix important de problématiques. Notre thèse ne peut être qu'une introduction à un champ de recherche en perpétuelle et rapide évolution.

BIBLIOGRAPHIE DES OUVRAGES ET ARTICLES CONSULTÉS

Ouvrages et thèses

Ouvrages généraux

ANDLER, Daniel, *Introduction aux sciences cognitives*, Paris, Gallimard, 1992.

ARISTOTE, *Organon III*, J. Vrin, Paris, 2001, p. 224.

ASIMOV, Isaac, 1. « Runaround », *The Complete Robot*, London, Panther, 1984, p. 257- 278.

BOOLE, George, *The Mathematical Analysis of Logic : Being an Essay towards a Calculus of Deductive Reasoning*, London, Macmillan, 1847.

DESCARTES, René, *Les méditations métaphysiques*, Paris, Bordas, 1987, p. 192.

DENNETT, Daniel, *Consciousness Explained*, London, Penguin, 1993.

DENNETT Daniel, *The Intentional Stance*, Cambridge, Ma., MIT Press, 1987.

ECCLES, John, C., *Évolution du cerveau et création de la conscience*, Paris, Flammarion, 1989. p.368.

HOMER, T*he Iliad II*, trans. A.T. Murray, Harvard University Press, Coll. Loeb Classical Library, Cambridge Ms., 1976.

HOMÈRE, *Iliade*, trad. Mario Meuier, Paris, Le livre de Poche, 1972.

HOUDE Olivier ; KAYSER, Daniel., *Vocabulaire des sciences cognitives*, Paris, P.U.F., 1998, p. 417.

KURZWEIL, Ray, T*he age of the spiritual machines*, London, Phoenix, 1999, p. 484.

LABURTHE-TOLRA, Philippe, WARNIER, Jean-Pierre, *Ethnologie, Anthropologie*, Paris, PUF, 1997, 3ᵉ édition, 1997, p. 412.

LATOUR, Bruno, *Nous n'avons jamais été modernes, essai d'anthropologie symétrique*, Paris, la Découverte, 1991.

OVIDE, *Métamorphoses*, éd. J.-P. Néraudau, Gallimard, coll. « Folio », Paris, 1992, p. 329-330.

PENROSE, Roger, *Shadows of the Mind*, London, Vintage 1995.

PLATON « Euthypron », *Premiers dialogues*, Paris, Flammarion, 1967, p. 185-211.

REICHARDT, Jasia, *Les Robots Arrivent*, Chêne, Paris, 1978, p.168.

RICOEUR, Paul, *La mémoire, l'histoire, l'oubli*, Paris, Éditions du Seuil, 2000, p.689.

VIGNAUX, Georges, *Les sciences cognitives, une introduction*, Paris, La Découvert, 1991, p.351.

WARWICK Kenneth, *March Of The Machines*, London, Century, 1997, p. 263.

Ouvrages de méthode

BLANCHET, Alain ; GOTMAN, Anne, *L'enquête et ses méthodes : l'entretien*, Paris, Nathan, 1992, p. 125.

GHIGLIONE, Rodolphe ; MATALON, Benjamin, *Les enquêtes sociologiques, théories et pratiques*, Armand Colin, Paris, 1998, p.301.

GRAWITZ, Madeleine, *Méthodes des sciences sociales*, Paris, Dalloz, 8e éd., 1990, p. 1140.

LEBART, Ludovic, PIRON, Marie, STEINER, Jean-François, *La Sémiométie, Essai de statistique structurale*, Paris, Dunod, 2003, p.228.

QUIVY, Raymond ; VAN CAMPENHOULDT, Luc, *Manuel de recherche en sciences sociales*, Paris, Dunod, 1995, p.288.

ROSENTAL, Claude ; FRÉMONTIER-MURPHY, Camille, *Introduction aux méthodes quantitatives en sciences humaines et sociales*, Paris, Dunod, 2001, p. 156.

Sciences de l'information et de la communication et économie des systèmes d'information

AFNOR, (1) *Vocabulaire de la documentation*, 2e édition, Paris, 1987.

AFNOR, (2) *Documentation et Information*, Paris, 1988.

ARROW, Kenneth, J., *Théorie de l'Information et des organisations*, Paris, Dunod, Coll. « Théories économiques », 2000, p. 292.

ARTUS, Patrick, *La nouvelle économie*, Paris, La découverte, coll. « Repères », 2e édition, 2002, p.125.

BAHU-LEYSER, Danielle ; DIGNE, Christophe (sous la direction de), *TIC, qui décide ?*, Paris, La Documentation Française, 2002, p. 210.

BAHU-LEYSER, Danielle, FAURE, Pascal (sous la direction de), *Éthique et société de l'information*, Paris, La Documentation Française, 1999, p. 194.

BAHU-LEYSER, Danielle, FAURE, Pascal (sous la direction de), *Médias, e-médias*, Paris, La Documentation Française, 2001, p. 181.

BAHU-LEYSER, Danielle, FAURE, Pascal (sous la direction de), *Nouvelles Technologies Nouvel État*, Paris, La Documentation Française, 1999, p. 215.

BALLE, Francis, *Médias et sociétés*, Paris, Montchrestien, 1999, p. 811.

BALLE, Francis (Sous la direction de), *Dictionnaire des médias*, Paris, Larousse, 1998, p. 281.

BATESON, Robert ; RUESCH, Jurgen, *Communication et Société*, Paris, Seuil, 1988, p.347.

BAUMARD, Philippe. « Intelligence, renseignement et affrontements économiques » dans *Introduction à la Géoéconomie*, Paris, Economica, 1999, p. 114-148

BENSOUSSAN, Alain, *Internet, aspects juridiques,* Paris, Hermès, 1998, 2e édition, p. 247.

BOURNOIS, Frank ; ROMANI, Pierre-Jacquelin, *L'intelligence Économique et Stratégique dans les entreprises françaises*, Paris, Economica, 2000, p.265.

BOUVARD Patrick ; SRORHAYE Patrick, *Knowledge Management*, Paris, éditions ems, 2002, p. 136.

BRETON, Philippe, *La tribu informatique*, Paris, Métailié, 1990.

BRETON, Philippe, *Le culte d'Internet, Une menace pour le lien social ?*, Paris, La Découverte, 2000, p.125.

BRETON, Philippe, *Une Histoire de L'Informatique*, Seuil, Paris 1990.

CASTELLS, Manuel, *La société en réseaux, l'ère de l'information*, Paris, Fayard, 1998, p. 604.

CERTEAU, Michel (de), *L'invention du quotidien*, tome 2, *« Arts de faire »* Paris, Gallimard (Coll. UGE 10-18), 1980.

CHAMBAT, Pierre, *Communication et lien social*, Paris, Cité des Sciences et de l'industrie, Descartes, 1992, p. 283.

CURIEN, Nicolas, *Économie des réseaux*, Paris, La Découverte, 2000, p.121.

DELEPLACE, Guislain, 1999, *Histoire de la pensée économique*, Paris, Dunod, 1999, p. 523.

DELORS, Jacques, *Pour entrer dans le XXIe siècle : emploi, croissance, compétivité* : Le livre blanc de la Commission des Communautés européennes, Paris, M. Lafon, 1994, p. 298.

DUFOUR, Armond, *Le Cybermarketing*, PUF Paris 1997, coll « Que sais-je », p. 128.

DUPOIRIER, Gérard ; ERMINE, Jean-Louis, *Gestion des documents et gestion des connaissances*, Paris, Hermès, 1999, p. 350.

FLICHY, Patrice, *L'Imaginaire d'Internet*, Paris, Editions La Découverte, 2001, p. 289.

FLICHY, Patrice, *L'innovation technique*, Paris, Editions La Découverte, 1995, p. 244.

FOENIX-RIOUX, Béatrice, *Recherche et veille sur le Web visible et invisible*, Éditions TEC & DOC, Paris 2001, p. 233.

FORAY, Dominique, L'économie de la connaissance, Paris, La Découverte, 2000, p.123.

HARBULOT, Christian, *La machine de guerre économique*, Paris, Economica, 1992.

HUSSHERR, François-Xavier ; NERON, Sophie, *Comportement de l'Internaute, Dunod*, Paris, 2002, p. 283.

JORDAN, Tim, *Cyberpower: the Culture and Politics of Cyberspace and the Internet*, London, Routledge, 1999, p. 254.

LAMIZET, Bernard, SILEM, *Ahmed, Dictionnaire encyclopédique des sciences de l'information et de la communication*, Paris, Ellipses, 1997, p. 590.

LATOUR, Bruno, *Petites Leçons de sociologie des sciences*, Paris, La Découverte, 1993, p. 253.

LAULAN Anne-Marie, *La résistance aux systèmes d'information*, Paris, Retz (Actualité des Sciences humaines), 1985, p. 161.

LESCA, Humbert, *Information et adaptation de l'entreprise*, Paris, Masson, 1989, p.216.

LEVY, Pierre, *Cyberculture*, Paris, Éditions Odile Jacob, 1997, p. 313.

LEVY, Pierre, *Qu'est-ce que le virtuel*, Paris, La Découverte, 1995, p. 154.

LOROT, Pascal. *Introduction à la Géoéconomie*, Paris, Economica, 1999, p.241.

MAÎTRE, Bernard, ALADJIDI, Grégoire, *Les Business Models de la Nouvelle Économie*, Paris , Dunod, 2000, p. 233.

MARTINET, Brudo ; MARTI Jean-Michel, *L'intelligence économique*, Éditions de l'Organisation, Paris, 1995.

MARTRE, Henri, *Intelligence économique et stratégie des entreprises*, Commissariat général du plan, Paris, La Documentation française, 1994.

MATTELARD, Armand, *Histoire de la société de l'information*, Paris, La Découverte, coll. « Repères », 2001, p. 125.

MATTELARD, Armand ; MATTELARD, Michèle, *Histoire des idées de la communication*, Paris, La Découverte, coll. « Repères », 1995, p. 125.

MAYERE, Anne, *Pour une économie de l'information*, Éd. du CNRS, Lyon, 1990, p. 317.

MOLES, Abraham, *Théorie structurale de la communication et société*, Paris, Masson, 1995, p. 295.

MUCCHIELLI, Alex, *Les sciences de l'information et de la communication*, Paris, Hachette, Coll. « Les Fondamentaux », 3e édition, 2001, p. 158.

PERRIAULT Jacques., *La logique de l'usage-essai sur les machines à communiquer*, Paris, Flammarion, 1989, p. 253.

PRAX, Jean-Yves, *Le Manuel du Knowledge Management, une approche de 2e génération*, Paris, Dunod, 2003, p. 467.

PROULX, Serge, *La révolution Internet en question*, Québec, Québec Amérique, 2004, p. 144.

RECHENMANN, Jean-Jacques, *Internet et le Marketing*, Paris , Éditions d'Organisation, 1999, p.199.

REVELLI, Carlo, *Intelligence Stratégique sur Internet*, Paris, Dunod, 1998, p. 212.

RIEFFEL, Rémy, *Sociologie des médias*, Paris, Ellipses, 2001, p. 176.

SCARDIGLI, Victor, *Le sens de la technique*, Paris, PUF, 1992, p. 288.

SFEZ, Lucien ; COUTLÉE, Gilles (sous la direction de), *Technologies et Symboliques de la Communication*, Colloque de Cerisy, Grenoble, PUG, 1990, p.432.

VITALIS, André (sous la direction de), *Médias et nouvelles technologies, Pour une sociopolitique des usages*, Rennes, Apogée, 1994.

VOLLE, Michel, *E-conomie*, Economica, Paris, 2000, p.348.

WOLTON, Dominique, *Internet et après, une théorie critique des nouveaux médias*, Paris, Flammarion, 1999, p. 240.

WOLTON, Dominique, *Penser la communication*, Paris, Flammarion, 1997, p. 240.

Intelligence Artificielle et Informatique

AKOULCHINA, Irina, *Apprentissage et Acquisition de Connaissances*, Thèse de doctorat de l'Université de Paris VI, Paris, LIP6, 1996.

ALTY, J.L.; COOMBS, M.J., *Expert Systems, Concepts and Examples*, Manchester, NCC Publications, 1984.

ARBIB, Michael, *Brains, Machines, and Mathematics*, Springer-Verlag, New York, 1987, p 202.

BALDI, Pierre; FRASCONI, Paolo; SMYTH, Padhraic, *Modeling the Internet and the Web*, London, Wiley, 2003, p. 285.

BALDIT, Patrick, *Les agents Intelligents : Qui sont-ils ? Que font-ils ? Où nous mènent-ils ?*, Direction de l'Information scientifique et technique, CEA/Saclay, Rapport CEA-R-5777, Gif-sur-Yvette, 1997, p. 43.

BERRY Michael; LINOFF Gordon, *Data Mining*, Paris, InterEditions, 1997, p.379.

BLANQUET, Marie-France, *Intelligence Artificielle et systèmes d'information*, Paris, E.S.F., 1994, p. 269.

BONNET, Alain, *L'Intelligence Artificielle, Promesses et Réalités*, Paris, InterEditions, 1984, p. 171.

BONNET, Christophe ; MACARY, Jean-François. *Technologies PUSH*, Paris, Eyrolles, 1998, p.253.

BRADSHAW, Jeffrey M., *Software Agents*, Boston, AAAI Press/ The MIT Press, 1997.

BUFFET, Olivier, *Une double approche modulaire de l'apprentissage par renforcement pour des agents intelligents adaptatifs*, Thèse de doctorat de l'université Henri Poincaré - Nancy I, 2003, p.214.

CAGLAYAN, Alper; HARRISON, Collin, *Agent sourcebook, A Complete Guide to Desktop, Internet, and Intranet agents*, New York, Wiley Computer Publishing, 1997, p. 349.

CHAUDET, Hervé ; PELLEGRIN, Liliane, *Intelligence Artificielle et psychologie cognitive*, Paris, Dunod, 1998, p. 179.

CONTI, Pierre, *Agents intelligents : émergence d'une nouvelle technologie pour la gestion de réseaux*, Thèse de l'Ecole nationale supérieure des télécommunications, Spécialité : Informatique et Réseaux, 2000, p.228.

CREVIER, Daniel, *A la recherche de l'intelligence artificielle*, Flammarion, coll. « Champs », Paris, 1997, p. 438.

DEMAZEAU, Yves ; Müller, Jean-Pierre, *Decentralized Artificial Intelligence (2)* Elsevier Science Publisher B.V., North Holland, 1991.

DESCLES, Jean-Pierre, *Langages applicatifs, langages naturelles et cognition*, Paris, Hermès, 1990.

DEVLIN, Keith, *Logic and information*, Cambridge, Cambridge University Press, 1991, p 307.

DREYFUS, Hubert, L., *Intelligence Artificielle, mythes et limites*, Paris, Flammarion, 1984, p. 443.

ERMINE, Jean-Louis, *Systèmes Experts, Théorie et Pratique*, Technique et Documentation-Lavoisier, Cachan, 1989.

FERBER, Jacques, *Les systèmes multi-agents,vers une intelligence collective*, InterEditions, Paris, 1995, p. 620.

FOENIX-RIOUX, Béatrice, *Recherche et veille sur le Web visible et invisible*, Éditions TEC & DOC, Paris 2001, p. 233.

GAITA, D. ; PUJOLLE, G. *L'Intelligence dans les Réseaux*, Paris, Eyrolles, 1993, p. 207.

GANASCIA, Jean-Gabriel, *L'âme machine, les enjeux de l'intelligence artificielle*, Paris, Seuil, 1990, p. 279.

GENTHON, Philippe, *Dictionnaire de l'intelligence artificielle*, Paris, Hermès, 1989.

GRUMBACH, Alain, *La cognition artificielle, du réflexe à la réflexion*, Paris Addison-Wesley France, 1994, p. 232.

GUESSOUM, Zahia, *Un environnement opérationnel de conception et de réalisation de systèmes multi-agent*, Thèse de doctorat de l'Université de Paris VI, Paris, 1996, p. 188.

HATON, Jean-Pierre ; HATON Marie-Pierre, *L'Intelligence Artificielle*, Paris. P.U.F., Coll. « Que sais-je », 1993.

HAUGELAND, John, *L'esprit de la machine : fondements de l'intelligence artificielle*, Paris, Odile Jacob, 1989.

HAYKIN, Simon, *Neural Networks, a Comprehensive Foundation*, New Jersey, Prentice Hall Inc., 1994, p 696.

HEBB, Donald, *The Organization of Behaviour, A Neuropsychological Theory*, New York, Wiley, 1949.

HEUDIN, Jean-Claude, *La Vie Artificielle*, Hermès, Paris, 1994, p. 267.

JODOUIN, Jean-François, *Les réseaux de neurones*, Paris, Hermès, 1994, p. 124.

KHANNA, Tarun, *Foundations of Neural Networks*, Reading, Mass., Addison-Wesley, 1990, p.196.

LABAT, Jean-Marc, *QUIZ: Une contribution à l'amélioration des capacités pédagogiques des tuteurs intelligents*, Thèse d'Université, LAFORIA 93/34, Université de Paris VI, Institut Blaise Pascal, 1990, p. 249.

LAZURE, Noël, *Dictionnaire de l'intelligence artificielle : anglais/français*, Paris, Masson, 1993.

LEFÉBURE, René ; VENTURI, Gilles, *Data mining, Gestion de la relation client, Personnalisation de sites Web*, Paris, Eyrolles, 2001, 2ᵉ éd., p. 391.

LELOUP, Catherine, *Moteurs d'indexation et de recherche, environnement client-serveur, Internet, intranet*, Paris, Eyrolles, 1998, p. 285.

LEVÈVRE, Philippe, *La recherche d'informations, du texte intégral au thésaurus*, Paris, Hermès, 2000, p.253.

MINSKY, Marvin, L.; PAPERT, Seymour, *Perceptrons, an introduction to computational geometry*, Cambridge Mass., MIT Press, 1969.

MORAVEC, Hans, *Mind Children: The Future of Robot and Human Intelligence*, Cambridge Mass., Harvard University Press, 1988.

MÜLLER, Jörg P., *The Design of Intelligent Agents, A Layered Approach*, Springer, Berlin, 1996, p. 224.

NRC (National Research Council), *Funding a Revolution, Government Support for Computing Research*, National Academy Press, Washington DC., 1999.

PAQUETTE, G ; BERGERON, A., *L'intelligence artificelle, comprendre et prolonger l'intelligence humaine*, Télé-Université, Sainte-Foy, 1989, p. 718.

PARASCHIV, Corina, *Les agents intelligents pour un nouveau commerce électronique*, Paris, Hermès, coll. « Technique et scientifique des Télécommunications », 2004, p. 246.

PITRAT Jacques, *Métaconnaissance : futur de l'AI*, Paris, Hermès, 1990.

PITRAT, Jacques, *Textes, ordinateurs et compréhension*, Paris, Eyrolles, 1985.

RICH, Elaine, *Intelligence Artificielle*, Paris, Masson, 1987, p. 439.

RUSSEL Stuart J.; NORVIG Peter, *Artificial Intelligence, A Modern Approach*, New Jersey, Prentice-Hall International, 1995. p. 932.

SABAT, Gérard, *L'Intelligence artificielle et le langage, vol.1 : Représentation des connaissances*, Hermès, Paris, 1990 .

SABAT, Gérard, *L'Intelligence artificielle et le langage, vol.2 : Processus de compréhension*, Paris, Hermès, 1990.

SALLANTIN, Jean., *Les agents intelligents*, Paris, Hermès, 1997, p. 298.

SAMIER, Henri ; SANDOVAL, Victor, *La recherche intelligente sur Internet, outils et méthodes*, Paris, Hermès, 1998, p. 151.

SHAPIRO, Stuart Charles (sous la direction de), *Encyclopedia of Artificial Intelligenc (tome 1)*, New York, Wiley, 1987.

SHAPIRO, Stuart Charles (Sous la direction de), *Encyclopedia of Artificial Intelligence (tome 2)*, New York, Wiley, 1987.

SMITH, Raoul, *Dictionary of artificial intelligence*, London, Collins, 1990, p.374.

SOWA, J., *Principle of Semantic Networks : explorations in the representation of knowledge*, San Mateo, Morgan Kaufmann, 1991.

VOYER, Robert, *Moteurs de systèmes experts*, Paris, Errolles, 1987, p.512.

WATSON, Mark, *Intelligent JAVA applications*, San Francisco, Morgan Kaufmann, 1997, p. 377.

WIENER, Norbert., *Cybernetics: on Control and Communication in the animal and the Machine*, New York, Wiley, 1948.

WINSTON, Patrick H., *Artificial Intelligence*, Reading Mass., Addison-Wesley, 1984.

WOOLMAN, Matt, *Données à voir, le graphisme de l'information sur support numérique*, Paris, Thames and Hudson, 2002, p. 176.

Articles

Sciences de l'information et de la communication et économie des systèmes d'information

BAHU-LEYSER, Danielle ; HAERING, Hélène, « Mesure et usages des publics d'Internet en France », *2ᵉ colloque international sur les usages et services des télécommunications*, Bordeaux (France), 7 – 9 juin, 1999, p. 1-11.

BOULLIER, Dominique ; CHARLIER, Catherine, « A chacun son Internet, Enquête sur les usages ordinaires » *Réseaux*, N° 86, novembre-décembre, 1997, p. 159-181.

CHAMBAT, Pierre, « Usages des technologies de l'information et de la communication (TIC) : évolution des problématiques », *Technologies de l'information et des sociétés*, volume 6, n° 3, 1994, p. 249-269.

FÉRAUD, Jean-Christophe, « Google contre Microsoft, la guerre des moteurs», *La Tribune* du 17 février 2004, p.28-29.

FERRET, Bruno, « Gérer une campagne publicitaire sur Internet », *Internet Professionnel,* N°28, Février 1999, p. 77.

FLICHY, Patrick « Utopies et innovations, le cas Internet », *Sciences Humaines*, hors série N° 16- Mars/avril, 1997, p.64-67.

GENSOLLEN, Michel, « La création de valeur sur Internet », *Réseaux* n° 97, Paris, Hermès, 1999, p. 17-76.

GENSOLLEN, Michel, « Nouvelle économie ou crise du discours économique ? », Table Ronde « Sciences sociales et action collective, Perspective de la connaissance », (Cerisy 2001).

GENSOLLEN, Michel, « The Market's Future : Ecosystems and Competition », *Communications & Strategy*, N° 44, 4th Quarter, 2001, p. 171-191.

GOBERT, Didier ; SALAÜN, Anne, « La labellisation des sites Web : classification, stratégies et recommandations », *DAOR*, n° 51, novembre 1999, p. 83-94.

GOBERT Didier ; SALAÜN, Anne, « La labellisation des sites Web : inventaire des initiatives », *Communications & Stratégies*, 3ème trimestre, 1999, N° 35, p. 229-251.

GREEN, Jay, « Mad as hell at Microsoft », *Business Week*, le 21 octobre 2002, p. 98-99.

HAMISULTANE, Sophie, « Knowledge Management : premier retours d'expérience des SSII », *Distributique, N° 330*, 25 oct. 2001.

HAWKINS, Richard, « The Phantom of the Market Place : Searching for New E-Commerce Business Models », *Communications & Strategies*, N° 46, 2nd quarter, 2002, p. 297- 329.

HOELTEN, Dominique, « Mieux connaître ses clients avec le one-to-one », *Internet Professionnel,* N° 26, déc. *1998,* p. 77.

JUDGE, Paul, C., « Little Privacy Please », *Business Week, March 16* 1998, p. 54-56.

PORTER, Michael, « Strategy and the Internet », *Harvard Business Review*, March 2001, p. 63-78.

ROGNETTA, Jean, « Google a conquis le cœur des Français », *Les Échos*, le 14 janvier 2002, p. 2.

ISSAC, Henri ; KALIKA, Michel, « La vie privée des salariés de plus en plus menacée », *La Revue française de gestion*, N° 134, juin, juillet, août, FNEGE, 2001. Article tiré de *Problèmes économiques*, N° 2729, sept. 2001, pp. 7-11.

JOSEPH, Patrick, « On-line Advertising Goes One-On-One » *Scientific American,* December 1997. p. 27.

JOUËT, Josiane, « Pratiques de la communication et figures de la médiation. Des médias de masse aux technologies de l'information et de la communication », in :- Paul Beaud, Patrice Flichy et alii, *Sociologie de la communication*, Paris, CENT, *Réseaux*, 1997, p. 293.

JOUËT, Josiane, « Retour critique sur la sociologie des usages » *Réseaux,* N° 100, 2000, p. 487-521.

LASSWELL, Harold, « The Structure and Function of Communication in Society », *The Communication of Ideas*, New York, Harper, 1984.

LAUTREY, Jacques, « L'Intelligence de la mesure aux modèles », *Sciences Humaines*, N°116, Mai 2001, p. 22-31.

VARANDAT, Marie, « Gestion des connaissances, le cerveau de l'entreprise » *Internet Professionnel,* Nov. 2001, N° 58 p. 62.

VENKATESH, Wiswanath, « Determinants of perceived ease of use : Integrated Control, Intrinsic Motivation, and Emotion into the Integrated Technological Model », *Information Systems Research*, Vol. 11, N° 4, December 2000, p. 343-365.

WEISER, Mark, « Notes on Ethical Computing », *The New Age of Discovery, Time*, Winter 1997-1998, p116-117.

WEXLEY, Joanie, « Why computer users accept new systems » MIT Sloan Management Review, Spring 2001, p. 17.

Intelligence Artificielle et Informatique

BRODER, A.; KUMAR, R.; MAGHOUL, R ; RAGHAVAN, F. , RAGAGOPALAN, S ; STATA, R.; TOMIKINS, A .; WIENER, J., « Graph structure in the Web », *Proc. 9ᵗʰ World Wide Web Conference (WWW9), Comp. Networks* 33, 2002, p. 107-117.

DERUDET, Gilles, « la révolution des agents intelligents », *Internet Professionnel,* N° 9, Mai 1997, p 74-79.

DORTIER, Jean-François, « Espoirs et réalité de l'intelligence artificielle », *Le cerveau et la pensée*, Sciences Humaines, Paris, 1999, p. 69-77.

FRANKLIN Stan; GRAESSER, Art, « Is it an Agent, or just a Program?: A Taxonomy for Autonomous Agents », *Proceedings of the third international workshop on agent theories, architectures, and languages*, New York, Springer-Verlag, 1996.

GROSSMAN, Lev, « Search and Destroy », *Time*, 2 février 2004, p. 36.

GRUMBACH, Alain, « La conscience artificielle », *Science et Avenir*, avril 1998, Hors-série, p. 34-39.

HOLMES, B., « The Creativity Machine », *New Scientist*, 20 Jan. 1996, p. 22-26.

McCARTHY, John, « Programs with Common Sense », *Proceedings of the Symposium on Mechanization of Thought Prosesses*, vol. 1, London, Her Majesty's Stationary Office, p. 77-84.

MINSKY, Marvin, « A Framework for Representing Knowledge », *The Psychology of Computer Vision*, New York, McGraw-Hill, 1975, p. 211-279.

MISSA, Jean-Noël, « De l'esprit au cerveau », *Le cerveau et la pensée*, Sciences Humaines, Paris, 1999, p. 136.

MISSA, Jean-Noël, « La Philosophie de l'Esprit », *La Pensée, Science et Avenir*, Hors-Série, Avril 1998, p. 16-19.

NEWELL, Allen; SIMON, Herbert, « Computer science as empirical enquiry : Symbols and search », *Communications of the ACM. 19 (3)*: p 113-126, 1976.

NWANA, Hyacinth , « Software Agents : An Overview », *Knowledge Engineering Review*, Vol.11, N° 3, p. 1-40, Sept. 1996.

PITTRAT, Jacques, « La naissance de l'intelligence artificielle », *la Recherche*, No. 170, Octobre, 1985, vol. 16, p. 1131-1141.

ROCHESTER, N.; HOLLAND, J.H.; HAIBT, L. H.; DUDA, W. L., « Tests on a cell assembly theory of the action of the brain, using a large digital computer. », *IRE Transactions on Information Theory, IT-2*, p. 80-93.

SEARLE, John R. « Minds, brains, and programs », *The Behavioral and Brain Sciences*, N° 3, p. 417-457, Cambridge University Press, 1980.

SHANNON, Claude E., « A Mathematical Theory of Communication », *The Bell System Technical Journal*, Vol. 27, July, October, 1948, p. 379-423, 523-656.

SHOHAM, Y., « Agent Oriented Programming », *Artificial Intelligence* N° 60, 1993, p. 139-159.

Webographie

Livres en-ligne

BRADSHAW, Jeffrey, *An introduction to software agents*, livre consulté le 17 12 2003, http://agents.umbc.edu/introduction/01-Bradshaw.pdf

Evolving the High Performance Computing and Communications Initiative to Support, the Nation's Information Infrastructure, Committee to Study High Performance Computing and Communications: Status of a Major Initiative, Computer Science and Telecommunications Board, Commission on Physical Sciences, Mathematics, and Applications, National Academy of Science, 1995, consulté le 12 10 2000 sur le site du National Academy Press, http://www.nap.edu/readingroom/books/hpcc/chap1.html

Business Interactive 2002 (sans date), « White Paper Panorama des Solutions de Gestion de la Connaissance », p. 115, document consulté le 5 janvier 2003, www.businessinteractif.com

Publications officielles

Directive 95/46/CE du Parlement européen et du Conseil du 24 octobre 1995 relative à la protection des personnes physiques à l'égard du traitement des données à caractère personnel et à la libre circulation de ces données, document consulté le 12 janvier 2004, http://europa.eu.int/ISPO/legal/fr/dataprot/directiv/direct.html

INTERNATIONAL SAFE HARBOR PRIVACY PRINCIPLES, DRAFT - April 19, 1999, document consulté le 12 janvier 2004, http://www.ita.doc.gov/td/ecom/shprin.html

Children's Online Privacy Protection Act 1998 (sans date), sur le site du Federal Trade Commission, document consulté le 12 janvier 2004, http://www.ftc.gov/ogc/coppa1.htm

Dublincore « metadate element set » (sans date), sur le site du dublincore.org, consulté le 10 décembre 2003, http://dublincore.org/documents/dces/

Europa.eu, « Vente à distance des services financiers » (sans date), document consulté le 19 janvier, 2004, http://europa.eu.int/comm/consumers/cons_int/fina_serv/dist_mark/index_fr.htm

NISO Standard Z39.85-2001 (septembre 2001), consulté le 10 décembre 2003, http://www.niso.org/standards/resources/Z39-85.pdf

CNIL, Loi N° 78-17 du 6 janvier1978 (20 janvier 2004) sur le site du CNIL, document consulté le 24 janvier 2004. http://www.cnil.fr/frame.htm?http://www.cnil.fr/textes/text02.htm

ISO Standard 15836-2003 (février 2003), consulté le 10 décembre 2003, http://www.niso.org/international/SC4/n515.pdf

Sites Web

Acheter-moins-cher.com, comparateur de prix (25 12 2004), site consulté le 25 décembre 2004, http://acheter-moins-cher.com/

Agentland.fr, vortail sur les programmes agents (12 01 2004), site consulté le 12 janvier 2004, http://www.agentland.fr/

Alltheweb privacy policy (7 2 2004), site consulté le 20 décembre 2004, http://www.alltheweb.com/info/about/privacy_policy

AltaVista results (contenant truste-approved sites) (sans date), site consulté le 19 janvier 2004, http://fr.altavista.com/web/results?q=shopping+agents++%27truste+approved%27&kgs=0&kls=1&avkw=aapt.

Archive.org (sans date), site consulté le 6 09 2004, http://www.archive.org/

Archive.org, millionbooks project (sans date), site consulté le 5 10 2004, http://www.archive.org/texts/collection.php?collection=millionbooks

Arisem, page d'accueil de la société Arisem (24 2 2004), page consultée le 25 février 2004, http://www.arisem.com/fr/

AltaVista : CHARTE DE CONFIDENTIALITE (sans date), site consulté le 15 janvier 2004, http://www.altavista.com/web/legal/privacy

ATIFL, neuvième dictionnaire de l'Académie Française (sans date), site consulté le 5 juillet 2004, http://atilf.atilf.fr/Dendien/scripts/generic/cherche.exe?71;s=802167780

BBB ONLINE « Promoting confidence and trust on the Web », page d'accueil du BBB OnLine (sans date), sur le site du BBB ONLINE, page consultée le 13 janvier, 2004, http://www.bbbonline.org/

Buycentral.com, comparateur de prix (8 1 2004), site consulté le 8 janvier 2004, http://www.buycentral.com/

Coelis, page d'accueil de la société Coelis, firme spécialisée dans l'intelligence économique (sans date), page consultée le 30 décembre 2003, http://www.coelis.com/

Comparer-les-prix-en-ligne, comparateur de prix (sans date), site consulté le 8 janvier 2004, http://www.comparer-les-prix-online.com/

Copernic, page d'accueil de la firme Copernic (sans date), site consulté le 25 décembre 2004, http://www.copernic.com/fr/index.html

Copernic agents, « spécifications techniques » (sans date), sur le site de Copernic, page consultée le 20 janvier 2004, http://www.copernic.com/fr/products/agent/specs.html

Copernic press release, « Copernic Offers a Special Rebate to Users of BullsEye Software » (19 7 2003), page consultée le 6 janvier 2004, http://www.copernic.com/en/company/press/press-releases/press_54.html

Copernic press release, « Martin Bouchard, le PDG de Copernic, est honoré par ses pairs » (26 5 2003), document consulté le 16 juin 2004, http://www.copernic.com/fr/company/press/press-releases/press_52.html

Copernic products tour (sans date), sur le site de Copernic, page consultée le 6 janvier 2004, http://www.copernic.com/en/products/agent/tour.html

Copernic products (sans date), sur le site de Copernic, page consultée le 23 janvier 2004, http://www.searchtools.com/tools/copernic.html

Copernic-Company Info-Press Room – Press releases, « The only desktop search worthe using » (31 08 2004), article consulté le 11 septembre 2004, http//:www.copernic.com/en/company/press/press-releases/press_65.html

CWM (Corporate Website Marketing), « Search Engine Optimizers » (sans date), sur le site de la société corporate website marketing, page consultée le 27 février 2004, http://www.corporatewebsitemarketing.com/searchengineoptimizers.html

Cybion, « études » (sans date), page consultée le 8 janvier 2004, http://www.cybion.fr/pages/services/etudes.html

Cybion, page d'accueil (sans date), page consultée le 5 août 2003, www.cybion.com

Decisionnel.net, page d'accueil « veille sur Internet » (sans date), page consultée le 5 janvier 2004, http://www.decisionnel.net/veille/index.htm

Digimind (Competitive Intelligence Marketing Solutions), page d'accueil de Digimind (sans date), page consultée le 25 février 2004, http://www.digimind.fr/

Doubleclick, page d'accueil de la firme doubleclick.com (sans date), page consultée le 5 août 2003, http://www.doubleclick.com/us/

Eliza, programme conçu par Joseph WEISENBAUM (sans date), sur le site du Department of Intelligent Systems, Jozef Stefan Institute, programme consulté le 23 février 2004, http://www-ai.ijs.si/eliza/eliza.html

Encyclopédie du *journalduweb* (6 7 2004), consulté le 6 juillet 2004, http://encyclopedie.journaldunet.com/php/commun/definition.php?id=97&idctnr=15&id_cat=3&mode=1

Espotting, page d'accueil de la société espotting (sans date), page consultée le 27 février 2004, http://fr.espotting.com/

Froogle site comparateur de prix de Google (sans date), site consulté le 3 septembre 2004, http://froogle.google.com/

Gho-english.de (sans date), site consulté le 7 août 2004, gho-englisch.de/Courses%20Br/GK_UI_2001/Individual&Society/definitions.htm

Gogetit, répertoire en-ligne (sans date), site consulté le 3 septembre 2004, http://www.gogetit.biz/aproposdenous.htm

Google api, page de téléchargement de l'api de Google (sans date), page consultée le 2 janvier 2004, http://www.google.com/apis/download.html

Google Deskbar (sans date), page consultée le 28 décembre 2004, http://deskbar.google.com/?promo=gdl-db-en

Google Desktop Search (sans date), page consultée le 28 décembre 2004, http://desktop.google.com/?promo=app-gds-en-us

Google Desktop Search Privacy Policy (sans date), page consultée le 20 décembre 2004, http://desktop.google.com/privacypolicy.html

Google Features, « Fonctionnalités spéciales de Google » (sans date), document consulté le 12 février 2004, sur le site de Google, http://www.google.com/intl/fr/help/features.html#cached

Google Games Journal (27 6 2002), page consultée le 27 février 2004 sur le site du *livejournal*.com, http://www.livejournal.com/community/googlegames/

Google Privacy Policy (7 01 2004), site consulté le 15 janvier 2004, http://www.google.com/privacy.html

Google Search Appliance, « Bringing the power of Gopogle to your intranet and wabsite pages » (sans date), sur le site de Google, page consultée le 10 août 2003. http://www.google.com/appliance/

Google Search Appliance, « product features » (sans date), page consultée le 27 février 2004 sur le site de Google, http://www.google.com/appliance/features.html

Google, « Terms of service » (sans date), page consultée le 8 janvier 2004, sur le site de Google. http://www.google.com/terms_of_service.html

Googlealert (sans date), pages consultées le 5 juillet 2003, http://www.googlealert.com/ et http://www.googlealert.com/tell.php

Googlealert, « Terms of use » (sans date), page consultée le 25 août 2004, http://www.googlealert.com/terms.php

Googleapi, « Terms of use » (sans date), document consulté le 4 août 2004, http://www.google.com/apis/api_terms.html

Googlecalculator (sans date), page consultée le 10 juillet 2003, http://www.google.fr/intl/fr/help/features.html#calculator

GoogleGlossary (sans date), page consultée le 12 juillet 2003, http://labs.google.com/glossary

GoogleLabs, page d'accueil de googlelabs (sans date), page consultée le 5 juillet 2003, http://labs.google.com/

Googlelabs, terms (sans date), document consulté le 5 juillet 2003, http://labs.google.com/labsterms.html

Googlenews (sans date), document consulté le 5 juillet 2003, http://www.google.com/newsalerts

Googletoolbar (sans date), page consultée le 3 juillet 2003, http://toolbar.google.com/dc/offerdc.html

GoogleWhack, page d'accueil du jeu googlewhack (sans date), page consultée le 25 février 2004, http://www.googlewhack.com/

Gpoaccess, « Constitution of the United Sates of America, text of the amendments » (01 11 1996), site consulté le 06 septembre 2004, http://www.gpoaccess.gov/constitution/html/conamt.html

History Sweeper, logiciel (21 12 2004), site consulté le 27 décembre 2004, http://www.itcompany.com/sweeper.htm

Hyperglossary.co.uk, dictionnaire en-ligne (21 8 2000), site consulté le 7 septembre 2004, www.hyperglossary.co.uk/terms/defne2j.htm

Inktomi : Privacy Policy (sans date), site consulté le 15 janvier 2004, http://www.inktomi.com/info/privacy.html

Intelligence Center : Recherche d'informations sur le Net, « Google en chiffres, les données clés sur la société, les hommes, les machines » (sans date), site consulté le 28 juillet 2004, http://c.asselin.free.fr/french/google_key_figures.htm.

Intelliseek, « Discontinued sales of BullsEye Pro products » (sans date), document consulté le 30 12 03, http://www.intelliseek.com/404.asp?404;http://www.intelliseek.com/prod/sitemap.asp

Ixquick, métamoteur, page d'accueil (sans date), page consultée le 25 février 2004, http://ixquick.com/

Joueb.com, inFlux recherche sur le Net : tendances, outils, actualités dossiers, « Google a cinq ans » (6 9 2003), site consulté le 10 septembre 2004, http://influx.joueb.com/news/99.shtml,

Kartoo, métamoteur cartographique (sans date), page consultée le 20 février 2004, http://www.kartoo.com

Kelkoo.com, comparateur de prix (sans date), site consulté le 8 janvier 2004, http://fr.kelkoo.com/

Kolberg Partnership : optimization strategy, page d'accueil de la société Kolberg, interface de recherche utilisant l'api de Google (sans date), page consultée le 5 janvier 2004, http://www.kolberg.co.uk/search_api.php

Labelsite, page d'accueil (sans date), site consulté le 15 janvier 2004, http://www.labelsite.org/

Le Sphinx, page d'accueil, logiciel de traitement informatique de sondages (02 9 2004), site consulté le 3 octobre 2004, http://www.lesphinx-developpement.fr/

Leguide.com, comparateur de prix (8 01 2004), site consulté le 8 janvier 2004, http://www.leguide.com/

LittleBrother (sans date), document consulté le 20 février 2000 sur le site de surfcontrol, www.surfcontrol.com/produits/

Lost Remote, dictionnaire en-ligne (sans date), site consulté le 3 octobre 2004, www.lostremote.com/story/jargon.htm

Lycos : tutorial : Using TRUSTe sites (sans date), document consulté le 15 janvier 2004, http://howto.lycos.com/lycos/step/1,,6+36+96+23677+11620,00.html

Mandrake Linux, page de téléchargement (sans date), page consultée le 20 janvier 2004 sur le site de mandrakelinux.com, http://www.mandrakelinux.com/fr/ftp.php3

Mapstan, métamoteur cartographique, informations sur la société mapstan (sans date), page consultée le 20 février 2004, http://www.mapstan.com/fr/aboutus.htm

Mediametrie, mesure d'audience Internet (sans date), site consulté le 7 février 2004, http://www.mediametrie.fr/show.php?rubrique=communiques&type=4&id=1064

Mediametrie-estat, Communiqué de Presse du 19/11/2004, « Origine du trafic », page consultée le 7 janvier 2005, http://www.estat.fr/actu_read.php?id=272

Metacrawler, métamoteur (sans date), page consultée le 25 février 2004. http://www.metacrawler.com

Microsoft, communiqué de presse (23 7 2004), « Chiffre d'affaire en 2003 », page consultée le 4 août 2004, http://www.microsoft.com/france/outils/imprime/info.asp?mar=/france/cp/2004/7/23070401_a16.html&css=&

Mozilla, page d'accueil de la société mozilla.org. (sans date), page consultée le 27 février 2004, www.mozilla.org

Mysimon, moteur comparateur de prix (sans date), consulté le 8 janvier 2004, http://www.mysimon.com/

Open Directory Project, annuaire, page d'accueil (sans date), page consultée le 20 février 2004, http://dmoz.org/

Overture Privacy Policy (5 5 2004), site consulté le 20 décembre 2004, http://www.content.overture.com/d/USm/about/company/privacypolicy.jhtml

Overture, « company overview » (sans date), page consultée le 2 janvier 2004, sur le site d'Overture, http://www.content.overture.com/d/USm/about/company/vision.jhtml?ref=in

Pricerunner.com, comparateur de prix (sans date), site consulté le 8 janvier 2004, http://fr.pricerunner.com/

QWAM, page d'accueil de la firme Qwam (sans date), page consultée le 27 février 2004, http://www.qwam.com/qesservice/pub/FRA/qwam_com/welcome.html

QWAM, page d'information de la firme Qwam (sans date), page consultée le 20 décembre 2003, www.qwam.com/welcom_info.htm

Representative Poetry On Line (sans date), site consulté le 18 août 2004, http://eir.library.utoronto.ca/rpo/display/indexpoet.html

Robotsxtx.org, Robots exclusion protocole (sans date), page d'accueil de robotsxtx.org, page consultée le 25 février 2004, http://www.robotstxt.org

Software Agent Group (MIT) (sans date), site consulté le 23 août 2004, http://agents.media.mit.edu/index.html

StrategicFinder, métamoteur logiciel (sans date), site consulté le 3 octobre 2004, http://www.strategicfinder.com/

Toobo.tiscali.fr, comparateur de prix (sans date), site consulté le 8 janvier 2004, http://www.toobo.tiscali.fr/

Touchgraph.com (sans date), site consulté le 10 décembre 2003, http://www.touchgraph.com/TGGoogleBrowser.html

TRUSTe Licensee Validation Page for Lycos (sans date), document consulté le 15 janvier 2004, https://www.truste.org/validate/410

TRUSTe : page d'accueil (sans date), sur le site de Truste, page consultée le 13 janvier 2004, http://www.truste.org/

Twocrows.com dictionnaire en-ligne (sans date), site consulté le 23 août 2004, www.twocrows.com/glossary.htm.

Verisign, page d'accueil (sans date), site consulté le 15 janvier 2004, http://www.verisign.com/

Vigipro.com, veille stratégique (sans date), site consulté le 3 septembre 2004, http://www.vigipro.com/fr/frame1.htm,

Webcrawler, métamoteur en-ligne (sans date), site consulté le 7 juillet 2004, http://www.webcrawler.com/info.wbcrwl/tbar/tour/websearch.htm

Webtrust : Privacy Policy de Webtrust, « Our commitment to your privacy » (sans date), sur le site de webtrust, page consultée le 13 janvier 2004, http://www.webtrust.org/legal.htm

WebTrust page d'accueil (sans date), site consulté le 13 janvier 2004, http://www.cpawebtrust.org/

Wikipedia, encyclopédie en-ligne (sans date), site consulté le 3 septembre 2004, http://fr.wikipedia.org/wiki/Intelligence_Artificielle

Wordspy.com dictionnaire en-ligne (sans date), site consulté le 12 avril 2004, http://www.wordspy.com/words/informationfatiguesyndrome.asp

XSTL, « XSL Transformations (XSLT), Version 1.0, W3C Recommendation 16 November 1999 », page consultée le 27 février 2004 sur le site du W3 consortium, http://www.w3.org/TR/xslt

Yahoo Privacy Center (28 3 2004), site consulté le 15 janvier 2004, http://privacy.yahoo.com/

Yahoo Toolbar (sans date), document consulté le 4 août 2004, http://beta.toolbar.yahoo.com/

Zdnet.com, page d'accueil de la société zdnet.com (sans date), page consultée le 27 février 2004, www.zdnet.com/

Zeitgeist France (octobre 2004), site consulté le 5 octobre 2004, http://www.google.fr/press/zeitgeist.html

Zonelabs, page d'accueil de la firme Zonelabs (9 1 2004), page consultée le consulté le 9 janvier 2004, http://www.zonelabs.com/

Articles en-ligne

Abondance, « +200% pour la Google Search Appliance » (26 2 2004), sur le site d'abondance, page consultée le 27 février 2004, http://actu.abondance.com/2003-33/google-appliance.html

Abondance, « Mapstan cartographie Google » (29 4 2002), document consulté le 12 février 2003, http://actu.abondance.com/actu0218.html#lundi

ADFM.com, « Les parts de marché des moteurs de recherche » (sans date), article consulté le 2 juillet 2004, http://www.01adfm.com/win-xp/InfMot01.htm

Affluence, « Yahoo achète Kelkoo » (27 3 2004), article consulté le 17 août 2004, http://www.affluences.com/veille_referencement/yahoo_achat_kelkoo.htm

AFJV.com (Agence française pour les jeux vidéo), « En France, la population des internautes franchit le cap des 23 millions » (19 6 2004), article consulté le 6 septembre 2004, http://www.afjv.com/press0405/040510_mediametrie.htm

AWT, « Labellisation : définitions, enjeux, aspects juridiques et initiatives », *les fiches de l'awt*, sur le site de l'Agence Wallonne de Télécommunications (sans date), document consulté le 12 décembre 2003, http://www.awt.be/cgi/fic/fic.asp?fic=fic-fr-j06-002

BARLOW, John P., « The Economy of Ideas. A framework for rethinking patents and copyright in the Digital Age », *Wired*, March, 1993, p. 86, document consulté le 10 mars 2003 sur le site de *Wired*, http://www.wired.com/wired/archive/2.03/economy.ideas.html

BEHR, Noémie, « Modèles économiques de Portails », étude réalisée par le CERNA pour la Direction Générale de l'Industrie, des Technologies de l'Information et des Postes en 2001 (sans date), consultée le 8 décembre 2003, www.cerna.ensmp.fr/Documents/NB-PortailsSE.pdf

BRIN, Sergey; PAGE, Lawrence, « The Anatomy of a Large-Scale Hypertextual Web Search Engine » (sans date), Computer Science Department, Stanford University, Stanford, CA 94305, document consulté le 20 juillet 2003, http://www-db.stanford.edu/~backrub/google.html

BRODER et al. (2002), « Graph structure in the Web », *Proc. 9th World Wide Web Conférence, (WWW9) Comp. Networks*, 33, p. 107-117, document consulté le 3 août 2003, www.almaden.ibm.com/WebFountain/resources/GraphStructureintheWeb.pdf

BROUSSEAU, Eric ; CURIEN, Nicolas, « Economie d'Internet », *Numéro hors série de La Revue économique*, vol. 52, octobre 2001.Version en langue anglaise : « Internet economics, digital economics », article consulté le 30 janvier 2004, http://www.brousseau.info/pdf/EBNCInternetEcoEV.pdf

CEN Workshop Agreement CWA 13874, (March 2000), page consultée le 5 janvier 2004, http://www.cenorm.be/isss/cwa_download_area/cwa13874.pdf

CHIROUZE, Yves, « La labellisation des sites marchands », L'Agora de la cybermercatique, mars 2002, document consulté le 13 janvier, 2004, http://cybermercatique.free.fr/p105.html

Computergram International, « Firefly's intelligent agents could end up in explorer », (1 7 1998), page consultée le 27 février, 2004, http://www.findarticles.com/cf_dls/m0CGN/n130/20851517/p1/article.jhtml

Corporate Website Marketing, « Search engine optimizers » (sans date), sur le site de la société corporate website marketing, document consulté le 27 février 2004, http://www.corporatewebsitemarketing.com/searchengineoptimizers.html

COX, Beth, « Google Feels a Little Froogle » (12 12 2002), bostoninternet.com, article consulté le 17 août 2004, http://boston.internet.com/news/print.php/1556221

Dance.efactory, « Google dance, the index update of the Google search engine » (sans date), page consultée le 25 février 2004, http://dance.efactory.de/

DICKINSON, Ian, « Human-Agent Communication », HP Laboratories, Bristol, July 1998, p. 9, article consulté le 17 décembre 2003, www.hpl.hp.com/techreports/98/HPL-98-130.pdf

DUMOUT, Estelle, « Résultats 2003 : Les recettes publicitaires de Yahoo explosent de 86% » (16 1 2004), *Zdnet France*, consulté le 1er juillet 2004, http://www.zdnet.fr/actualites/business/imprimer.htm?AT=39137445-39020715t-39000760c

DUMOUT, Estelle, « E-commerce français: 67% de mieux entre Noël 2002 et 2003 », *ZDNet France* (20 1 2004), article consulté le 5 octobre 2004, http://www.zdnet.fr/actualites/business/0,39020715,39138090,00.htm

Fevad.com, « Étude FEVAD direct panel sur les achats en-ligne en fin d'année 2003 » (9 2 2004), document consulté le 6 septembre 2004, http://www.fevad.com/fr/gre_article/gre_article.asp?choix=consultation_article&id_article=41&categorie=7

FINGAR, Peter, « Intelligent agents : the key to open eCommerce » (sans date), article consulté le 17 décembre 2003, http://home1.gte.net/pfingar/csARP99.html

FONER, Lenny, « What is an agent intelligent ? A socialogical case study » (1994), article consulté le 10 février 2003, www.media.mit.edu/people/foner/Julia/Julia.html

GARCIA, Alessandro F.; de LUCENA, Carlos J. P., « An aspect-based object-oriented model for multi-object systems », Software Engineeering Laboratory-TecCom Group, Computer Science department PUC-Rio – Brazil, p. 1, document consulté le 17 décembre 2003, www.teccomm.les.inf.puc-rio.br/alessandro/publica.htm

GigaMobile, « Agent technology for designing personalized mobile service brokerage », rapport sous la direction de Mortaza S. BARGH (1 7 2002), article consulté le 26 octobre 2004, https://doc.telin.nl/dscgi/ds.py/Get/File-23941

GRANDMONTAGNE, Yves, « Google arrive sur les mobiles », silicon.fr (9 10 2004), article consulté le 15 10 2004, http://www.silicon.fr/getarticle.asp?ID=6787

Fuld & Company, « Intelligence Software Report, 2002, Intelligence Software : the global evolution », disponible sur le site www.fuld.com en pdf, article consulté le 5 août 2003.

GOBERT, Didier ; SALAÜN, Anne, « La labellisation des sites Web : classification, stratégies et recommandations » (sans date), document publié dans *DAOR*, n° 51, novembre 1999, p. 83-94, article consulté le 12 décembre 2003, www.droit.fundp.ac.be/textes/DAOR.pdf

GOBERT Didier ; SALAÜN, Anne, « La labellisation des sites Web : inventaire des initiatives » publié dans *Communications & Stratégies*, 3ème trimestre 1999, N° 35, p. 229-251, document consulté le 12 décembre, 2003, www.droit.fundp.ac.be/textes/Labellisation.pdf-

GRAHAM, Jefferson, « The search engine that could » (26 8 2003), article consulté le 5 septembre 2003, sur le site du journal *USA Today*, http://www.usatoday.com/tech/news/2003-08-25-google_x.htm

GUILLEMIN, Christophe, « Forte croissance de la publicité en France et aux Etats-Unis » (26 5 2004), *ZD Net Francet*, article consulté le 6 septembre 2004, http://www.zdnet.fr/actualites/internet/0,39020774,39154469,00.htm

GUILLEMIN, Christophe, « Trois millions de nouveaux abonnés en France mobile en 2003 » (27 1 2004), *ZdNet France*, article consulté le 6 septembre 2004, http://www.zdnet.fr/actualites/business/imprimer.htm?AT=39139109-39020715t-39000760c

HEARST, Marty ; HIRST, Haym, « AI's greatest trends and controversies » (sans date), sur le site de Computer.org, document consulté le 23 février 2004, http://www.computer.org/intelligent/articles/AI_controversies.htm

HUMEAU, Nicolas ; KRETZSCHMART, Laurent ; DEMARIA Cyril, « Internet et pricing : une révolution peut en cacher une autre » (mai 2003), *360journal*, article consulté le 8 août 04, http://www.360journal.com/archives/pricing.html

Intelliseek white paper, « The Enterprise Search : Leveraging knowledge from the extended enterprise, an Intelliseek White paper » (sans date), document consulté le 5 mars 2002, publié sur le site Web d'Intelliseek, http://www.intelliseek.com/

KAHNEY, Leander, « Getting information on cue » (21 4 2001), article de *Wired* en-ligne, consulté le 6 septembre 2004, http://www.wired.com/news/business/0,1367,43154,00.html

KURKI, Teppo ; JOKELA, Sami ; SULONEN, Reijo, et al. « Agents in delivering Personalized Content Based on Semantic Metadata » (sans date), article consulté le 17 décembre 2003, www.soberit.hut.fi/publications/SmartPush/sp_papers/agents_md_aaai99s.pdf

LAUBLET, Philippe ; REYNAUD, Chantal ; CHARLET, Jean, « Sur quelques aspects du Web sémantique » (2002), article consulté le 20 décembre 2003, sis.univ-tln.fr/gdri3/fichiers/assises2002/ papers/03-WebSemantique.pdf

Lejournaldunet, « Le commerce en-ligne français en pleine forme » (01 10 2003), article consulté le 11 août 2004, http://www.journaldunet.com/0310/031001fevad.shtml

Lejournaldunet « Forte croissance de la vente en-ligne au deuxième semestre » (le 27 7 2004), article consulté le 11 août 2004, http://www.journaldunet.com/cgi/printer/index.cgi

Lejournaldunet, « Interview avec Craig Silverstein » (30 03 2004), article consulté le 7 mai 2004, http://www.journaldunet.com/itws/it_silverstein.shtml

Lesinfos.com, « Les ventes en-ligne ont progressé en 2003 aux USA » (12 01 2004), article consulté le 11 août 2004, http://www.lesinfos.com/f/33/news32504.htm

LexInter.net, le droit sur Internet, « La directive 2000/31 du 8 juin, 2000 sur le commerce électronique », article consulté le 19 janvier 2004, http://lexinter.net/UE/directive_du_8_juin_2000_sur_le_commerce_electronique.htm

MAES, Pattie, « Intelligent Software » (1995), page consultée le 3 mars 2001, http://pattie.www.media.mit.edu/people/pattie/SciAm-95.html

MAES, Pattie, « Agents that reduce work and information overload » (sans date), page consultée le 18 décembre 2003, http://hugo.csie.ntu.edu.tw/~yjhsu/courses/u1760/Online/papers/Maes-CACM94/CACM-94_p1.html

MILLER, Audrey, « Google créera une bibliothèque vertuelle mondiale » (20 12 2004), *infobourg.com*, article consulté le 29 décembre 2004, http://www.infobourg.com/AfficheTexte/edito.asp?DevID=1774

MORIN, Annie, « Copernic se consacre exclusivement à l'entreprise » (30 11 2003), *Cyberpresse Le Soleil*, article consulté le 30 11 2003, www.cyberpresse.ca/soleil, economie /0202/eco_202020071374.html

NWANA, Hyacinth S.; NDUMU, Divine T., « A perspective of software agent research » (1999), Applied research & Technology Department, British Telecom Laboratories, p.16, consulté le 17 12 2003, citeseer.ist.psu.edu/nwana99perspective.html

NWANA, Hyacinth S., « Software agents: an overview », Advanced application & Technology Department, British Telecom Laboratories, p. 45, article consulté le 17 juin 2004, www.cs.umbc.edu/agents/introduction/ao/

OLIVIER Frédérique ; MASCRÉ Frédéric « Labellisation des sites Internet : quel cadre juridique ? » (octobre 2000), Publications sur le site de Mascré, Heguy Associés, Société d'avocats, document consulté le 13 janvier, 2004, http://www.mascre-heguy.com/htm/fr/publications/pub_labellisation_sites.htm

OLSEN, Stephanie, « Google tests book search » (17 12 2003), *Zdnet News.com*, article consulté le 17 août 2004, http://zdnet.com.com/2100-1106_2-5128515.html

MENARD, Robert, « Internet sous surveillance 2004 », Reporters sans frontières, article consulté le 16 août 2004, http://www.rsf.org/rubrique.php3?id_rubrique=432

PAGE, Lawrence ; BRIN, Sergey ; MOTWANI, Rajeef; WINOGRAD, Terry, « The PageRank Citation Ranking: Bringing Order to the Web, Technical Report » (1998), article consulté le 20 décembre 2003, Computer Science Department, Stanford, epoxy.mrs.umn.edu/~holl0284/pagerank.pdf

POIDEVIN, Blandine, « La labellisation des sites Internet » (07/08/2001) , *JurisExpert*, document consulté le 12 janvier 2004, http://www.jurisexpert.net/site/fiche.cfm?id_fiche=1360

PRUIT, Scarlet, « Yahoo adds antispyware to toolbar » (27 5 2004), *Infoworld*, article consulté le 22 juillet 2004, http://www.infoworld.com/article/04/05/27/HNyahooantispy_1.html.

ROWLETT, Russ, « Origine du mot : GOOGOL » (12 9 2001), *A Dictionary of Units of Measurement*, University of North Carolina at Chapel Hill, page consultée le 10 juillet, 2003, http://www.unc.edu/~rowlett/units/dictG.html

SANTROT, Florence, « Comment Google génère 50% de son chiffre d'affaires avec l'e-pub » (20 11 2001), *Le journal du net* (Benchmark Group), article consulté le 30 janvier, 2004, http://www.journaldunet.com/printer/011120google.shtml

SASIKUMAR, M. ; RAVI PRAKISH, P., « Intelligent agents », p. 13, article consulté le 17 décembre 2003, http://www.ncst.ernet.in/kbcs/vivec/issues/12.1/agents/agents.html

SERVATY, Philippe, « Google cherche sa voie boursière » (2 11 2003), *La vie du net*, sur le site de *laviedunet*, article consulté le 30 janvier 2004, http://dossiers.lesoir.be/laviedunet/Nlleconomie/A_0479A2.asp

SHERMAN, Chris, « An insider's view of Microsoft's Longhorn search » (24 5 2004), *Searchenginewatch*, article consulté le 4 août 2004, http://searchenginewatch.com/searchday/print.php/34711_3356031

SINGER, Michael, « Ebay listings now on altavista » (1 8 2001), *siliconvalley.internet.com*, article consulté le 9 janvier 2004, http://siliconvalley.internet.com/news/print.php/858591

SMART, B., « Artificial Intelligence, How it all started », article consulté le 3 mars 2003, http://www.webcom.com/~bsmart/aidef.html

STALLMAN, Richard, « Original Announcement of the GNU project », (27 9 1983), article consulté le 9 janvier 2004, sur le site du gnu.org, http://www.gnu.org/initial-announcement.html

Statmarket Westside Story : Étude « Evolution de l'utilisation des moteurs de recherché aux Etats-Unis » (30 3 2004), article consulté le 1er juillet 2004, http://www.indicateur.com/barometre/etude-statmarket.shtml

SULLIVAN, Danny, « July 2000 Search Engine Size Test » (juin 2000), document consulté le 2 février 2001 sur le site de *searchenginewatch* de Dany Sullivan, http://searchenginewatch.com/reports/sizetest.html

SULLIVAN, Danny, « GDS, the Google dance syndrome part 1 » (2 7 2003), page consultée le 20 août 2003, http://www.clickz.com/search/opt/article.php/2228391

SULLIVAN, Danny, « Google IPO To Happen, Files For Public Offering » (29 4 2004), article consulté sur le site de *searchenginewatch* le 1 juillet 2004, http://searchenginewatch.com/searchday/print.php/34711_3347471

THURROT, Paul, « It's official, Microsoft to acquire FireFly » (9 4 1998), *Windows Network and Net Magazine*, article consulté le 8 juillet 2004, http://www.winnetmag.com/Articles/Print.cfm?ArticleID=17741

VAN BERGEN, Jennifer, « Repeal the US Patriot Act » (sans date), sur le site de Trouthout.org, (1 04 2002), article consulté le 22 décembre 2003, www.trouthout,org/docs_02/04/.02A.JVB.Patriot.htm

WAGNER, Dirk Nicolas, « Software agents take the Internet as a shortcut to enter society : a survey of new actors to study for social theory », *firstmonday, peer viewed journal on the Internet*, p. 25, article consulté le 17 décembre 2003, http://www.firstmonday.dk/issues/issues5_7/wagnet/

WAGNER, Jim, « Google fixes Desktop Search flaw » (20 10 2004), *Internetnews*.com, article consulté le 31 décembre 2004, http://www.internetnews.com/security/article.php/3450251

WOLF, Gary, « The great Library of Amazonia » (23 10 2003), *Wired News*, article consulté le 11 août 2004, http://www.wired.com/news/business/0,1367,60948,00.html

[1] Édition 2000.

[2] La neuvième édition du *Dictionnaire de l'Académie Française* ne fait aucune mention du terme. Elle ne donne que les définitions du mot « agent » appliqué aux humains. Sur le site ATILF http://atilf.atilf.fr/Dendien/scripts/generic/cherche.exe?71;s=802167780 , consulté le 5 juillet 2004.

[3] Gilles DERUDET, « La révolution des agents intelligents », *Internet Professionnel*, N° 9, mai, 1997, pp. 74-79.

[4] A. CAGLAYAN, ET C. HARRISON, *Agent Sourcebook, A Complete Guide to Desktop, Internet, and Intranet agents*, Wiley Computer Publishing, New York, 1997.
J.M. BRADSHAW, *Software Agents*, AAAI Press/ The MIT Press, Boston, 1997.
MÜLLER, Jörg P., *The Design of Intelligent Agents, A Layered Approach*, Springer, Berlin, 1996.

[5] Environ 10% du temps selon une étude de première position XITI (entre janvier et décembre 2001), publiée par ADFM.com, « les parts de marché des moteurs de recherche », (sans date), article consulté le 2 juillet 2004, http://www.01adfm.com/win-xp/InfMot01.htm. Cependant, en novembre 2004, 39% du trafic provient des moteurs de recherche, Mediametrie-eStat ,Communiqué de Presse du 19/11/2004, « Origine du trafic », page consultée le 7 janvier 2005. Cf. annexe 15, http://www.estat.fr/actu_read.php?id=272

[6] En index et en mémoire-cache.

[7] Lev GROSSMAN, « Search and Destroy », *Time*, 2 février 2004, p. 36.

[8] Société spécialisée dans la technologie de recherche. Achetée le 23 décembre 2002 pour 235 millions de dollars. Tom KRAZIT, « Yahoo buys search firm Inkromi for $235m", IDG News service, *Computerworld*, le 23 12 2002, http://www.computerworld.com/news/2002/story/0,11280,77047,00.html, consulté le 31 mai 2005.

[9] Acheté le 15 juillet 2003, pour 1,6 milliard de dollars. Source : Stéphanie OLSEN, Margaret KANE, « Yahoo to buy Overture for $1.63 billion », *News.com*, le 14 7 2003, http://news.com.com/2100-1030_3-1025394.html, consulté le 31 mai 2005.

[10] Acheté le 23 avril 2003 pour 70 millions de dollars, le moteur grand public de la firme Fast est alltheweb. Source : Margaret Kane, « Overture to buy search services », News.com, le 25 février 2003, http://news.com.com/Overture+to+buy+search+services/2100-1023_3-985850.html, consulté le 31 mai 2005.

[11] Acheté le 19 février 2003 pour 140 millions de dollars. Source : Margaret Kane, « Overture to buy search services », *News.com*, le 25 février 2003 consulté le 31 mai 2005.

[12] Selon Panorama Médiamétrie-eStat d'octobre 2004, Google représente 73% du trafic, Yahoo 8%, Wanadoo et Voila 6%, et MSN 5%. Altavista ne représente qu'1% en France. Notons que les deux fournisseurs d'accès cités sont utilisés également pour faire des requêtes. http://wcdt.mediametrie.fr/resultats.php?resultat_id=67&rubrique=net, consulté le 28 novembre 2004.

[13] Il s'agit de l'Université de Paris II, de l'ENST et de l'École Polytechnique.
[14] L'Association des professionnels de l'information et de la documentation, créée en 1963. Elle compte plus de 5600 membres. Site : http://www.adbs.fr/site/ consulté le 28 11 2004.
[15] Veille-concurrence est un forum géré par MEDIAVEILLE (http://www.mediaveille.com et http://www.doubleveille.com), destiné aux professionnels de la veille et de l'intelligence économique, site : http://fr.groups.yahoo.com/group/veille-concurrence/ consulté le 28 11 2004.
[16] http://www.lesphinx-developpement.fr/

[17] Jacques DELORS, *Pour entrer dans le XXIe siècle : emploi, croissance, compétitivité : le livre blanc de la Commission des Communautés européennes*, M. Lafon, Paris, 1994.

[18] *Idem*, p. IV.

[19] *Ibid*, p. 13.

[20] *Ibid*, p. 22.

[21] *Ibid*, p. IV.

[22] Le terme « *information fatigue syndrome* » a été créé par le psychologue David Lewis en 1996 et défini comme la fatigue et le stress résultant d'une quantité excessive d'informations, « *the weariness and stress that result from*

having to deal with excessive amounts of information. », source :
http://www.wordspy.com/words/informationfatiguesyndrome.asp, consulté le 12 avril 2004.

[23] Une description complète d'xML (extensible markup language) : http://www.w3.org/TR/REC-xml/ consulté le 30 11 2004.

[24] On peut mesurer ce trafic, non pas en temps passé sur un site, mais en nombre de requêtes par jour. Google, par exemple, est réputé recevoir 200 millions de requêtes par jour. Source : http://influx.joueb.com/news/99.shtml, consulté le 10 09 2004.

[25] Dominique WOLTON, *Internet et après, une théorie critique des nouveaux médias*, Flammarion, Paris, 1999.

[26] Philippe BRETON, *Le culte d'Internet, Une menace pour le lien social ?*, La Découverte, Paris, 2000.

[27] Philippe BRETON, *L'utopie de la communication*, La Découverte, Paris, 1992.

[28] Victor SCARDIGLI, *Le sens de la technique*, PUF, 1992 p. 22.

[29] *Idem*, p. 22.

[30] *Ibid*, p. 24.

[31] *Ibid*, p. 23.

[32] *Ibid*, p. 23.

[33] *Ibid*, p. 23.

[34] *Ibid*, p. 24.

[35] *Ibid*, p. 24.

[36] Anne-Marie, LAULAN, *La résistance aux systèmes d'information*, Rez (Actualité des Sciences humaines), Paris, 1985, p.9.

[37] *Idem*, p. 12.

[38] *Ibid*, p. 147.

[39] *Ibid*, p. 146.

[40] Michel de Certeau, *L'invention du quotidien, tome 2*, « *Arts de faire* », Gallimard (Coll. 10-18), 1994, p. 50-54.

[41] *Idem*, p. 52.

[42] *Ibid*, p. 53.

[43] Pierre CHAMBAT, *Communication et lien social*, Cité des Sciences et de l'industrie, Descartes, Paris, 1992, p. 11.

[44] Jacques PERRIAULT, La logique de l'usage-essai sur les machines à communiquer, Flammarion, Paris, 1989, p. 12.

[45] *Idem*, p. 13.

[46] *Ibid*, p. 16.

[47] *Ibid*, p. 116.

[48] *Ibid*, p. 203.

[49] *Ibid*, p. 213.

[50] *Ibid*, p. 66-69.

[51] Les premières publicités de Wanadoo ou de Bouygues télécom ont d'ailleurs mis en relief cet aspect d'instantanéité et d'ubiquité des rencontres faites sur Internet.

[52] *Ibid*, p. 200.

[53] *Ibid*, p. 214

[54] *Ibid*, p. 220.

[55] *Ibid*, p. 219.

[56] *Ibid*, p. 230.

[57] *Ibid*, p. 213.

[58] *Ibid*, p. 202.

[59] *Ibid*, p. 202.

[60] *Ibid*, p. 202.

[61] *Ibid*, p. 205.

[62] *Ibid*, p. 206.

[63] *Ibid*, p. 206.

[64] *Ibid*, p. 207.

[65] *Ibid*, p. 207.

[66] *Ibid*, p. 208.

[67] *Ibid*, p. 209.

[68] *Ibid*, p. 210.

[69] Le terme *chat* vient du verbe anglais qui signifie bavarder. Il s'agit d'une conversation en-ligne avec un groupe de participants souvent anonymes. Chacun envoie un message dactylographié.

[70] *Ibid*, p. 217.

[71] Dominique WOLTON, Internet et après, une théorie critique des nouveaux médias, Flammarion, Paris, 1999, p. 16.

[72] Alex MUCCHIELLI, *Les sciences de l'information et de la communication*, Paris, Hachette « Coll. les Fondamentaux », 3ᵉ édition, 2001, p. 34.

[73] *Idem*, p. 35.

[74] Josiane JOUËT, « Pratiques de la communication et figures de la médiation. Des médias de masse aux technologies de l'information et de la communication », Paul Beaud, Patrice Flichy et alii, *Sociologie de la communication*, Paris, CENT, Réseaux, 1997, p. 293.

[75] Josiane JOUËT, « Retour critique sur la sociologie des usages », *Réseaux*, N° 100, p. 502.

[76] *Idem*, p. 502.

[77] *Ibid*, p. 503.

[78] *Ibid*, p. 503.

[79] *Ibid*, p. 503.

[80] Decisionnel.net (http://www.decisionnel.net/), agentland (http://www.agentland.fr/) par exemple.

[81] Patrice FLICHY, *L'Imaginaire d'Internet*, Editions La Découverte, Paris, 2001.

[82] *Idem*, p. 12-14.

[83] *Ibid*, p. 12-14.

[84] Patrice FLICHY, *L'innovation technique*, Editions La Découverte, Paris, 1995, p. 70.

[85] Patrice FLICHY, *L'Imaginaire d'Internet*, Editions La Découverte, Paris, 2001, p. 94.

[86] Qui porte l'encens et l'encensoir, du latin *thur*, l'encens et *ferre*, porter : enthousiaste, partisan d'une idée.

[87] Nicholas NEGROPONTE, *Being Digital*, Vintage Books, New York, 1996.

[88] Bill GATES, *The way ahead*, Penguin, London, 1995.

[89] Philippe BRETON, *Le culte d'Internet, Une menace pour le lien social ?*, La Découverte, 2000, p. 17.

[90] Danielle BAHU-LEYSER, Christophe DIGNE (sous la direction de) *TIC, qui décide ?*, la documentation Française, Paris, 2002.
Danielle BAHU-LEYSER, Pascal FAURE , (sous la direction de), *Nouvelles Technologies Nouvel État*, La Documentation Française, Paris, 2001.
Danielle BAHU-LEYSER, Pascal FAURE (sous la direction de) *Médias, e-médias*, La Documentation Française,

Paris, 2001.

Danielle BAHU-LEYSER, Pascal FAURE (sous la direction de) *Éthique et société de l'information*, La Documentation Française, Paris, 1999.

[91] *Idem*, p. 14, phrase citée par Danielle BAHU-LEYSER, Pascal FAURE, d'Edgar Morin, « Le XXI siècle a commencé à Seattle » L*e Monde* 7 décembre 1999.

[92] *Ibid*, p. 14.

[93] *Ibid*, p. 16.

[94] *Ibid*, p. 17.

[95] *Ibid*, p. 17.

[96] *Ibid*, p. 17.

[97] Michel VOLLE, *e-conomie*, Economica, Paris, 2000, p. VIIII-IX.

[98] *Idem*, p. 2.

[99] *Ibid*, p. 3.

[100] Jean-Christophe FÉRAUD, « Google contre Microsoft, la guerre des moteurs», *La Tribune* du 17 février 2004, p.28-29

[101] *Ibid*, p. 4.

[102] *Ibid*, p. 5.

[103] Eric BROUSSEAU et Nicolas CURIEN, « Economie d'Internet », Numéro hors série de *La revue économique, vol. 52*, octobre 2001. Version en langue anglaise : « Internet economics, digital economics », http://www.brousseau.info/pdf/EBNCInternetEcoEV.pdf, consulté le 30 janvier, 2004.

[104] *Idem*, p. 2

[105] Patrick ARTUS, *La nouvelle économie*, La Découverte, coll. Repères, 2e édition, Paris, 2002.

[106] En réalité, l'État fédéral américain a largement contribué à la gratuité des services et du réseau en général par le biais de subventions aux centres de recherche.

[107] *Free* a le sens de libre plutôt que celui de gratuit. Logiciel libre plutôt que « gratuitiel ».

[108] Richard STALLMAN, « Original Announcement of the GNU project », le 27 sept. 1983. Source : http://www.gnu.org/initial-announcement.html et http://www.gnu.org/gnu/thegnuproject.html, consulté le 9 janvier 2004.

[109] La firme zonelags.com vend des logiciels de sécurité informatique (zonealarm) aux entreprises tout en offrant une version gratuite au grand public. Source : http://www.zonelabs.com/, consulté le 9 janvier 2004.

[110] John P. Barlow, « The Economy of Ideas. A framework for rethinking patents and copyright in the Digital Age. », *Wired*, March 1993, p. 86. Référence sur Internet : http://www.wired.com/wired/archive/2.03/economy.ideas.html, consulté le 12 8 2003.

[111] Bernard MAÎTRE, Grégoire ALADJIDI, *Les Business Models de la Nouvelle Économie*, Dunod, Paris, 2000.

[112] Noémie BEHR, « Modèles économiques de Portails », étude réalisé par le CERNA pour la Direction Générale de l'Industrie, des Technologies de l'Information et des Postes en 2001, www.cerna.ensmp.fr/Documents/NB-PortailsSE.pdf, consultée le 8 décembre 2003.

[113] Patrick H. WINSTON, *Artificial Intelligence*, Addison-Wesley, Reading Mass., 1984.

[114] Stuart J. RUSSEL, Peter NORVIG, *Artificial Intelligence, A Modern Approach*, Prentice-Hall International, Inc, New Jersey, 1995.

[115] Jeffrey M. BRADSHAW. *Software Agents*, AAAI Press/ The MIT Press, Boston, 1997.

[116] Alper CAGLAYAN, Colin HARRISON, *AGENT SOURCEBOOK, A Complete Guide to Desktop, Internet, and Intranet agents*, Wiley Computer Publishing, New York, 1997.

[117] Corina PARASCHIV, *Les agents intelligents pour un nouveau commerce électronique*, Hermès, coll. « Technique et scientifique des Télécommunications », Paris, 2004.

[117] Gilles DERUDET, « La révolution des agents intelligents », *Internet Professionnel*, N° 9, mai 1997, p. 74-79.

[118] L'adjectif « utopique » est pris par rapport à une technique idéale capable d'apporter des progrès et des bienfaits pour l'homme et la société. Le *Petit Robert* définit utopie comme « un idéal, vue politique ou sociale qui ne teint pas compte de la réalité. »

[119] Jacques LAUTREY, « L'Intelligence de la mesure aux modèles », *Sciences Humaines*, N°116, mai 2001, p. 23.

[120] Jean PIAGET, *La psychologie de l'intelligence*, Armand Colin, Paris, 1967, p. 17.

[121] Ce problème de mémoire, lié à l'intelligence, et de son organisation se situe au cœur de l'activité des moteurs de recherche. C'est une véritable mémoire de l'humanité qui est en train de se mettre en place grâce à leur développement.

[122] *Idem*, p. 25.

[123] Hervé CHAUDET, Liliane PELLEGRIN, *Intelligence artificielle et psychologie cognitive*, Dunod, 1998, p 16.

[124] Cf. annexe 1, pour une chronologie des automates.

[125] Jasia REICHARDT, *Les Robots arrivent*, Chêne, s.l., 1978.

[126] HOMÈRE, *Iliade*, trad. Mario Menier, coll. « Le Livre de Poche », 1972, p.425.

[127] OVIDE, *Métamorphoses*, éd. J.-P. Néraudau, Gallimard, coll. Folio, Paris, 1992, p. 329-330.

[128] Le golem était un être fait de glaise. En écrivant le mot *émeth* (vérité) sur son front, on donnait vie au golem. En écrivant le mot *meth* (mort) on le rendait à la poussière.

[129] Gustav MEYRINK, *Le Golem*, Stock, Paris.

[130] Patrice FLICHY, *L'innovation technique*, Editions La Découverte, Paris, 1995, p. 181.

[131] Petit être vivant en chair et en os. Ce thème préfigure le mythe de Frankenstein.

[132] Jasia REICHARDT, *op. cit.*, p. 30.

[133] Sa fille naturelle, Francine, est morte en 1640.

[134] Ivre en langue tchèque.

[135] Patrice FLICHY, *L'Imaginaire d'Internet*, Editions La Découverte, Paris, 2001.

[136] C'est le sens général de son ouvrage sur les dangers de l'IA. Keneth WARWICK, *March Of The Machines*, Century, London, 1997.

[137] Jacques PITTRAT, « La naissance de l'intelligence artificielle », *La Recherche*, No. 170, Octobre, 1985, p. 1132.

[138] Isaac ASIMOV, « Runaround », *The Complete Robot*, Panther, London, 1984, p. 257- 278.
« We have : One, a robot may not injure a human being, or through inaction, allow a human being to come to harm.' 'Right !' 'Two,' continued Powell, 'a robot must obey the orders given by human beings except where such orders would conflict with the First Law.' 'Right !' 'And three, a robot must protect its own existence so long as such protection does not conflict with the First or Second Laws » p. 269-270.

[139] Traduit par Jacques PITRAT, *op. cit.* p. 1132.

[140] *Ibid*, p. 1132.

[141] Jean-Gabriel GANASCIA, *L'âme machine, les enjeux de l'intelligence artificielle*, Seuil, Paris, 1990, p. 8.

[142] Stuart RUSSEL, Peter J., NORVIG, *Artificial Intelligence, A Modern Approach*, Prentice-Hall International, Inc, New Jersey, 1995. p. 8.

[143] PLATON, « Euthypron », *Premiers dialogues*, Flammarion, Paris, 1967, pp. 185-211.

[144] Hubert L. DREYFUS, *Intelligence artificielle, mythes et limites*, Flammarion, Paris, 1984, p. 3.

[145] ARISTOTE, *Organon III*, J. Vrin, Paris, 2001.

[146] René DESCARTES, *Les méditations métaphysiques*, Bordas, Paris, 1987, pp. 17-28.

[147] Marie-France BLANQUET, *Intelligence artificielle et systèmes d'information*, E.S.F., Paris, 1994, p. 27.

[148] George BOOLE, The Mathematical Analysis of Logic : Being an Essay towards a Calculus of Deductive

Reasoning, Macmillan, London, 1847.

[149] Le mot cybernétique provient du mot grec *kybernetes* qui signifie le barreur d'un navire. Ampère utilise le mot dans son livre *La Cybernétique* (1848) dans un sens politique.

[150] Norbert Wiener, Cybernetics: on Control and Communication in the animal and the Machine, Wiley, 1948.

[151] Philippe BRETON, *Une Histoire de L'Informatique*, Seuil, 1990, p. 162.

[152] Jacques PITRAT, *op. cit.* p. 1137.

[153] La conférence est connue sous le nom de *Dartmouth Summer Research project on Artificial Intelligence*. Une présentation du texte d'appel à contribution est donné à cette adresse: http://www-formal.stanford.edu/jmc/history/dartmouth/dartmouth.html, document consulté le 13 12 2004.

[154] Daniel CREVIER, *A la recherche de l'intelligence artificielle*, Flammarion, coll. « Champs », 1997, p. 67-69.

[155] *Idem*, p. 68.

[156] Hervé CHAUDET, Liliane PELLEGRIN, op.cit. p. 7.

[157] Jean-François DORTIER, « espoirs et réalité de l'intelligence artificielle, *Le cerveau et la pensée*, Sciences Humaines, Paris, 1999, p. 73.

[158] *Idem*, p. 73.

[159] Des usages se développent autour des fonctions de traduction des moteurs en 2004. On peut penser qu'il y a eu quelques progrès.

[160] L'échec des services de renseignement américains à empêcher les attentats du 11 septembre 2001 est notoire.

[161] Cf. annexe 1.

[162] Cf. annexe 2.

[163] Le Nouveau Petit Robert, 2000.

[164] D'après Bernard LAMIZET, et Ahmed SILEM, Dictionnaire encyclopédique des sciences de l'information et de la communication, Ellipses, Paris, 1997, p.305.

[165] Raoul SMITH, *Dictionary of ARTIFICIAL INTELLIGENCE*, Collins, London, 1990, p. 22.
« Artificial intelligence or AI : the field of computer science that seeks to understand and implement computer based technology that can stimulate characteristics of human intelligence. A common goal of Artificial Intelligence work involves developing computer programs capable of learning from experience in order to solve problems. Other noteworthy pursuits of the field include programs that understand natural language and programs that interpret visual scenes. Methods of symbolically representing knowledge in a way that the computer can use the symbols to make inferences is a central task of any Artificial Intelligence project.... That benefits of such a science of intelligence includes guidelines for designing intelligent machines and models of human or other animal's intelligent behaviour. A general theory of intelligence remains a goal of AI and the field therefore often interests other researchers such as cognitive psychologists who are attempting to understand natural intelligence. »

[166] Jean-François DORTIER, *op. cit.* p. 362.

[167] Alain BONNET, *L'Intelligence artificielle, Promesses et Réalités*, InterEditions, Paris, 1984, p. 17.

[168] *Idem*, p. 17.

[169] Hervé. CHAUDET, Liliane PELLEGRIN, op. cit. p. 9.

[170] Jean-Paul. HATON et Marie-Christine HATON, *L'Intelligence artificielle*, P.U.F. Paris, pp. 3-4.

[171] Jacques FERBER, Les systèmes multi-agents,vers une intelligence collective, InterEditions, Paris, 1995, p. 5.

[172] Alain Bonnet, *op. cit.* p. 17.

[173] D'après Alain Bonnet, *op. cit.*, p. 18.

[174] Alain Bonnet, *op. cit.*, p. 20.

[175] Alain Bonnet, *op. cit.*, p. 24.

[176] Automatiquement si l'usager n'opère pas un choix explicite.

[177] *Frame problem* : problème de cadre de référence identifié par John McCARTHY et Patrick J. HAYES (1969). Ils

insistent sur la nécessité de spécifier toutes les modalités d'une action en tenant compte de toutes les conséquences de celle-ci. Ils mettent l'accent sur la difficulté de représenter le monde réel dans sa totalité car une telle entreprise entraînerait rapidement une explosion combinatoire. En effet, plus une situation se complique, plus la charge de calcul augmente. Le monde n'évolue pas spontanément. Toute modification qui n'est pas mentionnée implicitement est considérée comme n'ayant pas eu lieu.

[178] Jacques FERBER, *op. cit.* p. 6.

[179] Le code « define :intelligent agent » retourne une liste de définitions à partir de dictionnaires spécialisés en-ligne.

[180] Cf. annexe 2.

[181] Jeffrey M. BRADSHAW, *An Introduction to Software agents*, http://agents.umbc.edu/introduction/01-Bradshaw.pdf, livre consulté le 17 décembre 2003.

[182] *Idem*, p. 4.

[183] Don Gilbert et al. *IBM intelligent agent strategy*, IBM, 1995.

[184] Hyacinth NWANA , "Software Agents : An Overview", *Knowledge Engineering Review*, Vol.11, N° 3, p. 6-8, Sept. 1996.

[185] Stan FRANKLIN et Art GRAESSER, "Is it an Agent, or just a Program?: A Taxonomy for Autonomous Agents" , *Proceedings of the third international workshop on agent theories, architectures, and languages*, New York, Springer-Verlag, 1996, source web:
http://www.google.fr/search?q=cache:6oi7wQy9OOcJ:www.cse.unsw.edu.au/~wobcke/COMP4416/readings/Franklin.Graesser.97.ps+%22IBM+intelligent+agent+strategy%22&hl=fr

[186] AFNOR, Vocabulaire de la documentation, 2e édition, 1987.

[187] Notamment les métamoteurs en-ligne ou hors ligne sont présentés comme agents intelligents.

[188] Jeffrey M. BRADSHAW, *op. cit.* p.6.

[189] Patrick BALDIT, *Les agents Intelligents : Qui sont-ils ? Que font-ils ? Où nous mènent-ils?*, Direction de l'Information scientifique et technique, CEA/Saclay, Rapport CEA-R-5777, Gif-sur-Yvette, 1997, p. 5.

[190] Carlo REVELLI, *Intelligence Stratégique sur Internet*, Dunod, Paris, 1998, p. 88.

[191] Béatrice FOENIX-RIOUX, *Recherche et veille sur le Web visible et invisible*, Éditions TEC & DOC, Paris, 2001, p. 136.

[192] *Idem*, p. 136.

[193] Hervé SAMIER et Victor SANDOVAL, *op. cit.*, p. 58.

[194] *Idem*, p 58.

[195] *Ibid*, p. 58.

[196] Gilles, DERUDET, "la révolution des agents intelligents", *Internet Professionnel*, N° 9, mai 1997, p. 74.

[197] Hyacinth NWANA, "Software Agents : An Overview", *Knowledge Engineering Review*, Vol.11, N° 3, p. 1-40, Sept. 1996.

[198] Alper CAGLAYAN, Collin HARRISON, *Agent Sourcebook, A Complete Guide to Desktop, Internet, and Intranet agents*, Wiley Computer Publishing, New York, 1997.

[199] *Idem*, p. 9-14.

[200] Carlo REVELLI, *op. cit.*, pp. 104-105.

[201] C. BONNET, J.F. MACARY, *Technologies PUSH*, Eyrolles, Paris, 1998, p.36.

[202] L'éditeur offre une version gratuite ou limitée dans le temps, trente jours. Après cette période, il faut acheter le produit ou l'abandonner. Les hackers, par exemple, utilisent des *cracks* pour faire fonctionner le programme illégalement (déplomber).

[203] Froogle du moteur Google ou Kelkoo acheté par Yahoo.

[204] Programme conçu par Joseph WEISENBAUM, Eliza est le nom du personnage de *Pygmalion* de George Bernard Shaw. En effet, ce personnage devait, dans cette pièce de théâtre, apprendre à améliorer son langage. En fonction

du domaine de la conversation, un module peut être développé, séparé du module qui génère la conversation. WEISENBAUM appelait les modules *scripts*. L'un de ces *scripts* simulait une psychothérapie.. Source : Daniel Crevier, *op. cit*. p.162.

Site : http://www-ai.ijs.si/eliza/eliza.html

ELIZA - a friend you could never have before.

You: I feel depressed.

Eliza: Do you often feel depressed?

You: Very often.

Eliza: Please go on.

You: It's because of the weather.

Eliza: Do any other reasons not come to mind?

You: I hate winter.

Eliza: Can you elaborate on that?

[205] Ce type d'agent fait partie de l'offre de Yahoo et s'intègre facilement dans la barre d'outil de ce portail.

[206] Source : Alper CAGLAYAN, Collin HARRISON, *op. cit.*, p. 57-83.

[207] Selon Mediamétrie, vingt-quatre millions d'internautes et près de la moitié de foyers sont connectés au haut débit, en mars 2004, en France. Source : http://www.mediametrie.fr/show.php?rubrique=communiques&type=4&id=1064, consulté le 07 09 2004.

[208] Langage qui permet de développer des interfaces et des programmes exploitant les ressources d'un moteur de recherche.

[209] Cet aspect soulève des problèmes d'ordre juridique sur le partage des responsabilités en cas d'erreur.

[210] pip.med.umich.edu/glossary/index8.htm, consulté le 07 09 2004.

[211] www.hyperglossary.co.uk/terms/defne2j.htm, consulté le 07 09 2004.

[212] www.ntlworld.ie/help/glossary.asp, consulté le 07 09 2004.

[213] www.ford-mason.co.uk/resources/stw/node336.html, consulté le 07 09 2004.

[214] http://agents.media.mit.edu/index.html consulté le 23 08 2004.

[215] DERUDET, Gilles, "La révolution des agents intelligents", *Internet Professionnel*, N° 9, mai 1997, p. 77.

[216] Paul THURROT, "It's official, Microsoft to acquire FireFly" *Windows Network and Net Magazine*, 9 avril 1998. http://www.winnetmag.com/Articles/Print.cfm?ArticleID=17741, consulté le 8 juillet 2004.

[217] Alper CAGLAYAN, Collin HARRISON, *op. cit*. p. 75-76.

[218] La première définition donnée par Google (define :data mining) : An information extraction activity whose goal is to discover hidden facts contained in databases. Using a combination of machine learning, statistical analysis, modeling techniques and database technology, data mining finds patterns and subtle relationships in data and infers rules that allow the prediction of future results. Typical applications include market segmentation, customer profiling, fraud detection, evaluation of retail promotions, and credit risk analysis. www.twocrows.com/glossary.htm, consulté le 23 08 2004.

[219] A chaque visiteur d'un site, correspond un cookie ou identifiant. Lorsqu'un internaute se connecte à un site pour la première fois, le serveur Web envoie une page (HTML) destinée à créer un cookie. C'est le navigateur Web qui crée le cookie (ou fichier identifiant) qui contient des informations (nom, date d'expiration, nom de site de la page Web d'origine). Quand un utilisateur visite le site pour consulter une page une seconde fois, le serveur Web vérifie s'il existe un cookie correspondant à cette page sur le disque dur du visiteur.

[220] Le *surfing* représentait 30% du trafic en 2001 contre 60% en accès direct à partir des signets enregistrés par l'internaute, et 10% à partir d'un moteur. Cf. annexe 15.

[221] Information non pertinente.

[222] Copernic propose un logiciel agent indexant les fichiers de l'usager, son e-mail, et permettant une recherche sur Internet par le biais d'alltheweb. Google a lancé le 14 octobre 2004 sa version d'un moteur de recherche interne.

[223] D'abord Google, ensuite Overture.

[224] Le verbe "*to google*" est entré dans la langue américaine pour signifier « faire une requête ou une recherche sur Internet ». Exemple : *To run something or someone through Google, the first step in researching anything. "Did you Google him yet?"* www.lostremote.com/story/jargon.htm

[225] Cf. annexes 4.

[226] Cf. annexe 4.

[227] Source : le site de webcrawler : http://www.webcrawler.com/info.wbcrwl/tbar/tour/websearch.htm, consulté le 7 juillet 2004.

[228] Google n'autorise une méta-requête que dans le cadre d'un partenariat.

[229] Le terme fil d'information implique le suivi d'une information dans le temps ou d'une correspondance par e-mail. Il traduit l'anglais *thread*.

[230] C'est le cas de StrategicFinder.

[231] Moteur de recherche ou annuaire.

[232] Le rapport de la firme FULD compare les logiciels de veille destinés aux entreprises et constate que l'analyse sémantique reste un problème majeur.
Source : Fuld & Company, Intelligence Software Report, 2002, Intelligence Software : the global evolution, disponible au site www.fuld.com en pdf. p.2.

[233] *Vortal* en anglais : un portail spécialisé dans une industrie ou groupe d'intérêt.

[234] Résultats regroupés.

[235] L'usager télécharge un logiciel qu'il installe sur son ordinateur.

[236] http://www.copernic.com/fr/company/press/press-releases/press_52.html, consulté le 16 juin 2004.

[237] *Idem*, p. 1.

[238] Quand un service ou un produit est gratuit, la publicité est difficilement contournable. Payer permet d'accéder à des options qui bloquent les *pop-ups*.

[239] Patrice FLICHY , *op. cit.*, p. 89.

[240] Platform: Windows NT 4 Server, Windows 2000 Server, Price: $15,000 per processor.
http://www.searchtools.com/tools/copernic.html, consulté le 23 janvier 2004.

[241] Source : Famille de produits Copernic Agent, Spécifications techniques,
http://www.copernic.com/fr/products/agent/specs.html, le 20 janvier, 2004

[242] "The intelligence cycle : planning and direction, published information, primary source collection, analysis and production, report and inform". Source : Fuld & Company, Intelligence Software Report, 2002, Intelligence Software : the global evolution, disponible sur le site www.fuld.com en pdf. p.2.

[243] Source : http://www.copernic.com/fr/, consulté le 24 08 2004.

[244] Google, par contre, la refuse sauf sous certaines conditions.

[245] Fonction aspirateur.

[246] Pré-défini : plusieurs fois par jour, sur une base journalière, hebdomadaire ou mensuelle.

[247] Cf. annexe 4.

[248] Cf. annexe 6.

[249] « *The flesh is weak, but the mind is strong* », un des premiers problèmes de traduction automatique observée, est traduit par « *la chair est faible mais l'esprit est fort.* »

[250] Voici quelques exemples de traduction automatique :
« L'intelligence artificielle cherche à explorer de nouvelles modes de cognition. »
Traduction Google : « The artificial intelligence seeks to explore new fashions of cognition. »

« Les outils linguistiques de Google s'avèrent très innovants. Il est possible de paramétrer les langues et les pays. » Traduction Google : « The linguistic tools of Google prove very innovating. It is possible to parameterize the languages and the countries. »

« OpenCyc is the open source version of the Cyc technology, the world's largest and most complete general knowledge base and commonsense reasoning engine. Cycorp, the builders of Cyc, have set up an independent organization, OpenCyc.org, to disseminate and administer OpenCyc, and have committed to a pipeline through which all current and future Cyc technology will flow into ResearchCyc (available for R&D in academia and industry) and then OpenCyc. »

« OpenCyc est la version ouverte de source de la technologie de Cyc, base du monde de la plus grands et les plus complets de connaissance générale et moteur de raisonnement de commonsense. Cycorp, les constructeurs de Cyc, ont installé une organisation indépendante, OpenCyc.org, pour disséminer et administrer OpenCyc, et l'ont commis à une canalisation par laquelle toute la technologie actuelle et future de Cyc coulera dans ResearchCyc (disponible pour le R&d dans le milieu universitaire et l'industrie) et puis OpenCyc. »

Ces exemples montrent que les textes assez simples et dépourvus d'ambiguïté peuvent être traduits et présentés d'une manière compréhensible. L'exemple suivant montre que la métaphore et les expressions idiomatiques posent quelques difficultés.

« He has a bee in his belfry[250]. She is the apple of her father's eye. »

Traduction Google : « Il a une abeille dans le sien belfry. Elle est la prunelle de l'oeil de son père. »

[251] Cf. annexe 6.

[252] Web Images Groups Directory News.

[253] La nouvelle interface américaine présente sept fonctions : Web, Image, Groups, News, Froogle, Desktop et more. More renvoie à l'ensemble des services proposés.

[254] Un service d'alerte (PUSH) est aussi disponible.

[255] Google alerts, terms of use, http://www.googlealert.com/terms.php, consulté le 25 08 2004.

[256] http://www.googlealert.com/

[257] http://www.googlealert.com/tell.php

[258] Google Alert

Tell a friend

Friend's name

Friend's e-mail

Suggest my searches to this friend.

[259] La valeur d'un réseau augmente en proportion du carré du nombre de ses usagers.

[260] En version bêta.

[261] http://www.google.com/newsalerts

[262] L'esprit d'une époque, les tendances et les modes.

[263] Cf : annexe 6.

[264] Tableau conçu par l'auteur de cette thèse.

[265] Cf. annexe 6.

[266] Cf. supra : p. 77.

[267] En ce qui concerne Google NewsAlerts, le lien renvoie à cette adresse :
http://groups.google.com/groups?hl=en&group=google.public.labs.newsalerts.

[268] Nicolas CURIEN, *Économie des réseaux*, Paris, La Découverte, p.19-40.

[269] Effet réseau.

[270] Le *taskbar* reste ouvert quel que soit le programme utilisé. Il se situe en bas de la page de Windows.

[271] Josiane JOUËT, « La pêche aux internautes », *Hermès*, 37, 2003, p. 203.

[272] Recettes publicitaires de Google en 2003 : 95% des recettes d'après Intelligence Center. Revenus nets : 105,6 millions de dollars, et chiffre d'affaires : $961,9 millions. Yahoo pour la même période, chiffre d'affaires 1625,1 millions de dollars et revenus nets $237,9 millions. http://c.asselin.free.fr/french/google_key_figures.htm, consulté le 28 juillet 2004.

[273] Lev GROSSMAN, "Search and destroy" *Time*, 2 février 2004, p. 36-39.
La publicité en-ligne ne représente que 3% environ des dépenses globales loin derrière la presse et la télévision. Source : http://www.neteconomie.com/perl/navig.pl/neteconomie/infos/article/20040518114733, consulté le 27octobre 2004.

[274] Il faut toutefois relativiser. Le chiffre d'affaires de Microsoft pour l'année fiscale 2003 (close au 30 juin 2004) est de 36,84 milliards de dollars. Source : communiqué de presse, le 23 juillet, 2004.
http://www.microsoft.com/france/outils/imprime/info.asp?mar=/france/cp/2004/7/23070401_a16.html&css=&, consulté le 4 8 2004.

[275] Nathalie BRAFMAN, « La bataille entre Google, Microsoft et Yahoo ! est lancée », *Le Monde* du 14 mai 2004, p. 20.

[276] Innovation de Yahoo en 2004. Scarlet PRUIT « Yahoo adds antispyware to toolbar), *Infoworld*, 27 mai 2004, http://www.infoworld.com/article/04/05/27/HNyahooantispy_1.html, consulté le 22 juillet 2004. On peut télécharger la version bêta à partir du site de Yahoo, http://beta.toolbar.yahoo.com/, consulté le 04 08 04.

[277] Le feedback permanent de l'usager vers le moteur permet de comprendre et d'anticiper la demande en temps record, donc d'innover rapidement.

[278] Cartographique ou diaporama.

[279] Il existe une barre d'outils créée par la firme Softcities pour alltheweb. Cependant Copernic Desktop Search se sert d'alltheweb comme moteur externe. Ainsi, alltheweb s'intègre dans ce dispositif.

[280] Cf. infra : Deuxième Partie.

[281] Il faut cliquer sur un de ces liens avant de télécharger le logiciel. L'usage peut refuser la collecte de données le concernant.
"You must select one of those options before clicking next.
·Enable advanced features (anonymous information to be sent to Google)
·Disenable advanced features (no information to be sent to Google)"

[282] Cf. infra. Troisième partie, chapitre trois.

[283] Ce problème fera l'objet d'une section de notre Troisième Partie.

[284] *Gmail*. La confidentialité du courrier est mise en cause. En effet, l'usager ayant un compte *gmail* autorise le moteur à analyser automatiquement et sans intervention humaine le contenu de ses e-mails. Cependant, l'usager qui envoie un message sans pour autant s'être abonné à ce service, risque de subir le même traitement. La discussion est déjà ouverte entre Google et les autorités américaines et européennes sur ce point épineux.

[285] Cf. annexe 6.

[286] T*icker*: barre d'information déroulante de gauche à droite, comportant des nouvelles, des actualités, des informations boursières.

[287] Site: http://www.itcompany.com/sweeper.htm, consulté le 4 août 2004.

[288] Cf. annexe 5.

[289] « *By default, Google Desktop Search collects a limited amount of non-personal information from your computer and sends it to Google. This includes summary information, such as the number of searches you do and the time it takes for you to see your results, and application reports we'll use to make the program better. You can opt out of sending this information during the installation process or from the application preferences at any time. Personally identifying information, such as your name or address, will not be sent to Google without your explicit permission.* » Google Desktop Search Privacy Policy : http://desktop.google.com/privacypolicy.html, consulté le 28 novembre 2004.

[290]Chris Sherman, « An insider's view of Microsoft's Longhorn search », *Searchenginewatch*. http://searchenginewatch.com/searchday/print.php/34711_3356031, consulté le 4 août 2004.

[291] SOAP, protocole de communication s'appuyant sur XML et http.

[292] http://api.google.com/

[293] Tara CALISHAIN et Roel DORNFEST, *Google à 200%*, O'Reilly, Paris, 2003.

[294] **Source :** http://www.google.com/apis/api_terms.html, consulté le 4 août 2004.

[295] La version américaine du Desktop Search (*more*) permet de se connecter à l'ensemble d'interfaces déjà mis en-ligne. http://www.google.com/options/index.html, consulté le 19 décembre 2004.

[296] Édition 2000.

[297] Ce problème a été soulevé par nos entretiens, notamment par Serge Proulx et Francis Balle.

[298] Source : IDC citée dans le jurnalduweb : http://solutions.journaldunet.com/dossiers/chiffres/services.shtml consulté le 10 11 2004.

[299] Source : Syntex informatique, citée par lejournalduweb, *idem*.

[300] *Ibid.*

[301] Source : Markess International, citée par lejournalduweb, ibid.

[302] Pierre Audoin Consultants, Communiqué de Presse « BUSINESS INTELLIGENCE : une année 2003 moins dynamique que prévue », site web : http://www.pac-online.fr/fra/report4.asp?p=2, consulté le 28 11 2004.

[303] Jean-Christophe Féraud, « Google contre Microsoft, la guerre des moteurs», *La Tribune*, mardi, 17 février 2004, p.28-29.

[304] A titre de comparaison, Microsoft dégage un chiffre d'affaires de 32 milliards de dollars en 2003 avec une capitalisation de 290 milliards de dollars. EBay est capitalisé à 43 milliards, Yahoo 30 milliards, et Amazon 18 milliards (février 2004) selon *La Tribune* du 17 février 2004.

[305] Cf. annexe 6.

[306] Yahoo a acheté en 2002 le moteur de recherche Inktomi pour 280 millions de dollars et Overture en 2003 pour 1,8 milliards de dollars selon *La Tribune. Op. cit.*

[307] ADFM.com, « Les parts de marché des moteurs de recherche » (sans date), article consulté le 2 juillet 2004, http://www.01adfm.com/win-xp/InfMot01.htm

[308] Cf. annexes 18.

[309] Google avait espéré vendre ses actions entre 110 et 128 dollars. L'IPO était plutôt décevant, et le cours s'est situé à 86$. Le lendemain, l'action a pris 18%. Le 26 octobre, 2004, l'action dépassait $174, et Google était capitalisé à $50 milliards devant Yahoo ($47 milliards), source : Reuters, http://www.reuters.fr/locales/c_newsArticle.jsp?type=businessNews&localeKey=fr_FR&storyID=6607768, consulté le 27 10 2004.

[310] Résultats financiers de Google, source : http://searchenginewatch.com/searchday/print.php/34711_3347471, consulté le 1 juillet 2004.

[311] *Idem.*

[312] Estelle DUMOND, *Zdnet France*, Résultats 2003, « Les recettes publicitaires de Yahoo explosent de 86%, » publié le 16 01 2004. http://www.zdnet.fr/actualites/business/imprimer.htm?AT=39137445-39020715t-39000760c, consulté le 1 juillet 2004.

[313] http://www.indicateur.com/barometre/etude-statmarket.shtml, consulté le 1 juillet 2004, Etude Statmarket Westside Story, Mars 2004.

[314] http://www.01adfm.com/win-xp/InfMot01.htm, consulté le 2 juillet 2004.

[315] Communiqué de Presse du 19/11/2004, « Origine du trafic », Mediametrie-estat, page consultée le 7 janvier 2005, http://www.estat.fr/actu_read.php?id=272

[316] Overture avait acheté auparavant alltheweb et altavista.

[317] Source *: Lesinfos.com* « Les ventes en-ligne ont progressé en 2003 aux USA » du 120104, http://www.lesinfos.com/f/33/news32504.htm, consulté le 11 août 2004.

[318] Source : *journaldunet*, du 1 Octobre 2003, « Le commerce en-ligne français en pleine forme »

http://www.*journalduwet*.com/0310/031001fevad.shtml, consulté le 11 août 2004.

[319] Source : *journalduweb*, « Forte croissance de la vente en-ligne au deuxième semestre » du 27 7 2004, http://www.journaldunet.com/cgi/printer/index.cgi, consulté le 27 octobre 2004.

[320] L'usage de ce terme donne modèle économique plutôt que modèle commercial.

[321] Bernard MAÎTRE, Grégoire ALADJIDI, *Les Business Models de la Nouvelle Économie*, Dunod, Paris 2000, p.11.

[322] Néomie BEHR, *Modèles économiques de portails*, CERNA, Avril 2001.

[323] Froogle de Google.

[324] *Idem*, p. 2.

[325] La publicité en-ligne ne représente que 3,4% des dépenses totales : « Toutefois, sur les 4,1 milliards d'euros dépensés lors des trois premiers mois de l'année sur l'ensemble des supports publicitaires, Internet ne représente que 3,2% du marché, juste devant le cinéma (0,4%). Mais très loin derrière les autres médias: affichage public (13,6%), radio (15,5%), télévision (33%) et presse papier (34,1%). » Christophe GUILLEMIN, « Forte croissance de la publicité en France et aux Etats-Unis », *ZD Net*, le 26 mai 2004, consulté le 6 09 2004, http://www.zdnet.fr/actualites/internet/0,39020774,39154469,00.htm

[326] Entretien avec Michel Gensollen du 10 octobre 2003.

[327] Advertising words.

[328] Source : Béatrice Foenix-Rioux, *op. cit.* , p. 28-30.

[329] Source :Google adsense, consulté le 19 octobre 2004, https://www.google.com/adsense/?hl=en_US&sourceid=aso&subid=us-et-ads, cf. annexe 6.

[330] Danielle BAHU-LEYSER et Hélène HAERING, « Mesure et usages des publics d'Internet en France », *2ᵉ colloque international sur les usages et services des télécommunications*, Bordeaux (France), 7- 9 juin 1999, p. 3.

[331] Nous avons constaté que ZoneAlert nous informe qu'un message est envoyé à Google lors de notre connexion à Internet. En effet, nous utilisons Desktop Search.

[332] http://www.referencement.com

[333] Par exemple, touchgraph google browser, une interface cartographique présentant la configuration des liens connectant un site spécifié à partir des données fournies par Google. Le dispositif offre le même service pour Amazon.com. Adresse : http://www.touchgraph.com/TGGoogleBrowser.html, consulté le 20 10 2003.

[334] Nominatif implique l'identification des personnes soit directement, soit indirectement.
Loi N° 78-17 du 6 janvier1978, art. 4. Source : Loi du 6 janvier1978. Site du CNIL :
http://www.cnil.fr/frame.htm?http://www.cnil.fr/textes/text02.htm, consulté le 12 janvier 2004,

[335] Loi N° 78-17 du 6 janvier1978, art. 1er.

[336] Loi N° 78-17 du 6 janvier1978, art. 19.

[337] Toute personne justifiant de son identité a le droit d'interroger les services ou organismes chargés de mettre en œuvre les traitements automatisés dont la liste est accessible au public en application de l'article 22 ci-dessus en vue de savoir si ces traitements portent sur des informations nominatives la concernant et, le cas échéant, d'en obtenir communication.
Loi N° 78-17 du 6 janvier1978, art. 35-38ʳ.

[338] Directive 95/46/CE du Parlement européen et du Conseil du 24 octobre 1995 relative à la protection des personnes physiques à l'égard du traitement des données à caractère personnel et à la libre circulation de ces données, consulté le 12 janvier 2004.
http://europa.eu.int/ISPO/legal/fr/dataprot/directiv/direct.html

[339] Children's Online Privacy Protection Act 1998, source : http://www.ftc.gov/ogc/coppa1.htm, consulté le 12 janvier 2004.

[340] Source: DRAFT, April 19, 1999, Internation Safe harbour Privacy principles,

http://www.ita.doc.gov/td/eco/shprin.html, consulté le 12 janvier 2004.

[341] Ce problème est évoqué par la presse dès 1998. Paul, C., JUDGE, « Little Privacy Please », *Business Week, March 16* 1998, p. 54-56.

[342] Privacy protection in the information society, http://www.allea.org/pdf/9.pdf

[343] *ICR 2003 Internet Fraud Report*, http://www1.ifccfbi.gov/strategy/2003_IC3Report.pdf, consulté le 23 décembre 2004. La fraude liée à la vente aux enchères représentait 61%, la non livraison de marchandises, 21,9% et la fraude concernant les cartes bancaires, 6,9%. Le nombre de plaintes est en augmentation de 50% par rapport à 2002. Le Internet Fraud Complaint Center (IFCC) publie un rapport annuel.

[344] Les Américains utilisent le terme *trust licensing*. Le site labellisé se dit *licensed site*, et le propriétaire du site, le *licensee*.

[345] OLIVIER Frédérique, MASCRÉ Frédéric, « Labellisation des sites Internet : quel cadre juridique ? », octobre 2000, Publications sur le site Mascré, Heguy Associés, Société d'avocats. http://www.mascre-heguy.com/htm/fr/publications/pub_labellisation_sites.htm, consulté le 13 janvier, 2004

[346] Source : « Labellisation : définitions, enjeux,aspects juridiques et initiatives » L*es fiches de l'awt*, consulté le 12 décembre, 2003, http://www.awt.be/cgi/fic/fic.asp?fic=fic-fr-j06-002

[347] La vente à distance est réglementée par la directive européenne sur la vente à distance du 20 mai 1997 : « l'interdiction des pratiques commerciales abusives cherchant à contraindre le consommateur à acheter un service qu'il n'a pas demandé ("vente par inertie"); des règles restreignant d'autres pratiques telles que le démarchage par des appels téléphoniques et des messages électroniques non sollicités ("cold calling" et "spamming"); l'obligation de fournir aux consommateurs des informations complètes avant la signature d'un contrat; le droit, pour le consommateur, de résilier le contrat pendant un certain délai, sauf dans les cas où il existe un risque de fluctuation des prix sur le marché financier. »Source : Europa, Commission européenne, consommateurs, http://europa.eu.int/comm/consumers/cons_int/fina_serv/dist_mark/index_fr.htm, consulté le 19 janvier 2004.

[348] La directive 2000/31 du 8 juin, 2000 sur le commerce électronique. LexInter.net, le droit sur Internet, consulté le 19 janvier 2004, http://lexinter.net/UE/directive_du_8_juin_2000_sur_le_commerce_electronique.htm

[349] Ce n'est pas toujours le cas. Si on cherche sur la page d'accueil un lien vers la politique de confidentialité de Google, on ne le trouve pas directement. Il faut passer par la page à propos de Google pour trouver le lien en bas de page vers « confidentialité ».

[350] Adresse du site de WebTrust : http://www.cpawebtrust.org/, consulté le 13 janvier 2004.

[351] Verisign home page, consulté le 15 janvier 2004, http://www.verisign.com/

[352] Privacy Policy de webtrust, our commitment to your privacy. http://www.webtrust.org/legal.htm, consulté le 13 janvier, 2004.

[353] Les fiches de l'awt, labellisation des sites Web, consulté le 19 janvier, 2004http://www.awt.be/cgi/fic/fic.asp?fic=fic-fr-j06-003

[354] BBB ONLINE Promoting confidence and trust on the Web, page d'accueil de BBB OnLine, consulté le 13 janvier 2004, http://www.bbbonline.org/

[355] Reliability label, privacy label, Kid's Privacy Label.

[356] Page d'accueil de TRUSTe, consulté le 13 janvier 2004, http://www.truste.org/

[357] « Web sites displaying the TRUSTe Privacy Seal are committed to abiding by a privacy policy that gives users notice, choice, access, security, and redress with regard to their personal information. » Page d'accueil de TRUSTe, consulté le 13 janvier 2004, http://www.truste.org/

[358] *Seal* en anglais, équivalent de sceau en français.

[359]TRUSTe Licensee Validation Page (for Lycos), consulté le 15 janvier 2004, https://www.truste.org/validate/410

[360] Labelsite, page d'accueil, consulté le 15 janvier 2004, http://www.labelsite.org/

[361] Vingt-sept règles élaborées en concertation avec la DGCCRF et la Cnil.

[362] Une certification aurait exigé une homologation par l'État et une entrée dans le Journal Officiel. La labellisation reste plus souple.

[363] Google Privacy Policy, consulté le 15 janvier 2004, http://www.google.com/privacy.html

[364] Inktomi : Privacy Policy, consulté le 15 janvier 2004, http://www.inktomi.com/info/privacy.html

[365] Overture Privacy Policy, consulté le 15 janvier 2004, http://www.content.overture.com/d/USm/about/company/privacypolicy.jhtml

[366] AltaVista : Charte de confidentialite, consultée le 15 janvier 2004, http://www.altavista.com/web/legal/privacy

[367] Alltheweb privacy policy, consulté le 15 janvier 2004, http://www.alltheweb.com/info/about/privacy_policy

[368] Yahoo Privacy Center : « This policy does not apply to the practices of companies that Yahoo! does not own or control, or to people that Yahoo! does not employ or manage. In addition, certain Yahoo! associated companies such as *Inktomi*, *Overture*, *Altavista*, and *AlltheWeb* have their own privacy statements which can be viewed by clicking on the links. » Consulté le 15 janvier, 2004, http://privacy.yahoo.com/

[369] *Idem*, consulté le 15 janvier, 2004, http://www.altavista.com/web/legal/privacy

[370] « Our online surveys may ask you for personal information and demographic information (like name, address, telephone number, e-mail address, network usage and preferences). We may use this data to enhance our marketing efforts and send you relevant information about our company and promotional material from our business partners. In some cases, we may use this data to customize your visit to our site and display content that we think you might be interested in. We do not use this information for any other purpose and we do not provide or sell this information to any third parties, other than our business partners if you have given us permission to do so. Again, if at any time you do not wish to receive communications from us and wish to be removed from our mailing list, you can do so by following one of the options listed in the Choice/Opt-Out section below », ibid, consulté le 15 janvier 2004.

[371] « Google does not collect any unique information about you (such as your name, e-mail address, etc.) except when you specifically and knowingly provide such information. Google notes and saves information such as time of day, browser type, browser language, and IP address with each query. That information is used to verify our records and to provide more relevant services to users. For example, Google may use your IP address or browser language to determine which language to use when showing search results or advertisements. » Source: http://www.google.com/privacy.html

[372] « Google may share information about you with advertisers, business partners, sponsors, and other third parties. However, we only divulge aggregate information about our users and will not share personally identifiable information with any third party without your express consent. For example, we may disclose how frequently the average Google user visits Google, or which other query words are most often used with the query word "Linux." Please be aware, however, that we will release specific personal information about you if required to do so in order to comply with any valid legal process such as a search warrant, subpoena, statute, or court order ». Source: http://www.google.com/privacy.html

[373] Source : http://www.google.fr/intl/fr/privacy.html, consulté le 13 janvier 2004.

[374] Lycos : tutorial : Using TRUSTe sites, http://howto.lycos.com/lycos/step/1,,6+36+96+23677+11620,00.html, consulté le 15 janvier 2004.

[375] Lycos : Tutorial, Checking Search Engine Privacy, consulté le 15 janvier 2004, http://howto.lycos.com/lycos/step/1,,6+36+96+23677+11657,00.html

[376] AltaVista results (contenant truste-approved sites) : http://fr.altavista.com/web/results?q=shopping+agents++%27truste+approved%27&kgs=0&kls=1&avkw=aapt, consulté le 19 janvier 2004.

[377] « Congress shall make no law respecting an establishment of religion, or prohibiting the free exercise thereof; or abridging the freedom of speech, or of the press; or the right of the people peaceably to assemble, and to petition the

Government for a redress of grievances. » Source : http://www.gpoaccess.gov/constitution/html/conamt.html, consulté le 06 septembre 2004.

[378] Entretien du 19 avril 2004.

[379] Serge PROULX, *La Révolution Internet en question*, Québec Amérique, 2004, p. 117.

[380] Duncan CAMPBELL, *Surveillance électronique planétaire*, Paris, Allia, 2001. Nous avons assisté Duncan Campbell en tant qu'interprète lors de sa présentation d'ECHELON à l'ENST le 24 juin 2003.

[381] Robert MENARD, « Internet sous surveillance 2004 », Reporters sans frontières http://www.rsf.org/rubrique.php3?id_rubrique=432, consulté le 16 août 2004.

[382] Idem.

[383] http://www.rsf.org/article.php3?id_article=10603 consulté le 16 08 04.

[384] http://www.rsf.org/article.php3?id_article=10653 consulté le 16 08 04.

[385] http://www.rsf.org/article.php3?id_article=10642 consulté le 16 8 04.

[386] Entretien avec Francis BALLE du 30 avril 2004.

[387] Jennifer VAN BERGEN, « Repeal the US Patriot Act », sur le site Trouthout.org, 1 04 2002, www.trouthout,org/docs_02/04/.02A.JVB.Patriot.htm, consulté le 22 12 2003.

[388] Josiane JOUËT, « La pêche aux internautes », *Hermès 37*, 2003, p.209.

[389] « Le chiffre d'affaires de l'ensemble de ces sites devrait dépasser les 4 milliards d'euros, soit une augmentation de plus de 69%, en 2003, a-t-elle calculé. » Source : Estelle DUMOUT, « E-commerce français: 67% de mieux entre Noël 2002 et 2003 », ZDNet France, mardi 20 janvier 2004, http://www.zdnet.fr/actualites/business/0,39020715,39138090,00.htm, consulté le 30 janvier 2004.

[390] La méthode robots.txt définit la partie visible d'un site. Cf. http://www.robotstxt.org/wc/norobots.html, consulté le 12 septembre 2004.

[391] http://www.mysimon.com/, consulté le 8 janvier 04.

[392] Beth COX, « Google Feels a Little Froogle », december 12 2002, http://boston.internet.com/news/print.php/1556221, consulté le 17 août 2004. « *Not to be outdone by rival search operation Ask Jeeves, Google has quietly launched a beta version of a new shopping search engine cleverly called Froogle, which the company says "makes it easy to find information about products for sale online. The move follows a deal between PriceGrabber.com and Ask Jeeves (Quote, Chart) earlier this week that resulted in the launch of an Ask.com shopping channel and e-commerce search operation. Google said that "by focusing entirely on product search, Froogle applies the power of Google's search technology to a very specific task: locating stores that sell the item you want to find and pointing you directly to the place where you can make a purchase.* » Source : http://www.aspnews.com/news/article.php/1556221, consulté le 9 janvier 2004.

[393] Michael Singer « eBay Listings Now On AltaVista », 1 08 2001. http://asia.internet.com/briefs/print.php/858591, « AltaVista Wednesday announced a deal to feature listings from its shopping-comparison guide on eBay. The deal, which adds the Palo Alto, Calif.-based search engine to eBay's Application Programming Interface (API), means AltaVista will give its customers the chance to bid on products relevant to their search queries and shopping interests. San Jose, Calif.-based eBay's API program lets third-party developers interface with the online giant. »
« By adding eBay's item listings, we are providing our users with another trusted and well known brand that further broadens AltaVista's efficient and comprehensive online shopping service," says AltaVista senior director of global product marketing Gannon Giguiere. "We can now allow consumers to compare Web, localized brick-and-mortar stores and auction listings with a single glance. » Article consulté le 17 août 2004.
« Based on a user's search query, up to three of the most current, relevant listings from eBay will appear on the AltaVista shopping results page, along with product information from across the Web and local retail shopping results to provide consumers with a complete, comparative shopping experience. » Source :

http://siliconvalley.internet.com/news/print.php/858591, **article consulté le 9 janvier 2004.**

394 http://www.leguide.com/, **consulté le 080104.**

395 http://www.buycentral.com/, **consulté le 080104.**

396 http://fr.pricerunner.com/, **consulté le 080104.**

397 *Idem.*

398 http://www.comparer-les-prix-online.com/, **consulté le 08 janvier 04.**

399 http://www.toobo.tiscali.fr/, **consulté le 08 janvier 04.**

400 http://www.acheter-moins-cher.com/, **consulté le 08 janvier 04.**

401 http://www.acheter-moins-cher.com/asp/Alerte.asp, **consulté le 08 janvier 04.**

402 http://fr.kelkoo.com/, **consulté le 8 janvier 2004.**

403 **« Yahoo ! rachète Kelkoo », publié le 27 mars 2004.**
http://www.affluences.com/veille_referencement/yahoo_achat_kelkoo.htm, **consulté le 17 août 2004.**

404 **Source : Nicolas HUMEAU, Laurent KRETZSCHMART, Cyril DEMARIA,**
« Internet et pricing : une révolution peut en cacher une autre », *360journal*,
http://www.360journal.com/archives/pricing.html, **consulté le 080104.**

405 **Entretien du 16 octobre 2003.**

406 **En mars, 2004, 45% de la population française âgée de plus de onze ans est connectée à Internet. Source :**
http://www.afjv.com/press0405/040510_mediametrie.htm, **consulté le 06 septembre 2004.**

407 **Entretien du 19 mars 2004.**

408 **« Possibilities for Froogle mobile », blog posté le 27 2 2004**
http://homepage.mac.com/dtraversscott/iblog/C1108826432/E1196817351/

409 **http://wml.froogle.com**

410 « Google arrive sur les mobiles », le 9 octobre 2004, consulté le 15 10 2004,
http://www.silicon.fr/getarticle.asp?ID=6787

411 http://rtmark.com/cuejack/ **et Leander Kahney, «Getting information on cue », April 21, 2001:**
http://www.wired.com/news/business/0,1367,43154,00.html, **consulté le 06 septembre 2004.**

412**Source :** http://www.fevad.com/fr/gre_article/gre_article.asp?choix=consultation_article&id_article=41&categorie=7,
consulté le 6 09 2004.

413 **Christophe GUILLEMET, ZdNet France, « Trois millions de nouveaux abonnés en France mobile en 2003 »,**
http://www.zdnet.fr/actualites/business/imprimer.htm?AT=39139109-39020715t-39000760c **consulté le 6 09 2004.**

414 **Site : http://www.archive.org/texts/collection.php?collection=millionbooks.**

415 **Optical Scanning Recognition.**

416 **« The Internet Archive is building a digital library of Internet sites and other cultural artifacts in digital form. Like a paper library, we provide free access to researchers, historians, scholars, and the general public. » Source:**
http://www.archive.org/, **document consulté le 6septembre 2004.**

417 **Interview avec Craig SILVERSTEIN,** *journaldunet*, **le 3003 2004,**
http://www.journaldunet.com/itws/it_silverstein.shtml, **consulté le 7 mai 2004.**

418 **Stephanie OLSEN, « Google tests book search » le 17 12 2003,** http://zdnet.com.com/2100-1106_2-5128515.html,
consulté le 17 08 2004.

419 **Nous avons testé le dispositif avec print.google.com et wind. Le moteur nous propose 9760 titres. Le premier,**
Peace like a river, **propose trois liens vers Amazon.com, Barnes et Noble et Books-A-Million, sites commerciaux.**

420 http://www.bnf.fr/pages/liens/moteurs/nouveautes.html, **consulté le 15 octobre 2004.**

421 Audrey MILLER, « Google créera une bibliothèque mondiale virtuelle » (20 12 2004), article consulté le 28 décembre 2004, http://www.infobourg.com/AfficheTexte/edito.asp?DevID=1774

[422] http://www.amazon.com/exec/obidos/tg/browse/-/10197021/103-9017626-0039026

[423] Source Gary Wolf, « The great Library of Amazonia », *Wired News*, le 23 octobre 2003, p.4, http://www.wired.com/news/business/0,1367,60948,00.html, **consulté le 11 août 2004.**

[424] Entretien du 7 juillet 2003.

[425] Site : http://www.google.fr/language_tools?hl=fr, consulté le 22 décembre 2004.

[426] Site : http://world.altavista.com/, consulté le 22 décembre 2004.

[427] Representative Poetry On Line, http://eir.library.utoronto.ca/rpo/display/indexpoet.html, **consulté le 18 août 2004.**

[428] Il s'agit de pouvoir *blogger* une page, possibilité offerte dans la barre d'outils de Google. Un *blog* est un journal personnel, mis en ligne et public.

[429] Copernic Desk Search, gratuitiel, est téléchargeable depuis le 31 août 2004.

[430] Site de zeitgeist France : http://www.google.fr/press/zeitgeist.html

[431] Michel de Certeau, *L'invention du quotidien, tombe 2*, « Arts de faire », Gallimard (Coll. 10/18), 1994, p. 50-54.

[432] Terme utilisé par Serge POULX : « Internet transforme les foyers dans lesquels il pénètre en "maisons de verre". », op. cit., p. 119.

[433] Article 70 (Créé par la Loi n°2004-801 du 6 août 2004 art.12 (JORF 7 août 2004.)

[434] April 19, 1999, International Safe Harbour Privacy Principles.

[435] Article L. 122-5 du Code de la propriété intellectuelle.